ちくま新書

現代フランス哲学

渡名喜庸哲
Tonaki Yotetsu

1749

現代フランス哲学【目次】

V　フランス哲学の最前線　251

＊凡例

一、書名は、邦訳のあるものについてはとくに断りのないかぎり邦題に基づいた。ただし、副題を省略したものがある。

一、著作の後の年号は、とくに断りのないかぎり原著の初版公刊年である。

図版デザイン／北岡誠吾

はじめに

本書では、現代フランス哲学の流れを概説していきます。

「現代フランス哲学」と聞いて、ミシェル・フーコー、ジル・ドゥルーズ、ジャック・デリダなどの「現代思想」（あるいは「ポスト構造主義」や「ポストモダン思想」）をイメージする方は多いでしょう。

これまで日本でも「フランス現代思想」に関しては優れた解説書や研究書が多く書かれてきました。しかし、本書はこれまでの類書とは若干趣が異なります。

もちろん本書でも「フーコー、ドゥルーズ、デリダ」を中心とした「現代思想」については触れますが、彼ら以降の、より「現代」のフランス哲学に力点を置いています。

いわゆる現代思想として知られる哲学者が活躍していたのは一九六〇年代から八〇年代の時期にあたります。ポップミュージックで言えば、ビートルズ、レッド・ツェッペリン、クイーンの時代。日本の年号で言えば昭和です。

もちろん、ここで言われる現代思想がもたらした哲学的なインパクトはものすごいものがあり、今日もなお振り返る価値があります。その意味では、現代思想が提示された時代がすでに数十年前だから「現代」ではないのでは、というのは少々愚問でしょう。現代思想は、私たちが今生きるこの「現代」にも通底するような考え方を示したという点では、「現代」思想と正当に名乗ってよいと思いますし、本書はそのことをいささかも否定するものではありません。

ただ、そうした「現代思想」の意義については類書に譲りましょう。本書が関心を寄せるのはむしろ、現代思想以降、とりわけ一九八〇年代以降の「現代」のフランスのなかでどのような哲学や思想が展開していったのかです。

アルチュセール、バルト、フーコー、ドゥルーズといった、「現代思想」の巨星たちが徐々に退場する一九八〇年代以降も、フランスではけっして哲学の波が途絶えたわけではありません。彼らほどの強烈なインパクトは残さなかったかもしれませんが、根本的な問題やアクチュアルな問題について、さまざまな視角から、きわめてスリリングな考察を展開している哲学者がたくさんいます（ちなみに、本書で「フランスの哲学者」というのは、国籍にかかわらず、フランス語でその哲学を発表している人のことです）。しかも、実のところそうした哲学者たちの書いた著作の多くが日本語に訳され読めるようになっているのです。

ところが、こうした「現代」のフランスの哲学者たちの仕事をある程度のまとまりをもって紹介する本や、彼らの関係を一望できるような見取り図は、私の知るかぎりあまりありません。本書では、そうした「現代思想」以降の「現代フランス哲学」を対象として、個々の哲学者の特徴や意義を踏まえつつ、全体的な流れや時代的背景、影響関係や思想の位置づけがどのようになっているのかを示したいと思います。

なお、本書は著作を取り上げるときにはできるかぎり邦訳のあるものにするという原則を立てています（ただし公刊年は原著初版を記しています）。もちろん分量的な制限がありますので、すべてを論じることはできません。本書は、これまで断片的に知られていた哲学者がどういう流れにいるのか、どういう時代背景とともに思想を形成していったのかを少しでも見えやすくするように心がけています。

*

本書の構成は次のようになっています。

第Ⅰ部では、やはり「構造主義」および「ポスト構造主義」がどういうものだったのかを確認しておく必要があるでしょう。そこで示された思想は、その後のフランス哲学の展開のなかでもきわめて重要ないくつかの「型」を提示しているからです。

そして、第Ⅰ部の末尾では〈六八年五月〉に触れます。一九六〇年代には、世界各地で若者や労働者が既存の社会秩序に対して立ち上がりましたが、フランスも例外ではありませんでした。〈六八年五月〉と呼ばれる社会運動については、それを肯定する側でも批判する側でも、フランス現代思想との関連でこれまで多くのことが論じられてきました。ただ、本書が強調するのはこれまでの議論と少し異なるポイントです。

もちろん、これまでも指摘されることですが、〈六八年五月〉が体現しているように、フランスの哲学者たちは総じて現行の政治体制や経済体制にかなり批判的で、さまざまな角度から権力や既存の規範に対する異議申し立てを繰り出すことにその特徴があります。管理社会における権力のかたち、さまざまな差別や構造的な問題、資本主義や植民地主義、権威主義的な風潮を問いただし、それを批判的に分析したり、それに代わる自由のかたちを模索したりしようとしている、というのが全体的な傾向だと言っても過言ではないでしょう。分析方法、提起されるものは哲学者によってさまざまですが、この大きなスタンスを念頭に置いておくと、それぞれの細かい議論の見通しがつきやすくなることは疑いありません。

ただ、〈六八年五月〉は、単にそうした批判的な思想が社会に現れるきっかけとなっただけではありません。むしろ、さまざまな分野において、その後の現代フランスにおける思想の流れを徹底的に変えることになった出来事と言えると思います。

〈六八年五月〉のインパクトが現れるのは一九八〇年代です。そのため、第Ⅱ部では、この一九八〇年代を主題とします。この時代に、それまでフランス哲学においては中心的に取り上げられることの少なかった（意外に思われるかもしれませんがそうなのです）政治や宗教というテーマが浮かび上がってきます。八〇年代といえばよく「ポストモダン」という表現で捉えられがちですが、そればかりではありません。そうした漠然としたイメージの裏に、実際にはどのような議論があったのかを第Ⅱ部では見ていきます。

第Ⅲ部では、こうした時代背景を踏まえつつ、科学と技術に焦点を当てます。二〇世紀以降、科学技術は目まぐるしく発達しました。フランスにおいても、こうした科学技術をどのように考えるかについて、単に批判的なものに限らず、さまざまな哲学的な考察が行なわれています。とくに、科学認識論という、科学の営みそのものを分析対象としたり、あるいは現代科学の成果を哲学のなかに取り入れるような潮流は、フランス哲学の一つの特徴といえるでしょう。

第Ⅳ部では、ジェンダー／フェミニズム、エコロジー、労働といった、どちらかというと社会的なテーマを取り上げ、どのような思想家・哲学者が現れ、どのような議論が展開されていったのかを見ていきます。それぞれアプローチは異なりますが、既存の思想の枠組みを批判的に継承しつつ、同時代の社会的な状況と結びつきながら、さまざまな興味深い思想が提示されていったことが見えてくると思います。各々の章では、だいたい時系列に沿って並行して議論が進みますので、どの章から読んでいただいてもかまいません。

第V部では、テーマを絞るというよりも、主に九〇年代以降に活躍し、多くは今もなお現役の哲学者・哲学研究者たちを紹介したいと思います。第11章は、哲学研究そのものを扱いますので専門的な議論の比重が高くなります。これに対して、第12章は、戦争や災害、食、動物・植物、スポーツといった具体的なテーマについて、現代フランスの哲学者が展開している議論を紹介します。

以上のようにテーマ別に分けてしまっているため、時代が前後したり、同じ哲学者が複数回異なる文脈で登場したりもします。全体のつながりについては、巻末に思想家マップをまとめましたので参照してください（三二一〜三二三頁）。また、各章末尾には、より詳細を知りたい方のために、ブックガイドを挙げました。

＊

「哲学」とはそもそも、自分の置かれた時代や場所を超越した普遍的な射程を有するものであるわけですが、とはいえそれをより深く理解するには、そうした時代や場所とけっして遊離して考えることはできません。とくに現代フランス哲学の場合はそのことが顕著だと思います。そのため、適宜コラムにて、その時代の特徴的な出来事に触れています。

英米圏の分析哲学と言われる分野では、むしろ概念や論理を重視し、できるだけ哲学者本人の置かれた場所や経験を重視しないようにしようとする傾向があると思います（もちろん例外もあるでしょう）。それはそれでとても魅力的なのですが、それに対し現代フランス哲学の論者たちは、概念や論理を武器にしつつも、自分自身の置かれた「状況」や、自分自身がそのなかで被る「経験」をきわめて重視する傾向があるように思います。そもそも第二次世界大戦以降のフランス社会が、さまざまな出来事を経て、さまざまに変容してきました（そしてときには哲学者自身がそうした変容にも関わっていることすらあります）。むしろ、こうした状況や経験への結びつきにこそ現代フランス哲学の一つの特徴があると言ってもよいでしょう。

もちろん、そうした時代も場所も、本書を手にとる読者のものとは異なるでしょう。しかし、現代のフランスの哲学者たちがどのように自分たちの時代と格闘し、自分たちの哲学を提示しようとしたのか。これを知ることは、これから私たち自身が今度は自らの時代のなかでさまざまなことを考える上で後押しとなるように思います。

ブックガイド

川口茂雄ほか編『現代フランス哲学入門』（ミネルヴァ書房、二〇二〇年）……現代フランス哲学の重要な哲学者や事項が整理されています。各々の項目における樹形図などもとても参考になります。事典としても利用できます。

千葉雅也『現代思想入門』（講談社現代新書、二〇二二年）……とくにフーコー、ドゥルーズ、デリダを筆頭とする「フランス現代思想」について、とてもわかりやすく書かれています。フランス現代思想のエッセンスをつかむにはまずはここから。

石田英敬『現代思想の教科書』（ちくま学芸文庫、二〇一〇年）……構造主義、ポスト構造主義はもとより、精神分析、記号論、メディア論といった関連する分野についての記述が豊富です。さらに戦争や宗教といった具体的な問題も取り上げられ、現代思想からアクチュアルな問題への見通しがつけやすくなっています。

岡本裕一朗『フランス現代思想史――構造主義からデリダ以後へ』（中公新書、二〇一五年）……本書と関心が近いのは同書です。ただし、構造主義からデリダまでの記述が大半を占め、「以後」については一章分のみです。本書はこの関係を逆にしています。

I 構造主義とポスト構造主義

1971年、アルジェリア生まれのアラブ少年が銃殺されたことに端を発して生じた人種差別に反対するデモに参加するサルトルとフーコー。デモにはアンドレ・グリュックスマンも参加。

(Gérard AIME / Gamma-Rapho via Getty Images)

本書がいわゆる「現代思想」以降のフランス哲学の展開を主題にするといっても、それでもやはり現代思想というものがどういうものだったかを振り返っておく必要があるでしょう。これから述べていくように、フランス現代思想は、後続の思想に乗り越えられたわけではありません。やはり、その後の思想にもさまざまなかたちで多大な影響を与え続けているからです。

以下では、サルトルの実存主義、そして構造主義に分類される四名の哲学者・思想家（レヴィ＝ストロース、バルト、ラカン、アルチュセール）についてそれぞれの基本的な考えを確認した後、「ポスト構造主義」と呼ばれる思想家としてフーコー、デリダ、ドゥルーズに触れたいと思います。

第1章　構造主義を振り返る

†サルトルと実存主義

現代フランス哲学がどこから始まるかについてはさまざまな意見があるでしょうが、その筆頭にくるのはやはり**ジャン＝ポール・サルトル**（一九〇五～一九八〇）でしょう。

第二次世界大戦でナチス・ドイツに占領され、一九四四年に〈解放〉されたフランスにおいて、サルトルは、ある意味で、自らの置かれた状況のなかでゼロから始めることを説いた哲学者として、とりわけ若者世代に大きな影響をもたらしたからです。

戦前から『想像力』（一九三六年）、『自我の超越』（一九三七年）、『嘔吐』（一九三八年）といった、現象学系の哲学書や小説で徐々に頭角を現したサルトルは、とりわけ哲学におけるその主著『存在と無』（一九四三年）によってその名を不動のものとします。

スタイルとしても、大学の講壇から難解な哲学理論を講ずるのではなく、パリの学生街のサン＝ジェルマン通りに面したカフェに陣取り、さまざまなアクチュアルな議論を展開します。また、シモーヌ・ド・ボーヴォワールやモーリス・メルロ＝ポンティとともに『レ・タン・モデルヌ〔現代〕』という雑誌を創設し、哲学的な話題だけでなく、社会主義とマルクス主義、戦後の国際情勢や植民地主義など同時代のさまざまな社会的な主題を取り上げました。

サルトルはこのように哲学・文学・批評・社会参加などさまざまな側面をもちますが、ここでは、彼の「実存主義」という思想の要点を確認するだけにとどめましょう。

そのためにはサルトルの『実存主義とは何か』（一九四六年）という講演が最適です。そこでサルトルは、「実存は本質に先立つ」という表現で実存主義を説明します。

ちょっとわかりにくいかもしれませんが、ここにはヨーロッパ語に特有の言語観があります。「本質」とはessenceのことです。この語はもともと「〜である」というラテン語の動詞(esse)に基づいています。「男は〇〇である」とか「△△人は〇〇である」という決めつけ方の表現は「本質主義」と言われることがありますが、「本質」とは、この例文における「〇〇である」の部分に該当します。それに対して、「実存(existence)」とは、素朴な意味としては、「〜がある」ということです。

従来の哲学では、個々の存在（たとえば目の前にある机や、この本を読むあなた自身）は、「本質」の観点から、つまり「〇〇である」という観点から考えられてきました。この場合、往々にして「〇〇である」の中身（たとえば「机」とか「男性」とか「大学生」とか）は従来の規範や認識の枠組みのなかで決められてしまいます。しかし、サルトルはこれを逆転させようとします。自分たちが何者「である」かは、自分たちの「実存」、つまり自分たちがどのように存在していくか、今後どのような存在を選び取っていくかによって変えられる、というのです。

まだわかりにくいかもしれませんが、「実存主義」のメッセージをいっそうはっきりと示してくれるものこそ、サルトルのパートナーであったシモーヌ・ド・ボーヴォワールの次の言葉です。ボーヴォワールはフェミニズム哲学の先駆けとも言われる『第二の性』（一九四九年）のなかで、「人は女に生まれるのではない。女になるのである」と述べました。最初に言われる「女」が本質主義的なもの、二回目に言われる「女」が実存主義的なものと理解できるでしょう。ボーヴォワールは、女性はけっして、「女は〇〇である」という既存の固定観念、本質主義的な規定に従うために生まれてくるのではない。そうではなく、自分たちが新たな「実存」を選び取っていくことで、これまでの「女」像を動揺させ、新たな「女」の姿をさまざまに示していくことができる。「女が何であるか」は、個々の女がこれからどのように「実存」していくかによって変えることができる、というのです。

もしあなたが大学生である場合でも、社会によって押し付けられた「〇〇大生」イメージに自分を合わせるのではなく、自分で新たな大学生像を作り出していくことができる。自分が何者であるかは、自分たちで主体的に作り替えていくことができるわけです。

このように、「実存主義」というのは、単に「本質」と「実存」という哲学的な考えの新たな理解をもたらしただけでなく、第二次世界大戦の閉塞から解放され、新しい時代を作っていく時代の人々（とりわけ若者たち）に勇気を与えてくれる、人間の自由と主体性を強調する哲学だったのです。

†レヴィ＝ストロースと構造主義の登場

しかし、このようなサルトルの実存主義に対して真っ向から反旗を翻して登場したのが**クロード・レヴィ＝ストロース**（一九〇八～二〇〇九）を筆頭とする構造主義です。レヴィ＝ストロースは、研究分野としては、哲学というよりは人類学・民族学です。『親族の基本構造』（一九四九年）、『悲しき熱帯』（一九五五年）、『構造人類学』（一九五八年）、『野生の思考』（一九六二年）などの主著がありますが、とはいえ方法論としては、彼は意識的に「構造主義」という枠組みを哲学的に提示したといえます。

ユダヤ人であったレヴィ＝ストロースは、第二次世界大戦が始まるとアメリカに亡命します。アメリカに渡る船の上で、ローマン・ヤコブソンというロシア生まれの言語学者と知り合い、彼から、フェルディナン・ド・ソシュールに始まる構造言語学のエッセンスを学びます。レヴィ＝ストロースはこの構造言語学の考え方を人類学に応用したのです。

人類学ではとくに、各々の社会における親族の形成の仕方に関心が寄せられてきました。そこではインセスト・タブーという近親者との性交渉（ないし婚姻）がなんらかのかたちで禁止されていることが観察できるのですが、その禁止の仕方が社会によって異なる。人類学はさまざまな方法でこの謎を解き明かそうとしてきたのですが、レヴィ＝ストロースはまさしく「構造」という考え方でこれに挑みます。

その結果、レヴィ＝ストロースは、さまざまな社会に見られる婚姻をめぐるルールとしての近親婚の禁止は、各々の社会で因襲的ないし偶然的に成立したものではなく、他の社会と比較可能な「構造」をもつものとして捉えられることを明らかにしたのです。

こうした構造に着目することには、さらなる強みがあります。レヴィ＝ストロースは『野生の思考』のなかで、このような認識を起点に、未開人の思考様式は、けっして科学的に劣る「非合理的」なものではなく、西洋的な思考様式とは異なるが特有の「構造」をもったものであるとします。両者の差異を文明の程度の優劣ではなく構造の差異として捉えることで、むしろ西洋中心主義的なものの見方に対して徹底的な批判をします。こうした主張がまさしく「構造主義」として一世を風靡《ふうび》することになります。

ここで構造主義の特徴をまとめると、個々の人間や社会の「主体」性を根底に置く見方を退けたことがあるでしょう。社会における個々の人間の思考や行動は、根底的には、単純に自分自身の自由や主体性に基づいているのではない。その背後に、その思考や行動をある意味で統御しているような、大きな枠組みがある。この大きな枠組みこそが「構造」だというわけです。

レヴィ＝ストロースは幾度か来日していますが、京都で行なった講演「構造主義再考」（一九七七年）で、自らの方法を「事物を個別に検討するかわりに、そうした事物間の関係を考察すること」とまとめています。実際、レヴィ＝ストロースは、婚姻関係だけでなく、神話などさまざまな複雑な社会的事象について、構造という枠組みを通じて不変的な関係性を見出そうとします。そうするとかなりかけ離れた先住民の神話についても、もちろん内容的には大きな違いがありますが、基本的な枠組みとしては共通の要素があることが見つかる。このような、個々の内容ではなく、それらの根底にある共通の枠組みを取り出すことが、構造主義的な考え方の基本と言えます（日本における漫才コンビごとの「型」や、少年マンガのストーリーに見受けられる共通のパターンなどは、こうした「構造」のもっともわかりやすい例として捉えることができるかもしれません）。

いずれにしても、こうしてレヴィ＝ストロースによる構造への着目は、「構造主義」なるムーブメントを生み出すことになりました。構造主義は、簡潔に言えば、私たちが主体的に決めていると思っているさまざまなこと――つまりものの考え方とか好みとか――も一定の「構造」に依存しているということを示したのです。

これは単にサルトルの実存主義に見られる人間の主体性の考え方をひっくり返しただけではありません。「構造」に着目するこの考えは、人類学だけではなく、人間の心理や経済社会、さらには文化全般にも適用可能なものであることが明らかになり、またたく間にさまざまな領域に応用されていきます。人類学者レヴィ＝ストロースが先鞭をつけたこの構造主義の手法は、これから見ていくように、文芸批評家のロラン・バルトによって現代消費社会のさまざまな「記号」に、精神分析家のジャック・ラカンによってわれわれの「無意識」に、さらにマルクス主義哲学者のルイ・アルチュセールによって現代資本主義社会の再生産のあり方に適用されていきます。それぞれ分野も主張内容もさまざまですが、共通しているのはこの〈主体に先立つ構造〉、あるいは〈構造が主体を規定している〉という見方です。

†ロラン・バルトと記号学

このように構造主義はさまざまな分野で応用可能な手法ないしアプローチですが、その根本には、先に触れたように、ソシュールの構造主義の言語学の考えがあります。さらにそれを一般化したものに記号論ないし記号学があります。記号学とは、簡単に言えば、あらゆるものを「記号」として捉える見方です。記号とは、「止まれ」を意味する信号機の赤色から、おしゃれな喫茶店に置かれた、もはや誰にも読まれずオブジェと化した洋書にいたるまで、それ本来の意味や用法とは別の何かを指示するものです。記号学はこうした記号のさまざまな作用を分析したりする学問分野です。

この方面で、構造主義と記号学をもっともはっきりと結びつけたのが**ロラン・バルト**（一九一五～一九八〇）です。

ロラン・バルトは文芸批評家としても知られています。もっとも有名なのは『零度のエクリチュール』（一九五三年）でしょう。ソシュールの影響を受け、ラング（言語）、パロール（話し言葉）、エクリチュール（書き言葉）等の語彙を用いて、フランス文学のさまざまな潮流を分類します。ただ、この本自体は一九四七年から五一年に書かれたもので、むしろサルトルの実存主義の影響も残るため、これを構造主義批評だと思って読むのは注意が必要でしょう。

むしろ彼は『記号学の冒険』（および「記号学の原理」）などで記号学の基本的な概要を整理し、それに基づいて『物語の構造分析』等で具体的なテクストの記号学的分析を施します。ここでは、有名な「作者の死」という考えが登場します。記号論的にテクストを分析する場合、作者がそこにどのような意味を込めたかとか、それが歴史的にどのように形成されたかよりも、作品で現れたさまざまな「記号」がどのように機能しているかが重要になります。こうした「作者の考え」を特権視しない姿勢を鮮明にするために「作者の死」という言葉が用いられます。

真剣にレポートや原稿を書いたことのある方なら、それを提出してしまった後に、「あぁもう自分は手直しすることはできない」「読者（先生・評者）よ、煮るなり焼くなり好きにしてくれ」と嘆いたことがあるはずですが、まさにそれです。それを書いた自分自身はもちろんまだ生きていてブツブツ言っていますが、「作者」としてはもう「作品」に対する権利を主張できない。書かれている記号が何を意味するかは、「作者」ではなく、それがどのような構造のなかに置かれているか、他のものとどういう関係にあるかによって決まるのです。

ここではさらに、バルトが注目した「デノテーション」と「コノテーション」という対概念が重要になります。それぞれ「外示的意味／外延」と「内示的意味／内包」と訳されますが、「そのままの意味」と「文脈による意味」というほうがわかりやすいかもしれません。たとえば、「黒電話」とは文字通りには黒い電話のことですが、おそらく普通は、昭和を彷彿させる古風な電話をイメージするはずです。「私は黒電話で彼に電話した」という文も、書いた作者の真意はともかく、それが置かれた文脈のなかでさまざまに解釈される。バルトは、各々の文化や社会によって規定された「コード」が働いていると言いますが、この「コード」を読み取ることが重要になるのです。

バルトの射程は文学作品にとどまりません。彼は記号学的な手法を拡張して、広告やファッションについても分析を施します。たとえば、赤い三角帽子を想像してみましょう。日本ではサンタクロースや「赤ずきんちゃん」を思い浮かべるかもしれません。しかし、フランスの文脈（ないしコード）によれば、それは、古代ローマの奴隷解放以降、自由を求める戦いの象徴であるフリジア帽を想起させることにもなります（ドラクロワの『民衆を導く自由の女神』が被っているのがそれです）。

バルトはそのほかにも映画、演劇、写真、さらには都市についても分析を施します（『表徴の帝国』という日本論も書いています）。こうしたバルトの構造主義＝記号学に基づく分析は、社会のさまざまな場面に適用可能なものとして、かなり広く適用されることになりました。

†ジャック・ラカンと精神分析

構造主義的な方法論は、さらに人間の無意識の領域を取り扱う精神分析にも応用されます。その代表者は**ジャック・ラカン**（一九〇一〜一九八一）です。ラカンの特徴は、いわば「無意識」という領域を発見したとされるフロイトの精神分析を、ソシュールの構造主義言語学の方法論を用いて発展させた点にあります。

ラカンの著作は、その主著である論集の『エクリ』や、定期的に実施していたセミナーの記録である「セミネール」をはじめ多くありますが、いずれもきわめて難解なことで知られています。多くの専門用語を編み出しましたが、ここではとくに「無意識は言語のように構造化されている」というラカンの中心的な主張に注目しましょう。

これは一見すると不思議な主張です。「意識」のほうならわかる気がします。私たちが普段話をするとき、なんらかの「構造」があってそれに基づいて話をする、ということなら納得できるように思われます。しかし「無意識」のほうがそうだと言うのはどういうわけでしょう。

ここにはフロイト以来の精神分析の強いメッセージがあります。すなわち、私たちが意識的・主体的に発言しているつもりであっても、実は知らず知らずのうちに、そして根本的に、無意識の影響を受けているということです。つまり、私たちが自身の発言や意識の統御者だと思っている自分自身は、けっして「主体」ではないということです（あるいは逆説的ですが、無意識のほうが本当の「主体」だということにもなります）。

よく考えてみると、私たちが用いている言語がまさにそうです。私たちが用いている言語のなかで自分自身が主体として作り出した言語はあるでしょうか。もし、今これを読んでいるあなたが新たな言葉を作り出したとしても、それは、他人と共有できるものになっていなければ言語とは言えません。言語を用いて何かを考えているという時点で、私たちは自分自身の主導権を失っているわけです。

これに対し、むしろ私たちが普段意識することのない「無意識」のほうこそ、言語の体系と同じような構造をもっており、私たちが話すことや考えることを規定している、というのです。

ここで重要になってくるのは、「現実界」「象徴界」「想像界」という用語です。まず、「現実界」のほうは、もちろん私たちを取り巻いている世界なのですが、誰もそれをそのまま認識したり表現したりすることはできません。というのも、私たちは、自分が「現実」だと思っているものを表現しようとしたりしても、かならず言語などなんらかの枠組みを通じて表現しているからです。これに対して、こうした言語のような認識の枠組みのことを「象徴界」と呼びます。「〜界」といっても、けっしてそういう世界があるということではありません。原語は le symbolique なので「象徴的なもの」と訳しても間違いではありません。いずれにしても、言語がそうであるように、他の人々と共通に理解でき、私たちの認識を規定しているものが象徴界です。色彩のグラデーションにすぎない虹を「七色」だとするのはこうした作用の結果ですし、「赤は止まれ」といった社会的なルールもそうです。これに対し「想像界」は個々人の想像や妄想の領域です。

人々は内面ではさまざまな妄想を抱えているわけですが、社会のなかで生きるためには、それを押し隠したり、別の方向にエネルギーを向けてみたりしなければならず、社会的規範を含め、「象徴的なもの」に多かれ少なかれ従わざるをえない（この従い方がうまくいかなかったりするケースが、さまざまな精神病理的な症例とみなされることになります）。つまり、自分自身の欲望を完全に充足させることはできず、他者の視線を気にしたり、空気を読まなければならない。ラカンは、幼児が鏡に映る自分をまさに「自分自身」だと認識する段階を「鏡像段階」と呼んでいますが、鏡に映る自分とはまさに、他者から見た自分にほかなりません（自分自身は、生身の自分の顔を直接見ることはできないのですから）。このように、鏡、他者の視線、さらには「言語」をはじめとした「象徴的なもの」を通じて「私」は「私」として存在している、というのです。

ラカンの思想は、その後、精神分析や精神医学の分野はもちろん、哲学や文学から政治思想にいたるさまざまな分野で、さらにフランスのみならず世界各地で大きな影響を与えました。

†ルイ・アルチュセールと主体化

ルイ・アルチュセール（一九一八〜一九九〇）は、マルクス主義の分野で活躍した哲学者です。二〇世紀におけるマルクス主義哲学のなかでも欠かせない存在ですが、教育者としても、パリの高等師範学校の教員として、フーコー、デリダをはじめ多くの哲学者たちを指導したことでも知られています。

アルチュセールの構造主義には、主に二つの側面があります。一つは、彼のマルクスの解釈の仕方がきわめて構造主義的な点です。もう一つは、現代社会における私たちの「主体」的なあり方に関して、重要な構造主義的な見方を提示した点です。

まず、マルクスの解釈についてです。いまでは隔世の感がありますが、マルクスをどう解釈するかは、二〇世紀の哲学者たち（多くが左派でした）にとってきわめて重要な問題でした。アルチュセールは、一九六五年に『マルクスのために』と『資本論を読む』という本を出します。アルチュセールはフランス共産党員の立場を貫くのですが、その枠内でも、従来のマルクス解釈に異議を唱え、新たな解釈の道筋を示します。アルチュセールは、初期マルクスと後期マルクスを区別し、その違いがまさに構造にあるとしたのです。

この構造の違いは、「認識論的切断」とも呼ばれます。構造とは、さまざまな分析や主張をするときの条件となる「型」と言えます。これが大きく変化した、つまりパラダイムシフトが起きたということです。

初期マルクスの構造は大きく言えば「人間主義」です。つまり、この時期のマルクスの資本主義に対する批判的な分析の型は、資本主義経済のもとでは労働者の本来の人間性が尊重されず「疎外」されている、という姿勢です。日常用語と意味が違うので誤解されやすいですが、「疎外されている」とは、「仲間はずれにされている」「孤立している」という意味ではなく、「本来の人間性が失われ、自分自身が別人のようになっている」ことを言います。たとえば、接客の仕事で上司や客の理不尽な要求に対し感情を無にして対応しなければならず、別人を演じざるをえない場合などがそれに当たります。

それに対し、『ドイツ・イデオロギー』以降の後期マルクスの型は、そうした人間臭さをなくし、いっそう「科学的」になったとされます。アルチュセールが重視するのはこちらのほうで、むしろ、疎外論＝人間主義的解釈をはじめ、さまざまな共産主義勢力による「イデオロギー的」な解釈を徹底して退けようとしました。アルチュセールによれば、マルクスは、社会的現実を単に一元的な決定論に従って解釈したのではない。社会を構成するさまざまな構造によって重層的に規定されたものとして解釈した。こうした「重層的決定」を読み解くことが後期マルクスの特徴だと言うのです。

アルチュセールの構造主義は、こうしたマルクス解釈の次元にとどまりません。その第二の特徴として、彼は、構造をマルクス解釈においてだけでなく、現代社会そのものに当てはめて考えようとしました。ここで重要なのは、一九七〇年に公刊された「イデオロギーと国家のイデオロギー諸装置」という論文です。

「国家のイデオロギー諸装置」というと、警察とか公営放送とかそういうものをイメージしがちですが、それらに限られません。学校および職場といった、普通に社会生活をする上で多くの人が所属する機関こそがその具体例です。どういう意味で、こうした学校・職場などがイデオロギー装置なのでしょうか。

旧来のマルクス主義では、政治的・社会的・文化的な組織はどれも「上部構造」と呼ばれてきました。これらはけっして自律して作用するのではなく、あくまで経済的な関係である「下部構造」に従属し、それに規定されているというのが従来の考えです。

アルチュセールが注目したのは、従来のマルクス主義では付属品としてあまり力点を置かれてこなかった「上部構造」における学校・職場といった社会的な組織こそが、むしろ労働力の再生産という点ではかなり強い力を発揮しているのではないか、ということです。

ここでの「労働力」とは、単に実際のサラリーマンや個人事業主などの労働者のことだけではなく、これから「社会人」になる人もみな含まれています。そうしたしかるべき社会人をどうやって育成するか、これが労働力の再生産ということで問題になっています。

アルチュセールによれば、学校での教育も、職場での指導も、それぞれの組織のなかで、しかるべき学生、しかるべき労働者を作り出そうとしている。つまり、各々の組織でしっかりと機能する「主体」を作り出そうとしています。

「主体（subject）」という言葉は、哲学的な文章のなかでよく出てくるキーワードです。もともとは、日常用語で「主体的」と言うときのように、「私」が能動的に思考したり行動を起こしたりする基盤となることを指します。しかし、アルチュセールでは、この「主体」の概念がひっくり返ります。

英語の、同じ subject の言葉を用いた熟語 be subject to を思い浮かべてください。これは「〜に従属する」を意味します。能動的な基盤としての「主体」に、「従属する」というまったく逆の意味があるのはなぜか。subject という語は、もともとは「下に＝sub」「投げられている＝ject）を意味するからです。「下」を基盤という意味でとれば能動的な「主体」のベースを意味することになりますし、下位にあるものと理解すれば逆の従属的な意味になります。

私たちは自分のことを自分で何かを決めることのできる能動的・自発的で自由な基盤としての「主体」だと考えているが、そうではない。ここにアルチュセールのポイントがあります。つまり、各人は自ら進んで主体になるというより、学校や職場などさまざまな組織のなかで発せられる「しかるべき○○になれ！」というメッセージに従って（つまり「従属して」）主体化しているというのです。

この「従属化」としての「主体化」という主張は、同時期の構造主義はもちろん、その後のカルチュラル・スタディーズという主に英語圏で展開された文化研究、さらにジェンダー／フェミニズム思想のなかでも大きな影響力を発揮しました。

この「従属化」としての「主体化」は、社会のさまざまな面で、しかもたいていは無意識的に働いています。もし本書を電車のなかで読んでいる方は、前の座席に座っている人たちの両足がどのくらい開いているかを眺めてみてください。きっと男性のほうが開いている人が多いのではないでしょうか。男性は骨格的に開きやすい、女性は開きにくいといった生物学的な説明はあまり説得的ではないように思います。むしろ、日本社会の家庭や学校において女性の多くが受けてきた「そういう座り方をしちゃみっともない」という呼びかけが女性の両足を閉じさせているのではないでしょうか。時代は飛びますが、ドラクロワの有名な絵『アルジェの女たち』（一八三四年）をご覧になってください。一九世紀のアルジェリアには女性たちがあぐらをかいても平気な雰囲気があった。フランスの画家はそのことに驚愕し、絵にしたのです。

ブックガイド

澤田直編『サルトル読本』（法政大学出版局、二〇一五年）……サルトルの哲学的な主張はもちろん、政治的な活動、文学・芸術論、さらに他の哲学者との関係など、サルトルの全貌を捉えられます。

渡辺公三『レヴィ＝ストロース——構造』（講談社学術文庫、二〇二〇年）……自身も文化人類学者である著者が、レヴィ＝ストロースの主要著作を時代背景を踏まえながら解説してくれます。

石川美子『ロラン・バルト——言語を愛し恐れつづけた批評家』（中公新書、二〇一五年）……バルトの翻訳者による入門書。時系列的に、文学、記号学、モード、写真、さらに日本論といったバルトの多彩な批評活動がまとめられています。

片岡一竹『疾風怒濤精神分析入門——ジャック・ラカン的生き方のススメ』（誠信書房、二〇一七年）……ラカンは著作はもちろん解説書もなかなか難解ですが、この本は、ラカンの精神分析思想の治療および理論の双方の側面について、とてもわかりやすく説明しています。

今村仁司『アルチュセール全哲学』（講談社学術文庫、二〇〇七年）……初版は一九九七年と若干古く最新の研究は反映されていませんが、アルチュセールに挑もうとするならば、市田良彦『ルイ・アルチュセール——行方不明者の哲学』（岩波新書、二〇一八年）の前にまずはここからでしょう。

第2章
ポスト構造主義

†「ポスト構造主義」の誕生

第1章で見たように、構造主義は「主体」対「構造」という枠組みとともにある程度の思想内容の共通性を指摘できます。これに対し、ポスト構造主義のほうは、それほど容易ではありません。自分が「ポスト構造主義者」だと自認する哲学者はいませんし、なんらかの定義を与えた人もいないと思います。そもそも「構造」と異なり、「ポスト構造」というものがあるわけではありません。つまり、ポスト構造主義という名称は、時代的に単に構造主義の「後」に出てきたという程度のことを意味するにすぎません。それもあって、ポスト構造主義という括り方はどうやっても収まりが悪いものとなります。

とはいえ、この語は便宜上は役立ちます。本書でも、ほぼ通例に従って、ミシェル・フーコー、ジャック・デリダ、ジル・ドゥルーズの三名（とりわけ一九六〇年代後半から七〇年代までの時期の）を「ポスト構造主義」として位置づけておきます。というのも、「ポスト構造主義」という名称の妥当性はともかく、それでもやはり彼らにはその思想内容としてもある程度の共通性を見出すことができるからです。

端的に言えば、その共通性とは、構造主義が構造を静的に捉える傾向があったのに対し、ポスト構造主義は構造を動的に捉える点です。両者とも、人間は自由で能動的な主体であるよりも構造に規定された存在である、という認識はおおむね共通していますが、ポスト構造主義は、この構造は不変的に一定しているのではなく、たえず動いていて、それゆえ、さまざまな差異を生み出していると考える。こうした差異化のプロセスに着目するのがポスト構造主義の特徴と言えます。そのことを具体的に見るには、まずミシェル・フーコーがわかりやすいでしょう。

†ミシェル・フーコーと知の考古学

ミシェル・フーコー（一九二六〜一九八四）の著作をざっと見てみましょう。生前に単行本として公刊された主なものに、『精神疾患とパーソナリティ』（一九五四年）、『狂気の歴史』（一九六一年）、『精神疾患と心理学』（一九六二年）、『臨床医学の誕生』（一九六三年）、『言葉と物』（一九六六年）、『知の考古学』（一九六九年）、『監獄の誕生』（一九七五年）、『性の歴史』第一巻（一九七六年）があります。没後には、短い論説や対談を集めた『フーコー・コレクション』や、コレージュ・ド・フランスで毎年行なっていた講義録をまとめた『フーコー講義集成』（一九七〇〜一九八四年）などが公刊されました。

ご覧いただければおわかりのとおり、フーコーの初期の仕事の大半を占めるのは、「狂気」や「精神疾患」をめぐる心理学・医学に関する研究、それも一見すると、歴史家のような手つきで、古い医学書などを対象にしているものです。

実はこのアプローチは、フーコーの姿勢の特徴でもあります。つまり、フーコーは、古文書館で資料を読み漁る歴史家的なスタイルをもつ哲学者なのです。

ただし、彼は普通の意味での歴史家とは若干異なります。彼が明らかにしようとしているものは、単に過去に何があったかではありません。彼は、「狂気」や「精神疾患」という主題をめぐって、時代ごとに、「何が正しいとされているか」「何が正常／異常とされているか」が、社会的あるいは学問的にどのように正当化されているか、その歴史を検討するのです。

この態度は、「権力」を主題とする『監獄の誕生』や「性」を扱う『性の歴史』でも変わりません。ここでは「狂気」をめぐるその初期のアプローチをもう少し詳しく見てみましょう。

『狂気の歴史』では、西洋の中世から近代にいたる歴史のなかで、「狂人」がどのように扱われてきたかが検討されます。

近代以前、もちろん「狂人」は差別的な扱いを受けることもありましたが、少なくとも「病人」とみなされることはなかった。これが一七世紀になると、社会のなかに放置するのではなく、施療院なるものを作って「閉じ込め」を行なうようになる。ただし、この場合も、狂人は病人や犯罪者と同じ括りにされていた。つまり、道徳的な排除対象ではあったもののまだ医学的な配慮対象ではなかった。それが、一八世紀を経て一九世紀になると、本格的に医学の対象になる。つまり、その症状を具体的に検討し、治療したり、統御したりする対象になるというのです。つまり、「狂っている」というのが、「道徳的に変」から「医学的に変」になる。そして、「医学的に変」だから治すべき対象となる、ということです。

こういう具合に、歴史的な経緯を辿ることで、フーコーは、何が「狂気」とみなされてきたのかはその時代ごとの「知」の枠組みによって規定されており、時代が変わればこの枠組みも変わること、裏返せば、現在当たり前だと思われている「正常」と「異常」の区別もこうした歴史的変遷の上でのことにすぎないことを示したのです。

この枠組みのことをフーコーはギリシア語で「認識」「知」を意味する「エピステーメー」と呼びます。つまり、時代ごとの評価を支えている認識の枠組みのことです。アメリカの科学哲学者のトマス・クーンの「パラダイム」という表現もこれに近いものです。フーコーが目指しているのは、こうした、「狂気」とか「正しさ」とか「性」の規範などをめぐって、時代ごとに移り変わる「知」の枠組みの変遷を辿ることでした。これが「知の考古学」とか「系譜学」とも呼ばれるものです。後で見るように、科学認識論とも共通するこうした姿勢は、現代フランス哲学の主要なアプローチの一つになります。

†ジャック・デリダと脱構築

ジャック・デリダ（一九三〇〜二〇〇三）は、フランス領アルジェリアのユダヤ系の家庭で生まれた哲学者で、「脱構築」という言葉とともに「フランス現代思想」ないし「ポスト構造主義」を代表する哲学者です。

最初はドイツの哲学者フッサールの提唱した現象学の研究からスタートしますが、デリダは現象学に限らず西洋哲学全般、さらには精神分析、文学論、芸術論から政治思想にいたるまで手を広げます。フッサールの音声中心主義を批判する『声と現象』、音声よりも書かれた文字（エクリチュール）の意義を指摘する『根源の彼方に――グラマトロジーについて』、レヴィナスやフーコーらへの批判も辞さずに、従来の西洋哲学全体を批判的に捉える論集『エクリチュールと差異』の三部作がいずれも六七年に公刊されることで一躍有名になります。八〇年代以降は政治や宗教についても積極的に取り上げるようになりますが、それについては以下でも適宜触れるため、ここでは「脱構築」という手法がなんだったのかを確認しましょう。

「脱構築」の原語はフランス語の déconstruction です。この語は、destruction（破壊）と

construction（構築・建築）を合わせた言葉で、この語自体がデリダの造語です。これは、「相手の論理、とりわけ伝統的で当たり前とされてきた論理を批判的に解釈するための読解手法」とひとまず捉えることができます。先の三部作をはじめ、デリダは従来の西洋哲学を読む際、この方法論で批判的に読み解いていきます。このように「脱構築」とは、基本的にはテクストを読解し、そこで主張されている内容を批判的に分析する際に用いる方法論と言えます。ただ、若干ややこしいので、もう少し嚙み砕いて説明しましょう。

この語は「破壊」と「構築」を合わせたものであるため、言葉上は、スクラップ・アンド・ビルドに似ていますが、決定的な違いがあります。スクラップ・アンド・ビルドのほうは、一旦破壊してからもう一度立て直すものです。相手の論理を否定し、自分の主張を提示することと言ってもよいでしょう。それに対して、脱構築のポイントは、「ひとまず相手の論理に乗って、相手の論理に従って、同じ論理を批判する」ということにあります。漫才の例を挙げるなら、前者は「なんでやねん！」と即座に否定するツッコミ、後者の脱構築は、一旦「そうそう」と相手のボケに乗りつつ、そうすることで相手のボケへのツッコミの強度を増すノリツッコミです。なるほどあなたはこう書いているけれど、書かれていることと主張しようとしていることは矛盾しませんか、というわけです。

「ツッコミ」のほうは、二項対立を前提としています。Aという主張に対しBという主張が対立するかたちです。資本主義vs共産主義、善vs悪といった対立がわかりやすいかもしれません。それに対し、脱構築はそういう二項対立の図式を壊していく。共産主義の側は資本主義に対して「労働者の抑圧はよくない」と主張するけれど、共産主義の側にも、たとえば女性に対する抑圧などさまざまな抑圧が存在する。それは、あなた自身の言う「抑圧はよくない」という主張と矛盾しませんか、というわけです。

ここまでですと、脱構築はただの揚げ足取りに終わる可能性もあります。しかし、たとえば「抑圧はよくない」という主張を脱構築する場合、単に資本主義と共産主義という二項対立を崩して満足するのではない。共産主義にもさらなる（たとえば女性に対する）抑圧があるとすれば、さらにこの「女性」の側にも、「男性と同等の社会進出を望む女性」と「女性らしさを重視したい女性」の差異がある……このような具合に、その都度の二項対立や差異はさらに脱構築されていくわけです（以下の「†〈六八年五月〉」および第8章を参照してください）。

デリダは、このように二項対立的な差異の構造を転覆させるだけでなく、その差異がさらに差異化されていくプロセスのほうを重視します。このプロセスを表すためデリダはさらなる造語を考えます。差異を意味するdifférence（英語のdifference）の現在分詞（英語のing形）différantに注目し、これをもう一度名詞化したdifféranceという語を作ります。現在分詞は運動を表すため、差異が反復的に繰り延べされていく様子が伝わります。そのニュアンスを取り入れ、日本語では「差延」と名づけられています（ちなみに、フランス語では différence も différance も同じ発音です。ここでもデリダ自身が「話し言葉（読み方）」と「書き言葉（文字）」の二項対立の脱構築を忍び込ませています）。

ところで、デリダが脱構築の思想を打ち出したのは、先の六七年公刊の三部作ですが、そこでの脱構築的な読解の標的が、脱構築の批判の主たる標的である近代形而上学であるよりは、レヴィ＝ストロースやフーコーなど、そうした近代形而上学に対する批判を企てようとしたデリダの先達となる哲学者たちであることは興味深いです。近代形而上学に対する批判という点では共通の立場にあるいわば兄貴分の思想家たちを読解することで、デリダはあなたたちの言い分はわかるけれど、それでもその批判は十分ではなく、あなたたちも従来の哲学的な枠組みにとどまっているのではないか、と言い、さらに徹底的な批判の必要性を訴えます。こうした作業によって、従来の西洋の思想の伝統を支えてきた「現前の形而上学」「ロゴス中心主義」さらには「男性中心主義」といった根本的な体制を暴き立てようとしたのです。

このように二項対立的な秩序をあらゆる場面に読み取ることで、脱構築的な批判はほとんど無限に続けることができます。こうした姿勢は、延々と「差異の戯れ」を求める軽薄な態度として眉をひそめられることもありました。他方で、脱構築とはどこかのポジションに安住することを避け、つねに二項対立を解体することですから、ある意味では論理的に真摯《しんし》な立場だと言えるかもしれません。いずれにしても、この主張は、〈六八年五月〉以降、拠って立つべき「大きな物語」が失われた社会のなかで、かなりの反響を引き起こしました。

†ジル・ドゥルーズと生成の哲学

ジル・ドゥルーズ（一九二五〜一九九五）は一九二五年にフランスに生まれます。

初期のドゥルーズは、ヒューム（『経験論と主体性』一九五三年）、ニーチェ（『ニーチェと哲学』一九六二年）、ベルクソン（『ベルクソニズム』一九六六年）、スピノザ（『スピノザと表現の問題』一九六八年）といった哲学史に関する仕事や、プルーストやマゾッホといった文学者に焦点を当てた研究などがあります（『プルーストとシーニュ』一九六四年、『ザッヘル＝マゾッホ紹介』一九六七年）。ただし、フーコーの考古学的アプローチにせよ、デリダの脱構築にせよ、両者の読解は基本的に批判的なスタンスであったのに対し、ドゥルーズはむしろ、哲学史のスタンダードな理解からは外れてきた鉱脈を掘りあてるようにして、従来の哲学から自分自身の哲学的な思想を提示するための養分を得たと言えるでしょう。

ドゥルーズ自身のオリジナルな哲学は『差異と反復』（一九六八年）および『意味の論理学』（一九六九年）で示されます。一言でまとめるのは難しいですが、ある論者が指摘している「同一性でなく差異の、実体でなく出来事の、固定的秩序でなく生成の哲学者」という表現は簡潔ながらも要点をまとめていると思います。

従来の哲学が、同一性や個体性を基盤として固定的な秩序を想定していたのに対し、ドゥルーズはむしろ「差異」を重視します。とはいえこの差異というのは、たとえば机Aと机Bの違いのことではありません（この場合、各々の机は個体としてすでに前提とされています）。あるいは、ソシュール的な構造主義の言う差異も構造を前提としたものです。それに対し、ドゥルーズは、「この机」といった実体の同一性《アイデンティティ》それ自体が成立するに先立って働いている「差異化」の運動にこそ目を向けます。

ちなみにここでの「同一性」とは、机Aと机Bが「同じ」ということではなく、机Aを一つの個体として成立させているアイデンティティのことです。実際、一つの個物（あるいは「個体」）は、ミクロに見れば顕在化したり潜在的なままであったりするさまざまな微細な要素が多様に組み合わさったり、ネットワークを作ったりすることによって構成されています。ドゥルーズは、すでに個体として成立しているものを前提とするのではなく、それに先立ってうごめいている多様性、別様にも存在できるような潜在的な可能性を秘めている存在、個体が個体として成立していく力動的な生成過程（個体化と呼ばれます）に私たちの目を向けさせるのです。

このような主張は、いわゆる人間的な主体を基盤に据えた思想に対し、むしろそうした固定的な同一性を解体し、その背後にひしめく生成状態の多様体を重視した点で、いわゆる「人間中心主義批判」の哲学的な後ろ盾となったと言えるでしょう。

さらに、こうした哲学的な議論に加えて、精神分析家の**フェリックス・ガタリ**（一九三〇～一九九二）との共著『アンチ・オイディプス』（一九七二年）および『千のプラトー』（一九八〇年）も大きなインパクトを与えました。ガタリは、精神科医のジャン・ウリが提唱したラ・ボルド病院での制度論的精神療法に共鳴していました。すなわち、精神の病に対する治療を医学にのみ委ねるのではなく、家族、社会や政治体制などとの関連で捉えようとする試みです。

『アンチ・オイディプス』および『千のプラトー』は、「器官なき身体」「リゾーム」「戦争機械」「リトルネロ」といったさまざまなキーワードを生み出しましたが、重要なのはいずれも「資本主義と分裂症」という副題をもっていることです。つまり、ここでは精神分析の考え方の影響を取り入れて、資本主義の構造を批判的に描き出すことが問題でした。

ただしフロイトのオイディプス・コンプレクスの考えには適宜批判を加えています。フロイトのオイディプス・コンプレクスとは、人間の無意識の欲望は「父」が象徴する社会的な規範の影響を受けて抑圧されるというかたちで、神経症・ヒステリーの原因とされます。

これに対し、ドゥルーズ＋ガタリは、まず無意識の欲望を家庭内に限定される個人的なものと捉えるのではなく、むしろ社会全体を駆動していく装置だとします。さらに、資本主義を動かしているのは、規範に従い自らの欲望を抑圧させる神経症的な体制ではなく、秩序を超えて拡散し、流動的に結びつき合うような分裂症的な「欲望する機械」だと言うのです。

このような見方は、資本主義を、経済や政治の観点からではなく、「欲望」の問題として捉える点で、〈六八年五月〉以降の人々に大きな影響を与えました。

またドゥルーズは、『シネマ』と題された二巻本の映画論（それぞれ一九八三年、八五年に公刊）も書いています。こちらは哲学的な映画論として、その分野では必読の書となっています。〈六八年五月〉によって生まれたパリ大学ヴァンセンヌ校およびそれを引き継いだパリ第八大学（サン＝ドゥニ）で長らく教鞭をとり、多くの後進を育てました。その一方で、長年肺病を患い、またアルコール中毒にも悩まされ、九五年に惜しまれながら亡くなりました。

†〈六八年五月〉

フランス現代思想（とくにポスト構造主義）は〈六八年五月〉とよく結びつけられます。これは「五月革命」「五月危機」とも呼ばれるもので、一九六八年五月を頂点とする、学生や労働者による異議申し立て運動ですが、フランス語では端的に〈六八年五月〉と呼ばれます。

ご存じのとおり、六〇年代はこうした若者を主体にした政治運動が世界的に広がりました。背景には、大学入学者が増え、歴史上初めて「若者」たちが社会の表舞台に上がってきたことがあります。文化の面では、若者がフォーク、ロック、ヒッピーらのフラワームーブメントなどさまざまなカウンター・カルチャーの担い手となります。政治の面でも、若者たちがいっそう過激な異議申し立てを行なうようになります。批判の矛先は、大学の権威主義的な体制や学費の問題から、資本主義の発展によって生み出されるさまざまな矛盾、生産の増大に伴う管理主義体制の強化、ベトナム戦争やアルジェリア戦争における植民地主義的な暴力にいたるまでさまざまです。

フランスでもパリを中心に全国の都市、とりわけ大学や近隣の学生街で、若者のさまざまな運動がありましたが、六八年がそのピークでした。

ただしここで重要なのは、このような異議申し立て運動は、けっして右と左、資本主義と共産主義という単純な二項対立では捉えられない、という点です。これまで異議申し立ての主役だったのは、とりわけ共産党や労働組合といった既存の左翼勢力でした。それに対し、こうした既成左翼に飽き足らない若者たちがさらなる解放を求めて立ち上がったのです。

こうした運動に哲学者たちも無縁ではありませんでした。

運動の中心となったパリ大学ナンテール校(その後パリ第一〇大学、パリ西大学と名前を変えます)では、その後フランスの欧州議会議員となるダニエル・コーン゠ベンディットを中心に学生たちが運動を主導していました。同校の教師陣には社会学者のアラン・トゥレーヌ、アンリ・ルフェーヴル、哲学者のポール・リクール、さらに助手としてボードリヤールもいましたが、彼らも学生に同調します。エドガール・モラン、クロード・ルフォール、コルネリュウス・カストリアディスら既存の左翼勢力に批判的な哲学者たちも、現在進行形のこの出来事に呼応してそれを評価する分析を発表します。モーリス・ブランショ、マルグリット・デュラスらの作家も学生＝作家行動委員会として運動に加勢します。

もう一つの特徴としては、この〈六八年五月〉には、とりわけ中国の文化大革命が大きな影響を与えたことです。文芸雑誌『テルケル』は、フランス共産党などの既成左翼政党を批判するかたちで毛沢東支持を打ち出します。その後哲学者として有名になる人物としても、アンドレ・グリュックスマン、アラン・バディウ、ベニー・レヴィ、フランソワ・エヴァルドなどが毛沢東主義のグループに属していました。

ただし、〈六八年五月〉がフランス現代思想と密接に結びつくのは、こうした直接の参加というよりは、その影響を受け、フランス政府が大学の改革に乗り出し、一九六八年にヴァンセンヌ実験大学センターを設立したことによってでしょう。その後のパリ第八大学の母体です。ここにフーコー、ドゥルーズ、ジャン＝フランソワ・リオタール、バディウ、ジャック・ランシエール、エティエンヌ・バリバール、エレーヌ・シクスー、ミシェル・セールらも加わります。

もう一つ、その後の経緯についても指摘しておかねばなりません。八〇年代になると、この

〈六八年五月〉に対する批判的な評価が生まれます。とくにリュック・フェリー、アラン・ルノーという二人の政治哲学者による『68年の思想――現代の反-人間主義への批判』(一九八五年)が有名です。本書第1章・第2章で紹介してきた哲学者たちを一括りに「六八年の思想」と呼び、彼らに共通する「反-人間主義」の思想が、従来の自律的主体を解体し、個人主義を助長したとする批判の書です。フェリーとルノーはまた、ポスト構造主義の哲学者たちに影響を与えたニーチェも気に食わないようで『なぜわれわれはニーチェ主義者ではないのか』という共著本も出しています。

ただ、お気づきのように、フーコー、ドゥルーズ、デリダは、いずれも直接には〈六八年五月〉に関わっていません。彼らの主著がその前後に公刊されたのは事実ですが、運動の中心だった学生たちがその影響を受けたというのもあまり正確ではありません(逆に、ミシェル・ド・セルトーのように学生や労働者の運動それ自体に影響を受けたケースのほうが目につきます)。フェリーやルノーの批判は、学問的なものというより、後述する八〇年代の「ポストモダン」的な雰囲気のもと、そこに見られる価値相対主義やニヒリズム的な傾向を構造主義・ポスト構造主義の哲学者のせいにしようとした側面が多分にあります。ただ残念なことに、こうした大雑把な見取り図のほうがその後ある程度の共通認識を形成してしまったようにも思います。

そのことはともかく、ここで強調しておきたいのは、〈六八年五月〉がその後のフランス社会および思想に与えた影響です。

先に述べたように、〈六八年五月〉が示したのは、単に資本主義的な管理主義社会の行き詰まりというよりは、「西」＝資本主義陣営と「東」＝共産主義陣営という二項対立図式がもはやうまくいかなくなったことです。「西」の資本主義社会を否定して、「東」的な共産主義社会を新たに追求すべき理想として提示することがしにくくなった。共産主義社会においても、管理主義的・権威主義的な社会構造、男女差別やマイノリティの差別、環境破壊を促進するような成長主義など、資本主義社会と変わらない要素が見られるからです。

〈六八年五月〉以降に現代フランス哲学が大きく変わっていくのは、こうした認識のもとです。こうした二項対立にとどまらず、女性の解放を求めるフェミニズムも生まれてきます。あるいは問題の根幹を産業主義に見る立場からすれば、科学技術の推進そのものを疑問視し、環境運動（エコロジー）も重要なオルタナティブとなります。労働に関しても、資本主義でも共産主義でも労働が重視されますが（「働かざるもの食うべからず」と言ったのはレーニンです）、機械化する現代社会における労働の変容を考えるには、これまでの二項対立とは別のかたちで、労働のあり方を問う必要が出てきます。

このように、〈六八年五月〉は、従来の東vs西という二項対立の図式がもはや成り立たないことを示し、人々が第三世界、性やジェンダー、自然環境などさまざまな「他者」や「差異」

に目を向ける契機になりました。詳細については、本書の以降の章で見ていきましょう。

ブックガイド

慎改康之『ミシェル・フーコー――自己から脱け出すための哲学』（岩波新書、二〇一九年）……フーコーについては多くの解説書がありますが、講義録や未公刊だった資料の公刊状況を踏まえると、解説書も近年公刊されたものを読むべきです。慎改氏は講義録等の翻訳も手がけ、最新の見地からフーコー哲学の全体を照らしてくれます。

宇野邦一『ドゥルーズ――流動の哲学 増補改訂』（講談社学術文庫、二〇二〇年）……ドゥルーズについては日本では多くの、しかもとても独創的な入門書や解説書が出されています。なかでもドゥルーズ本人と親交があり翻訳も手がけた宇野氏の本書が、バランスもとれており、最初の足掛かりとなると思います。

高橋哲哉『デリダ――脱構築と正義』（講談社学術文庫、二〇一五年）……デリダの入門書は思いのほか少ないのですが、この本は、初期の現象学から後期の政治思想まで満遍なく紹介する良著です。

西川長夫『決定版 パリ五月革命 私論――転換点としての1968年』（平凡社ライブラリー、二〇一八年）……アルチュセールをはじめとするフランス思想や比較文化論で知られる著者が、留学生として生で体験した〈六八年五月〉についての考察。貴重なルポルタージュになっています。

Ⅱ　転換点としての八〇年代

戦後パリ郊外に造られたビジネス街のデファンス地区。革命二〇〇周年にあたる一九八九年、ミッテラン政権が押し進めた「現代化」政策によりその象徴とも言える「新凱旋門」ができた。

現代フランス哲学にとって、一九八〇年代は大きな転換点をなします。〈六八年五月〉の激震が形をとって現れ、社会の構成や人々の行動、考え方を揺るがすことになったのです。

まず、消費社会・情報社会の進展により、いわゆる「ポストモダン社会」が生じます。従来の絶対的なイデオロギーが薄れ、さまざまな価値観が現れては相対化されることで、社会学者のジル・リポヴェツキーが「空虚な時代」と呼んだ個人主義的な傾向が生じてきます。

次に、一九八一年の大統領選挙によってフランソワ・ミッテランが勝利し、戦後初の社会党政権が誕生しました。共産党との「共同綱領」によって成立したこの政権は、当初は社会主義的な企業国有化路線をとりますが、その後、「現代化」を旗印にした自由主義路線へと急転換します。イギリス、アメリカ、日本ほどではありませんが、フランスでも、従来の福祉国家体制から新自由主義への移行が進んでいきます。

第三に、「五月革命」に積極的に参加した〈六八年世代〉の「ヌーヴォー・フィロゾフ（新しい哲学者）」と呼ばれるメディア知識人たちが発言力を増していきます。それ以外にも、構造主義やポスト構造主義の洗礼を受けた哲学研究者たちも多く出てきます。

これら大きな変動が、とくに思想的な面でもたらした変容は、〈政治〉と〈宗教〉というテーマが復権することにあるでしょう。これまではあまり重視されてこなかったこれらのテーマが逆に重視されるようになるのです。

第3章　ポストモダン社会か新自由主義社会か

†リオタールとポストモダン

よく、フランス現代思想ないしポスト構造主義は、「ポストモダン思想」という呼ばれ方をします。先に見たように、ポスト構造主義のほうはそれなりに納得できるのですが、ポストモダン思想については私はあまり賛成していません。というのも、「ポストモダン」というのは、思想内容というよりは、とりわけ情報技術の進展により大きく転換した新しい社会のあり方を指すものと思われるからです。「近代＝モダン」の完成を目指した高度成長期の社会が一段落した後（ポスト）の時代を特徴づける呼称として「ポストモダン」はふさわしいでしょうが、思想内容に関わるわけではないように思われるのです。

つまり、一九六〇年代から七〇年代にかけてのポスト構造主義の哲学思想が、とりわけ八〇年代以降に開花する「ポストモダン」社会をうまく説明できる、という意味で「ポストモダンの哲学」というのはそれなりに納得がいくのですが、とはいえフーコーもドゥルーズもデリダも、とりたてて「ポストモダン思想」を提示したわけではない。彼らの主張のいくつかと「ポストモダン社会」の類縁性があったのは確かですが、時代背景を無視して一括りにしてしまうのは若干荒っぽいと思うのです。

ただし、まさしく『ポストモダンの条件』（一九七九年）と題された著作を刊行した**ジャン＝フランソワ・リオタール**（一九二四〜一九九八）は、ポストモダン社会について主題的に論じた例外的なポスト構造主義の哲学者と言えるかもしれません。ただし、同書にしても、リオタール自身の発意に基づいて、同時代を「ポストモダン社会」として論じようという企図で書かれたものではありません。同書はカナダの大学協議会から「高度に発達した先進社会」における「知」の状況を哲学的な観点から分析するよう依頼を受け執筆されたものです。

リオタールが「モダン（近代）」の特徴と呼ぶのは「大きな物語」の存在です。「大きな物語」とは、資本主義であれ共産主義であれ、はたまた経済的・政治的・社会的・道徳的な進歩であれ、目指すべき目標、疑いえない正義や真理があるという立場です。もちろんその内容は問いません。資本主義には資本主義の、共産主義には共産主義の目標や理想があったでしょう。これに対し「ポストモダン」とは、そもそもそうした目指すべき大きな目標や理想そのものを人々が信じることができなくなった時代だとリオタールは言います。

その背景にあるのは、情報化社会です。さまざまな技術の発展により、これまでのようなモノを生産することから、情報を生産することが主力になる。そこでは従来の社会に見られた上意下達的な固定的なヒエラルキー構造は壊れ、個々の情報はコミュニケーションを通じてむしろ水平的に伝達され、ネットワークを作りながら拡散していく。

ここではなんらかの「知」が普遍的なものとして上から示されることは徐々になくなります。どのような「知」もそれぞれが個々の小さなの物語として相対化されます。こうした個々の物語がぶつかり合うような、それぞれの「情報」のやりとりやコミュニケーションの連鎖（リオタールはこれをウィトゲンシュタインに倣って言語ゲームと呼びます）こそが「ポストモダン」と言われる社会を特徴づけるというのです。

†ボードリヤールとシミュラークル

リオタールが「ポストモダン」の原理を説明したとすれば、「ポストモダン社会」の具体的な状況に関していっそう本格的な説明を試みたのは、**ジャン・ボードリヤール**（一九二九〜二〇〇七）です。

ボードリヤールはまず、『物の体系――記号の消費』（一九六八年）や『消費社会の神話と構造』（一九七〇年）において、構造主義に由来する記号論の方法を用いて、現代消費社会の分析を試みます。とりわけ前者は、タイトルが示すように、ロラン・バルトがファッションに対して構造主義的な分析を行なった『モードの体系』（一九六七年）を意識していることは間違いありません。バルトに特徴的な記号論的な分析が、現代の消費社会全般に適用されているのです。

ボードリヤールによれば、現代社会における消費行動では、商品それ自体の使用価値を重視した実体消費ではなく、それに付与された記号的な要素を重視した記号消費が前面に出てきます。コートを買うときも、暖かさなどの性能よりも、それに付されたブランド名やロゴが重視される。暖をとるという即物的な目的よりも、そのブランドに似合った「何々系」というイメージや自分のポジションを示すようなかたちで、コートを買い、着る。これが記号消費です。自分たちが暮らす社会という一つの構造のなかで、他の人との関係で自分の立ち位置を示す（差異化する）ために記号が機能するのです。

その後、ボードリヤールは、『象徴交換と死』（一九七六年）、さらに『シミュラークルとシミュレーション』（一九八一年）のなかで「シミュラークル」という概念をキーワードとして用いることになります。シミュラークルとは、もともとの意味としては「ないものをあるように見せかけること」を指すシミュレーションからきた言葉です。

ボードリヤール自身は、シミュラークルを歴史的に分類し、①かつての空想小説におけるような現実にはありえない架空の世界を思い浮かべる「自然のシミュラークル」、②ＳＦ作品に見られる、現存する科学技術がこのまま発展するとどうなるかを予想する「生産的シミュラークル」(技術的シミュラークル)、そして③コンピュータの時代によって可能になったシミュラークルの三つを挙げます。第三のものは、シミュレーションによって描き出されたものが、逆に現実を構成するようになる点に特徴があります。ボードリヤールがとりわけ注目するもの(そして通常ボードリヤールにおけるシミュラークルと言われる際に言及されているもの)は、この第三のものです。

「今年の冬の流行りはこれ!」というキャッチコピーを疑問視したことのある方は多いと思います。まだ「今年の冬」は訪れていないのに、だから誰も着ておらず「流行って」すらいないのに、なぜ「今年の冬の流行り」がわかるのでしょうか。それはもちろん、「シミュレーション」しているからです。さまざまなデータに基づいて、「まだ存在しない」ものを示し出しているわけです。そして、それに合わせて多くの人が「今年の冬」にその流行りの服を着る「現実」が生み出されることになります。

このように、ボードリヤールが強調するのは、「シミュレーションによるシミュラークル」の時代においては、現実には存在しない「虚構」のほうがありありとリアリティをもち、実際の「現実」のほうはそれに後追いするかたちで実現するという状況です。「今年の冬の流行り」のように、「現実」のほうが「虚構」の力を借りてできあがっていくのですから、「現実」と

「虚構」のあいだに歴然とあった区別が徐々に失われていくことになります。

といっても、映画『インセプション』(二〇一〇年)のように現実と夢がわからないような世界が問題になっているわけではありません。むしろ、私たちが「現実」と思っているこの社会をよく見てみると、ファッション界ばかりでなく、いたるところに(たとえば画像処理を施された自撮り写真にも)「シミュレーションによるシミュラークル」が働いています。それが「ハイパーリアル」、つまり「超現実」というかたちで新たな「現実」を作り出しているわけです。

ちなみに映画『インセプション』を例に挙げましたが、現実と虚構との交錯をテーマにした映画『マトリックス』(一九九九年)は、ボードリヤールのシミュラークル論に基づいて作られたものです。

†ドゥルーズ+ガタリとリゾーム

「ポストモダン社会」の特徴を言い当てるものとしては、そのほかに、ドゥルーズ+ガタリが『千のプラトー』(一九八〇年)で提示した「リゾーム」という概念が重要です。「リゾーム」は、その冒頭に登場します。リゾームとは、ツリー(樹木)構造に対置された、地下茎を意味するものです。ドゥルーズ+ガタリは、必ずしもポストモダン社会を説明するためにこのリゾームの概念を提示しているわけではないのですが、とはいえこの概念は、私たちが今なお生きているポストモダン社会の構造をきわめて的確に捉えているように思います。

ツリーは、樹形図や会社の組織図のように、ピラミッド型あるいはトーナメント型に構造化されているものです。これに対し、リゾームは、樹木の根が地下でさまざまにからまったネットワーク型をしています。

リゾームの特徴を列挙するならば、中心の不在、はじまりと終わりの不在、異種混淆性、主体・客体の不在などを挙げることができます。

ツリーのほうは中心点ないし出発点が定まっており、序列もはっきりしているのに対し、リゾームのほうは、どこに中心があるのかわからないし、どこが末端なのかもわからない。さまざまな要素が絡み合っているわけです。

ツリーとリゾームの違いを理解するには、テレビとYouTubeの違いを思い浮かべるのがよいと思います。テレビのほうは、主体と客体、つまり放映する側と視聴する側がはっきり分離しています。放映する側にも、東京を中心とするキー局から、地方に点在するローカル局へと情報伝達の構造がはっきりと固定しています。

これに対してYouTubeの場合、まず中心の役割を果たすキー局的な存在がありません。視聴する側もいつでも放映する側になれます。あるいは、これまで放映する権利を独占していたテレビ局の撮影陣の裏側を逆に撮影することで、主体と客体の立場を入れ替えることもできる。

少なくとも、特権的な「見せる」立場がなくなっていくわけです。

もちろんこれに対して、「でもテレビ局のように、多くの登録者のいる公式チャンネルはあるのでは」という声もあるでしょう。しかし、YouTube型のリゾーム的なネットワークにおいては、そうした「公式チャンネル」は、構造の中心ではなく、「ノード」として説明されます。ノードとは「結び目」「集合点」といった意味をもっています。ネットワークのなかで、アクセスの多い点のことです。ツリー型のネットワークと異なり、リゾーム型ネットワークにおいて、こうしたノードの位置は固定されていません。もちろん、安定した登録者・視聴者数を維持するチャンネルはあるでしょうが、まったく無名の素人でも「バズる」ことで、一夜にしてそれを凌駕するノードになることは可能です。

こうした構造は、テレビとYouTubeの差異だけでなく、会長や社長を頂点とした終身雇用型の労働形態と、個々の個人事業主から形成されるネットワーク的な形態をとる現代的な雇用形態（たとえばコンビニのフランチャイズやギグワーカーなど）の差異など、さまざまなところにも表れているように思われます。この点では、彼らの示した「リゾーム」という概念は、それ自体としてはそういう意図がなかったとしても、確かに同時代に進行していた「ポストモダン社会」の状況をうまく言い当てることができる力をもっていると思います。

†新自由主義社会の到来？

以上のように、一九八〇年代は、情報技術の発展などを受けたさまざまな新しい社会形態が生まれ、サブカルチャーやポップカルチャーと呼ばれるものも徐々に発展していきます。

他方で、同じ時代には、アメリカやイギリスを筆頭に、いわゆる「新自由主義」社会が台頭したと言われます。オイルショックにより高度経済成長が行き詰まりを見せ、これまでのような福祉国家体制がもはや成り立たなくなると、規制緩和や民営化を基軸とした「新自由主義」体制への転換がはかられるようになります。アメリカのレーガン、イギリスのサッチャー、日本の中曽根がその代表格です。

フランスでは一九八一年にフランソワ・ミッテランが大統領選で勝利することで、社会党が約半世紀ぶりに政権に返り咲きました。いわゆる「リベラル」な政策を押し出したこの政権は、男女平等促進も重要課題とし、フェミニズム研究や後述する国際哲学コレージュの創設を支援するなど、新たな思想の展開を政策的に後押ししたという評価も不可能ではありません。実際、当初は、他の先進諸国とは歩調を合わせず、国有化をはじめとした社会民主主義よりの独自路線を貫くかに見えました。しかし、この社会党政権が、数年後には、「現代化」の旗印のもとで、新自由主義体制へと舵を切ることになるのです。

もちろん、問題はこうした政策だけではありません。とりわけ情報技術の進展にともなって、社会のあらゆる形態が変容していきます。家庭、学校、職場、病院等々のさまざまなところでこれまでとは異なる原理に基づく運営がなされるようになります。

いずれにしても、本書が注目したいのは、同時期のフランスの思想家たちはこの事態に鋭敏に反応し時代の変化を読み取ろうとしていたことです。さまざまな試みがなされますが、なかでももっとも重要なのは、やはりフーコーでしょう。フーコーは一九八四年に亡くなります。つまり同時期の変動をリアルタイムに眺め分析する十分な時間があったわけでは必ずしもないのですが、彼は七〇年代からすでにこうした事態をいわば予期していたように思われます。そして八〇年代以降、フーコーへの依拠の程度はさまざまですが、多様なかたちでこの新たな時代の姿を考えるための哲学的・思想的な分析が現れました。

†ミシェル・フーコーと生権力論

この文脈で改めて確認すべきは、フーコーの「権力」の考え方です。これは、具体的な権力者を対象にするのではなく、社会全体をどのように統治するかというその原理を問うものなので、「統治性」という用語も用いられます。

従来、フーコーの権力論としては、一九七五年に公刊された『監獄の誕生』で示された規律権力の考えが注目されていました。フーコーはまず、フランス革命に先立つ旧体制の時代の権力と、近代以降の権力のあり方の違いに注目しています。旧体制では、「臣下の生殺を君主が握る」というかたちで、王＝君主が主権的な権力を握ってきた。それに対し、近代になると、規律権力という別のかたちの権力が生じるようになると言います。

その舞台は国全体というよりは、学校、病院、軍隊、工場、さらに刑務所といった、社会の各所に散らばったセクターです。各々のセクターでは、逸脱者や危険分子が現れないよう、範囲が明確に決められ、上からの監視が行き届き、場合によっては強制力が発動される。軍隊はもとより、かつての学校での管理教育や工場での過酷なノルマ管理などを思い浮かべてもらえるとよいかもしれません。イギリスの功利主義哲学者ジェレミー・ベンサムが発案した刑務所の中心の見張り台から個々の独房を恒常的に監視するという一望監視装置（パノプティコン）は、こうした権力のあり方を特徴づけるものです。

他方で、こうした体制は、逸脱者が出ないように厳しく監視するけれども面倒見はとても良い。朝から晩まで子どもを見てくれる公教育の整備、大卒から定年まで収入を保障してくれる一律雇用、社会保険や軍人恩給等々です。ルールを乱すことは許されないけれども、言われたことを守ってちゃんとしていればちゃんとした人間（学生、大人、社会人など）になれるよ、というわけです。ここにはアルチュセールで見たような「従属化」による「主体化」という論理を見てとることもできるでしょう。こうした権力のあり方は、日本で言えば昭和的な学校や工場によく見られるのではないでしょうか。

しかし、このようなかたちの権力とは別の形態の権力があるのではないか。少なくとも一九七〇年代あたりから、こうした別の形態の権力が徐々に広まってきているのではないか。晩年のフーコーは、このように、これまでの規律権力とは異なる権力のかたちがあるのではと問うようになります。これが生権力と呼ばれるものです。

一九七六年に公刊された『性の歴史』第一巻「知への意志」ではその素描が見られます。これまでの規律権力が個々人に対し禁止・強制・矯正する権力であったのに対し、生権力は、見たところ「自由」「自主的」に循環させ、全体を調整することを目指すようになる。個々人を自由に任せるように見せつつ、人口全体がうまく回るよう調整するというわけです。

規律権力と生権力の違いは、たとえば、二〇〇〇年以降のコロナ禍に対する各国の政策の違いに現れています。一方の規律権力は、外出制限や接触禁止を課すタイプの権力です。他方の生権力は、アメリカやブラジルなど新自由主義を掲げる国に見られました。個々のレベルで多少の感染者・死者が出ることよりも、経済活動の循環を重視し、統計的な人口全体の健康水準の維持や寿命の管理などを重視したのです。

あるいは、大学の授業後や大きなイベントの終了後に、キャンパスや会場から駅に向かう光景を想像してください。多くの人でごった返すわけですが、そうした人々をスムーズに誘導するにはどうしたらよいでしょう。あくまでイメージですが、屈強な警備員が睨みを利かせて隊列を乱させないようにするのが規律権力です。これに対し、生権力は全体の循環が大事です。逆に言うとそこから逸脱する人が多少いても構いません。ポイントは、各人にとってはあたかも自由であるかのように全体の流れを調整することです。たとえば、警備員の代わりに、通過するとなんらかのポイントを付与する特定のチェックポイントを設けたらどうでしょう。ポイントが欲しい人は自主的にそこを通過するようになりますが、全体としては人の流れを管理できるようになる。これまでの規律権力とは異なり、命令するのではなく、各人にとってはあたかも自由であるかのように統制できるようになるわけです。

フーコーは、こうした生権力の発想自体は、規律権力が前面に出てくる福祉国家成立以前の一八世紀頃の重農主義的な自由主義（レッセフェール＝なすがままにの時代です）に遡ることができると言います。しかし、そこにはすでに同時代の社会の変容への敏感なまなざしがありました。そのため、この考えは一九八〇年代以降に台頭した「新自由主義」のさまざまな姿を批判的に分析する際に、現在でも多くの領域で援用されています。

たとえばドゥルーズは、フーコーとともに一九世紀から二〇世紀前半の社会を「規律社会」として特徴づけ、それに対し、二〇世紀後半の社会はいっそう流動的になり、別のかたちで捉えなければならないとし、「管理社会」という用語を提案します。従来の規律社会は、家族、学校、工場、病院、監獄など、それぞれ閉じられたシステムにおいて、その個々の成員を型にはめる「規律」を重視していたのに対し、現代はいっそう流動的になり、数値やデータの活用、マーケティングを媒介して、生涯学習や自己啓発を通じた漸進的で散在的な新たな管理体制ができあがっているというのです。後述のポール・ヴィリリオは、ヴァーチャル技術など情報技術に注目することでこうした管理社会の具体的な分析を進めます。

このように、フーコーが「生権力」の概念によって予言した社会は、八〇年代以降の新たな社会形態を考えるのに優れた洞察を与えてくれたわけですが、ただし、フーコーのテクストには重要な空白がありました。フーコー自身は「生政治」が一八世紀に誕生し現在復活しているとする見方をとるのですが、一八世紀と、第二次世界大戦以降の分析を行なう一方、一九世紀から第二次世界大戦にいたる時代の分析がすっぽり欠けているのです。つまり、ちょうど「福祉国家」の形成と衰退に重なる時期です。フーコーの「統治性」の系譜学という展望のもと、この福祉国家に焦点を当てたのが、その影響を受けたジャック・ドンズロとフランソワ・エヴァルドです。

†ジャック・ドンズロと〈社会的なもの〉

ジャック・ドンズロ（一九四三〜）は社会学を専門としていますが、フーコーが組織した「監獄情報センター」の協力者でもありました。

一九七七年公刊の第一の主著『家族に介入する社会』は、アンシャン・レジーム以降に「家族」の形態が次第にぼやけるようになり、逆に〈社会的なもの〉が徐々に現れるようになるプロセスを描いたものです。こうした具体的な分析の背景にはすでに、フーコーの生権力の概念はもとより、ドゥルーズ＋ガタリの影響もあります。実際、ドゥルーズは「社会的なものの上昇」と題された文章を同書のあとがきとして書いています。

ただ、なによりも重要なのは、同書ですでに片鱗を見せていた〈社会的なもの〉という概念をいっそう主題化した一九八四年の『社会的なものの発明』でしょう。〈社会的なもの〉とは、「社会的」という形容詞（social）を名詞化したものです。もともとの名詞形の「社会（société）」がすでに実在するあれこれの「社会」（日本社会、格差社会など）を想起させるのに対し、そうした「社会」を成立させる原理と考えればよいかもしれません。あるいは、ドゥルーズの表現によれば、公的な領域からも私的な領域からも区別されつつ、両者の混淆のようなかたちで、法と慣習、富と貧困、都市と農村、病院・学校・家族などを形成するような領域としても理解できるでしょう。

ハンナ・アーレントは、「社会」について、むしろ経済的な論理が重視されて、成員に画一化を強いるような体制だとしてネガティブに描き出します。他方で、初期の社会主義は、逆にユートピア的な社会像を描き出します。ドンズロの言う〈社会的なもの〉はそのどちらでもなく、一九世紀フランスの共和主義を支えた「連帯」という原理に基づく人々の共同性のあり方に関わっています。

「社会学」という語が一九世紀フランスの思想家オーギュスト・コントによって生み出されたことはご存知かもしれません。同時代のフランスは、ストライキや革命運動などにおける大衆の示威《じい》行動が頻発し、それを観察していたトクヴィルのような思想家はその大衆の動きになんらかの法則性を見つけ、それを「社会」と呼びました。他方で同時期に発展していった統計学は、こうした法則性を定式化し、集団心理学などを生み出します。

しかも、一九世紀には、労働問題や貧困問題をはじめ、さまざまな「社会問題」が生まれてきます。たとえば、一九世紀前半の産業革命期の自由主義的な政治思想においては労働者の団結権は認められていませんでしたが、こうした「社会問題」に対処するために、徐々に労働組合が合法化されるようになる。貧困に対しても、それを救うためのさまざまな「社会」的組織が生まれる。こうした、国家と個人ないし家庭のあいだにあって、個々人を束ねる領域が「社会」です。「社会福祉」と言うときの「社会」がこれに相当すると考えることができます。そして、それが制度化されて成立するのが「福祉国家」です。

ドンズロが注目するのは、こうした一九世紀フランスのとりわけ共和主義における「連帯」という考えこそが、こうした〈社会的なもの〉にとってきわめて重要だったということです（逆に、新自由主義を迎えた時代に分断されるのがまさしくこの〈社会的なもの〉です）。

一九八〇年代にこの〈社会的なもの〉が主題化されたのには、やはり時代背景があります。高度成長が終わり、福祉国家の終焉が叫ばれたこの時代、実際的には二つの選択肢が示されていました。一つは、到来する新自由主義を評価し促進すること、もう一つは、従来の社会主義的な路線を改良した社会民主主義的な路線です。ドンズロが重視したのは、そのどちらでもなく、福祉国家を生み出した原理とも言うべき〈社会的なもの〉の根源を振り返るという視座です。

†フランソワ・エヴァルドと福祉国家

フランソワ・エヴァルド（一九四六〜）は一九四六年生まれの哲学者で、法哲学から保険・リスク等の分野まで幅広い考察を行なっています。同じ世代の哲学者の例に洩れず、〈六八年五月〉では毛沢東主義グループに参加しますが、その後フーコーの助手を務めます。フーコーの短い論文や対談などが収められた『フーコー思考集成』では、ダニエル・ドゥフェールとともに編者を務めています。

その後、思想が若干保守化したこともあり、いわゆるフーコー研究のなかで言及されることは少ないのですが、ただし、一九九一年に公刊された『フーコー効果——統治性研究』という英語の論集にドンズロとともに論考を寄せており、「統治性」をめぐるフーコーの試みをドンズロとともに継承したと言うことはできるでしょう。

その彼の代表作が『福祉国家』(一九八六年)です。原著で六〇〇頁を超える大著で、ドンズロと同様に一九世紀の福祉国家の形成を対象にしますが、ドンズロが社会思想史的な分析であったの対し、エヴァルドはもう少し哲学的です。というのも、題名とは裏腹に、エヴァルドはたんに福祉国家の形成過程を検証したり、それを支える思想を振り返ったりするのではなく、労働災害という事例を通じてそこにおいて「責任」の概念がどのように変容していったのかを追跡するからです。

フーコーが生権力の起源とみなした一八世紀の自由主義型の社会は、まさしく「自己責任」の時代でした。労働災害があったとしても自分の責任、貧困に陥るのも自分の責任と言われることもありました。

これに対し、一九世紀において産業が発達し、労働形態もいっそう組織化してくると、さまざまな労働災害が生じます。組織化する、ということは、些細な事故でも大きな帰結をもたらすようになるということです。そのため、仕事現場で生じるあらゆる事故について、自己責任とするわけにはいかなくなります。しかも、個々の事故《アクシデント》は偶然《アクシデント》だとしても、統計的に捉えると規則性をもっており、集合的なもの、つまり社会全体で担うべきものと考えられるようになるわけです。

そうした状況のなかで、実際的にも、個々の責任とされていたものを、社会保険や相互扶助などによって社会全体でカヴァーするような社会制度ができてくる。エヴァルドは、このようにして、福祉国家の発展とともに、偶然的な事故《アクシデント》が、個々人の責任に帰されるのではなく、社会的に分担されるようになる過程を分析するのです。具体的に言えば、ドンズロが述べたような「連帯」が、社会保険等を通じて制度化する過程です。

その後もエヴァルドは、こうした研究の延長線上で、現代社会におけるリスク概念について分析を試みています。いずれにしても、ドンズロとエヴァルドは、〈社会的なもの〉の形成と解体のプロセスをそれぞれの仕方で辿り直すというかたちで、生権力・統治性についてのフーコーの未完の思想を補完しようとしていると言えるでしょう。

ブックガイド

東浩紀『動物化するポストモダン――オタクから見た日本社会』（講談社現代新書、二〇〇一年）……サブカル論としてすでに古典の域にありますが、リオタールの「大きな物語」やボードリヤールのシミュラークル概念を見事に援用して描き出す「ポストモダン社会」は、今日にもつながっています。

デヴィッド・ハーヴェイ『ポストモダニティの条件』(吉原直樹監訳、和泉浩・大塚彩美訳、ちくま学芸文庫、二〇二二年)……思想としてのポストモダンではなく、近代とは異なる新たな社会体制としてのポストモダンということについて、この本は古典的な分析を示しています。

佐藤嘉幸『新自由主義と権力──フーコーから現在性の哲学へ』(人文書院、二〇〇九年)……新自由主義時代における新たな権力のあり方について、フーコーやドゥルーズの見地からどのように批判的に分析できるかを示したものです。

菊谷和宏『「社会」の誕生──トクヴィル、デュルケーム、ベルクソンの社会思想史』(講談社選書メチエ、二〇一一年)……「社会」というものが一九世紀のフランスのなかでどのように形成され、またそれについて哲学者たちがどのように論じてきたのかをコンパクトにまとめています。〈社会的なもの〉を思想史的に理解することができます。

吉田徹『アフター・リベラル──怒りと憎悪の政治』(講談社現代新書、二〇二〇年)……この本自体の主題はフランスでも思想でもありませんが、本書が扱っている一九八〇年代以降という時代の政治社会の変容について的確に分析をしています。

第4章　〈政治的なもの〉の哲学

†ソルジェニーツィン事件と全体主義

一九八〇年代のフランス思想では、単にポストモダンに彩られた軽やかな主題ばかりが取り上げられていたわけではありません。前章で見たように、〈社会的なもの〉という観点から変動する社会構造を解き明かそうとする試みはありましたが、それと並行して、政治や宗教に関するさまざまなテーマが、これまでとは異なる角度から改めて――というよりは初めて本格的にと言ったほうがよいかもしれません――問題にされるようになります。

政治の領域でとりわけ注目が集まったのは、全体主義という泥臭い問題です。

戦後フランスの知識人界でこれまで批判の対象となっていたのは、ドイツやイタリアのファシズムや、アメリカを中心とした資本主義勢力でした。後者については、ベトナム戦争をはじめとする植民地主義の文脈で、フランスの左派系の知識人はむしろ反米の立場をとる中国、ベトナム、カンボジア、あるいはキューバといった共産主義国にシンパシーを感じてきました。これに対し、七〇年代ころから雲行きが変わります。むしろ、ソ連を中心とした共産主義陣営においても、民衆を弾圧する権威主義的で独裁的な体制があることが明らかになります。そこで登場するのが、「全体主義」という呼び方です。

ここには、先述の〈六八年五月〉の影響がはっきりと現れています。五〇年代からすでに、フルシチョフによるスターリン批判（一九五六年）やポーランドのポズナン暴動（五六年）、ハンガリー蜂起（五六年）などで、スターリンを神格化していたソ連共産党の強固な体制の綻《ほころ》びが現れていました。この流れは、〈六八年五月〉をはじめとする世界各国の異議申し立て運動以降、プラハの春（六八年）、ソ連によるアフガニスタン侵攻（七九年）といった出来事によってさらに加速されます。カンボジアにおけるクメール・ルージュの大量粛清のニュースは、共産主義に未来があると信じていた〈六八年五月〉世代の若者たちに大きな衝撃を与えます。

文芸の領域では、ソ連における強制収容所の実態を描いた**アレクサンドル・ソルジェニーツィン**（一九一八〜二〇〇八）の『収容所群島』（一九七三〜七五年）の公刊がきわめて重要です。

ソルジェニーツィンはソ連の作家です。四五年に友人への手紙でスターリン批判を行なったという嫌疑をかけられ、逮捕され、強制収容所にて強制労働を強いられます。その後、ソ連の強制収容所を描いた『イワン・デニーソヴィチの一日』（一九六二年）は世界的に評価され、七〇年にはノーベル文学賞も受賞しますが、ソ連では迫害を受け、著作も発禁処分を受けます。その間執筆を続け、ソ連の強制収容所の実態を暴く大作『収容所群島』を構想しますが、同書が公刊されたのは、七三年のフランス語訳が初めてだったのです。

こうした経緯を受けて、ある種の対抗勢力として期待されていた共産主義に対する失望が大きな波を作っていくことになります。これまではナチス・ドイツのファシズムを批判することは、自由主義陣営からも共産主義陣営からも可能でした（ちなみにフランス共産党が戦後もかなり影響力を持っていたのはドイツに占領されていた第二次世界大戦下のフランスでレジスタンスという抵抗運動を組織していた中心の一つだったからです）。しかし、ソ連にもナチスと同様の強制収容所や全体主義体制があったという事実は、これまでの思想の立ち位置を大きく問い直すことになりました。

ちなみに、フランスでのハンナ・アーレントへの評価は、こうした変遷と無関係ではありません。七〇年代までは、アーレントの『全体主義の起原』が、ナチズムばかりでなくスターリニズムも「全体主義」として断罪していることに対し、当時のフランスの「リベラル」な、つまり左派系の知識人たちは嫌悪感を隠しませんでした。アーレントは反共の「保守」的な思想家だと思われていたのです。こうした事情が大きく変わり、アーレントが「リベラル」な思想家として読まれるようになるのは一九八〇年代からです（実は日本も同じですが）。

†ヌーヴォー・フィロゾフの登場

フランスにはアーレントのような全体主義批判の哲学はなくはありませんでした。とりわけ、後述のクロード・ルフォールの『民主主義の発明――全体主義支配の限界』（一九八一年）がそれに相当するでしょう。

ただし、フランス独自の事情として、ルフォールのような堅固な哲学的考察に先んじて、他ならぬ〈六八年世代〉の若い哲学者たちが、このような全体主義批判を大々的に、しかもメディアを活用して行なったという独特な事情があります。彼らは日本で言う団塊の世代にあたりますが、〈六八年五月〉でも理論面や実践面で指導的な立場を占めていました。ちなみに、彼らの多くはユダヤ系です（その背景は後述します）。背広で大学の講壇に立つのではなく、長髪に胸をはだけたシャツでテレビや雑誌のメディアに登場した彼らは、「ヌーヴォー・フィロゾフ（新しい哲学者）」と呼ばれます。

ヌーヴォー・フィロゾフとしては、とりわけアンドレ・グリュックスマンとベルナール＝アンリ・レヴィの二人が重要です。

アンドレ・グリュックスマン（一九三七〜二〇一五）は一九三七年にドイツ系（かつユダヤ系）の家庭に生まれました。哲学研究を志しますが、〈六八年五月〉では毛沢東主義グループの理論的な主導者となります。その後、とりわけソルジェニーツィンの『収容所群島』を受け、共産主義から袂を分かち、一九七五年の問題作『現代ヨーロッパの崩壊』では、なんとナチズムを共産主義になぞらえるにまでいたります。この本の原題は『料理女と人喰い――国家、マルクス主義および強制収容所についての考察』です。「料理女」と「人喰い」はいずれもレーニンの言葉で、前者は支配や抑圧の被害者を、後者はレーニン自身を含む権力の座についた革命エリートのことを指します。こうして抑圧の被害者を救済するという共産主義の仮面を暴こうとしたわけです。この本は哲学書としては異例なことに、一年で二万部も売れたとされます。

もう一人の**ベルナール＝アンリ・レヴィ**（一九四八〜）は、一九四九年にアルジェリアで生まれます。哲学教授資格を得た彼は、北アイルランドやバングラデシュを訪れ、ルポルタージュを公刊します。フランスに戻ると、グラッセ社という人文系の大出版社の叢書の監修をしたり、社会党のミッテランのブレーンの一人にもなったり、一躍時の人となります。哲学者らしからぬ若々しい風貌でテレビや雑誌に登場し、メディアを賑わせることになりました。

レヴィの代表作といえる『人間の顔をした野蛮』（一九七七年）では、グリュックスマンの全体主義体制批判の路線をさらに追求し、西洋近代の進歩主義的イデオロギーこそが、ファシズムから中国の文化大革命やカンボジアのポル・ポト派にいたるまで「人間の顔をした野蛮」を推進しているという主張を展開します。

ただ、主張の可否はともかく、とりわけレヴィのこの本には学術的には問題点が多々あり、ドゥルーズをはじめとする同時代の学者から厳しい批判にさらされます。全体主義批判を旗印にした現代文明批判を行なうメディア型知識人として、一つの時代を象徴していたことは間違いないのですが、哲学的な考察としてはそれほど息が長くはありませんでした（とはいえ彼らはその後も精力的にメディア等で発言を続けています）。

†第二次世界大戦の記憶の再燃

「全体主義」の問題は、一九八〇年代にはさらなる展開を見せます。この時期に、第二次世界大戦の記憶がさまざまなかたちで再燃したのです。

社会的な背景から確認しておきましょう。

まず、社会的に大きなインパクトを与えたのは、クラウス・バルビー裁判です。バルビーはナチス・ドイツの親衛隊員で、第二次世界大戦中は親独のヴィシー政権下のディジョンやリヨンなどの地方都市の治安責任者となりました。戦後は偽名を使って南米に逃亡していましたが、一九八三年に逮捕されフランスに送られ、フランスにて戦犯裁判が始まりました。六〇年代のアイヒマン裁判もそれなりに注目されましたが、まさしくフランスを舞台にしたこの裁判は、テレビで放映されることで、封印されていたかつての記憶を蘇らせることになりました。

歴史学者のアンリ・ルッソは『ヴィシー症候群』(一九八七年)という本のなかで、当時のフランスに根強く残っていた、ヴィシー政権下の対独協力やユダヤ人迫害などの過去の記憶をいわば無意識的に封印するかのようにして、ドイツの占領に抵抗したレジスタンスを神話化する態度を「ヴィシー症候群」と呼び、強く批判しました。

こうしたフランス歴史学における自らの「記憶」についての再考は八〇年代の特徴とも言えます。一九八九年は、フランス革命二〇〇周年にあたりますが、この機会に改めて「フランス」なるものの「記憶」が問い直されることになりました。歴史学者ピエール・ノラが中心となって編集された『記憶の場』シリーズは一九八四年から八年をかけて公刊されましたが、これはその集大成と言えましょう。哲学者のポール・リクールもこうした問題に関心を寄せ、『記憶・歴史・忘却』(二〇〇〇年)をまとめます。デリダが赦《ゆる》しや和解をテーマにし始めるのもこれらの出来事以降のことです。

さらに、第二次世界大戦の最大の悲劇とも言えるアウシュヴィッツないしホロコーストの問いもこの時期に再燃します。クロード・ランズマンの九時間にも及ぶルポルタージュ映画『ショアー』が封切られたのは一九八五年ですが、そこでランズマンは、絶滅収容所における「表象」「記憶」「証言」の可能性という哲学的な問いを惹起しました。

この問題は、とりわけ英語圏の歴史学では「アウシュヴィッツと表象の限界」というかたちで論争を引き起こしますが、フランスでもランシエール（『イメージの運命』二〇〇三年）から美術史家のジョルジュ・ディディ＝ユベルマン（『イメージ、それでもなお』二〇〇三年）にいたるまで、美学的な考察の対象でもあり続けています。

ちなみに、ロバート・イーグルストンという論者は『ホロコーストとポストモダン』（二〇〇四年）という著作において、とりわけデリダとレヴィナスを筆頭に取り上げ、彼らの思想全体が「ホロコースト」への応答であったとすら述べています。私としては、それはあまりに過剰な解釈のような気がしないでもありませんが、それはともかく、アドルノやアーレントのようなドイツ出身のユダヤ系思想家のケースと異なり、フランス思想においてアウシュヴィッツの問題が哲学と交差して真剣に論じられるようになったのは一九八〇年代以降からだということは念を押しておきたいと思います。

†「アウシュヴィッツ」とポストモダン

とはいうものの、現代フランス哲学がこうした問題を正面から論じることにはいくらかの困難があったことも確かです。とりわけ、「ハイデガー事件」と「歴史修正主義」といういずれも八〇年代に生じた二つの出来事が重要です。

まず、ヴィクトル・ファリアスというチリ出身の哲学者が書いた『ハイデガーとナチズム』

（一九八七年）という著作は、ハイデガーとナチズムの関係を暴くものとして世界中で物議を醸しました。この本の仏訳が公刊されると、フランスでも「ハイデガー事件」というかたちで議論が沸騰します。いわゆるポストモダンの思想家とされる人々は大なり小なりハイデガーの影響を受けていますが、「ポストモダン思想はハイデガーというナチスの哲学者を擁護するのか」という批判を浴びることになったのです。

これに対しては、ポストモダンに括られがちな哲学者たちからも即座に応答がありました。論点は多岐にわたりますが、重要な著作だけ挙げると、ジャック・デリダの『精神について』（一九八七年）、ジャン＝フランソワ・リオタール『ハイデガーと「ユダヤ人」』（一九八八年）、フィリップ・ラクー＝ラバルト『政治という虚構――ハイデガー　芸術そして政治』（一九八八年）、そしてピエール・ブルデューの『ハイデガーの政治的存在論』（一九八八年）があります。これらの議論を一括りにまとめることはできませんが、単にハイデガーをナチス賛同者として厄介払いするのではなく、かといって素朴に擁護するのでもなく、ハイデガーとの批判的な対話を継続している点にこそ、フランスにおけるハイデガー受容の特徴があるように思います。

また、同じ時期には、「ガス室はなかった」というかたちで、歴史的な事実を否定するような主張が生じてきます。歴史学者からも、こうした歴史修正主義の主張を「否認主義」（アンリ・ルッソ）、「記憶の暗殺者たち」（ヴィダル＝ナケ）と名付け、精力的な批判が行なわれました。

ただし、ここでもまた現代フランス哲学の側には厄介な問題が生じていました。すなわち、「ポストモダン」の問題系を正面から捉えるならば、「ガス室はなかった」という主張を即座に否定するのは難しい、という問題です。

「大きな物語」の崩壊は、何が真実かを決めるような価値基準そのものの崩壊を意味していたわけではないのですが、少なくともそれは、「絶対的な正しさ」よりも、複数の個別的な言説の重なりあいを重視するものではありました。そのため、「ガス室はなかった」という主張自体も、複数の言説の一つとしてはありえることになってしまうわけです。

このような問題を敏感に感じ取っていたのはほかならぬリオタールでした。リオタールは『文の抗争』（一九八四年）という本のなかで、「〇〇は〜だ」というどのような言説も、単独では事実を述べることはできないと言います。どの言説も、その他のいくつもの言説といわば抗争して組み合わさり、それこそ無限の解釈に開かれていくというわけです。

しかし、この論理を推し進めていくと、「ガス室はなかった」という言説ですら、その当否を評価できないという事態が起こりかねません。この種のジレンマにリオタールも気づいていました。そこでリオタールがとったのは、「アウシュヴィッツ」という名の例外性をあくまで強調するという立場だったのです。

こうした思想をどのように評価するにせよ、ここには、ポストモダンがあらゆる価値を相対化したニヒリズムに行きつかないために、ある一定の「倫理」ないし「正義」が要請されるという事態が現れているように思います（実際にリオタールはこの時期、レヴィナスに関心を抱き、倫理的な「命令」とはどういうものかを検討するようになります）。

しかし、こうした特権化に対し即座に異議を唱えたのはほかならぬデリダでした。一九八〇年のリオタールとの討論で、デリダは、このようにナチスによるユダヤ人の虐殺を特権視することは、それと同じくらいおぞましい他の多くの虐殺を「片面化」することにならないか、そこにはある種の「われわれ」を前提とした自民族中心主義があるのではないかと問うのです。

ここには、ポストモダンの時代に「他者」や「倫理」を問題にすることの必要性とその困難さとが同時に現れているように見えます。〈六八年五月〉以降に浮上するさまざまな他者たちに耳を傾ける必要性がますます出てくる。しかし、「どれもそれぞれ重要」という価値相対主義的なニヒリズムに陥らないためには、さまざまな他者のなかから、ある他者に注目するという一定の判断を下す必要がある。けれども今度は、そのような区分けが、特定の他者の特権化を、とりわけ、そして同時にそれ以外の他者たちへの忘却を招きかねない。まさしくこのような型の問いの連鎖こそ、ポストモダン以降の「他者の倫理」に――推進側にも批判側にも――まとわりついたものと言えるでしょう。

†クロード・ルフォールと政治哲学の復興

このように、一九八〇年代は、全体主義をはじめとする第二次世界大戦の記憶が蘇り、さまざまな哲学者がこうした問題に取り組むことになります。なかでも特徴的なのは「政治哲学」がこの時期から開花していくことです。

このように言うと疑問をもつ方もいるでしょう。フランスの哲学者は、たとえば英語圏の哲学者に比べて、政治に関してかなり口出ししているではないか、と。それはそのとおりなのですが、哲学者が政治を論じることと「政治哲学」という分野が生じることは別のことです。

すでに述べましたが、どれほどポスト構造主義が台頭したにせよ、一九七〇年代までのフランスの思想界において、マルクス主義的な思考図式はかなり優勢でした。マルクス主義は経済的な関係こそが根本的であり、政治的なものはその上部にある副次的なものにすぎないと考えてきましたので、そもそも政治哲学など根本的な要素を無視した上っ面のものだと考えられてきたのです。

こうした流れを変え、政治哲学が可能だと唱えた第一人者は**クロード・ルフォール**（一九二四〜二〇一〇）です。ここでの政治哲学とは、単にさまざまな「政治」について哲学者が云々することではなく、普段「政治」と呼ばれるさまざまな現象の根源にあるものを探ることです。

これは、一般的な意味での「政治（la politique）」と区別して、〈政治的なもの（le politique）〉と呼ばれます。

ルフォールは高校時代に哲学を教えていたメルロ＝ポンティに出会い、その後もメルロ＝ポンティの草稿集の編者を務めるなど長い交流関係をもちます。ルフォールは、メルロ＝ポンティの影響でマルクスに目覚めますが、マルクス主義の「正統」な教説に含まれる決定論的、還元主義的な考えにすでにこの時期から違和感を覚え、共産党からは距離を置くようになります。そのため、「正統」マルクス主義を批判するトロツキー主義の立場からコルネリュウス・カストリアディスらとともに「社会主義か野蛮か」というグループを設立します（リオタールもメンバーでした）。

その後、サルトルやレヴィ＝ストロースらとも論争をし、〈六八年五月〉にはその運動を肯定的に評価し、他方でマキャヴェリ論や官僚制批判の著作を公刊します。また、『テクスチュール』『リーブル』といった政治哲学系の雑誌を出し、人類学者ピエール・クラストル、政治哲学者ミゲル・アバンスール、現象学者マルク・リシールらと交わります。教師としてもアラン・カイエ、マルセル・ゴーシェ、ジャコブ・ロゴザンスキーといった後続世代を育てました。所属先の社会科学高等研究院ではピエール・ロザンヴァロンらとも交流をもったり、ジャック・デリダらが音頭をとって設立した「政治的なものをめぐる哲学研究センター」ではジャン

＝リュック・ナンシーやリュック・フェリーらとも交差したり、現代フランス哲学のさまざまな潮流の結節点となりました。

ルフォールの政治哲学には多様な側面がありますが、その主著『民主主義の発明――全体主義の限界』で示されたように、その中心は、「全体主義」の問題を、ヌーヴォー・フィロゾフらのようにセンセーショナルに取り上げるのではなく、理論的に検討し、そこに民主主義との断絶ばかりか継続性を見ることも辞さない点にあります。つまり、単純なマルクス主義的な構図をとらないばかりか、反全体主義の立場から民主主義の意義を寿《ことほ》ぐことで満足するわけでもない。民主主義の根底に、全体主義へと転化しかねない構造的な問題を見てとるのです。

ルフォールは、第二次世界大戦以降、東欧諸国において、ソ連的な全体主義の支配に抵抗するために生じたさまざまな民主主義的な異議申し立ての運動に注目し、その意義を高く評価します。しかし、こうした運動に新たなる民主主義の息吹を認めた上でなお、「全体主義は民主主義の両義性から生じる」というテーゼをあえて提示するのです。

ルフォールによれば、現代の「民主主義」は、中世の「王の身体」のように、なんらかの超越的なものによって一つの有機体として束ねられてはいません。他方で、それは「民族」とか「人民」とか「階級」とかなんらかの内実（ないしイデオロギー）をともなった集団によって一枚岩で構成されるのでもありません。民主主義とは、誰もがそこに参入できるために開かれた場だと言います。しかも、そこでは、なんらかの一枚岩のアイデンティティが形成されるのではなく、さまざまな異論が提起され、抵抗や抗争が展開される必要がある。これに対し、全体主義は、この民主主義の開かれた場を塞ぐためにあえて「党」や「人民」といった内実を持ち出し、政治体を一つの均質な「身体」のようにするというわけです。したがって、こうした根源的な「開かれ」「抗争」の有無（少数派の異論を構造的に許容しうるかどうか）こそが、民主主義と全体主義を分ける指標となるわけです。

このように、ルフォールの政治哲学の特徴は、従来のマルクス主義的な図式を拒否し、超越的なものを失った現代社会の問題を、〈政治的なもの〉という角度から、社会を構成する原理の問題として捉え直したことにあるでしょう。そこには、〈六八年五月〉や東欧の民主化運動に示された、さまざまな異議申し立ての行動が十分に影響を及ぼしています。

†ミゲル・アバンスールと蜂起するデモクラシー

このような、既存の体制を前提とするのではない、開かれた抗争の場のことをルフォールは「野生の民主主義」とも呼んでいますが、こうしたルフォールの民主主義論は、英語圏のエルネスト・ラクラウやシャンタル・ムフらのいわゆる「ラディカル・デモクラシー」論に影響を与えました。フランス語圏でも、リオタールの「争議」やランシエールの「不和」など、その後の政治哲学の議論とも絡んできますが、なかでも特徴的なのは**ミゲル・アバンスール**（一九三九〜二〇一七）でしょう。

日本語で読める単行本は、その主著『国家に抗するデモクラシー――マルクスとマキャヴェリアン・モーメント』（一九九七年）だけですが、それだけでもアバンスールの思想の広がりを伝えています。

マルクスとマキャヴェリの結びつきは意外に思えるかもしれません。マキャヴェリアン・モーメントという表現は、ポーコックというイギリスの社会思想史家に由来するもので、マキャヴェリの共和主義思想にこそ近代的な政治思想の転換点があるということを意味しています。アバンスールは、マルクスにも同様の転換点があると言うわけですが、それは従来のマルクス主義の理解とは一線を画しています。とくに初期マルクスに注目することで、国家を前提とする体制とは異なる、民衆を主体とする「真のデモクラシー」、あるいは「蜂起するデモクラシー」という新たな政治思想があると言うのです。

ルフォールは、民主主義の全体主義への横滑りを防ぐような、東欧の民主化運動に見られる民衆のイニシアティブに「野生のデモクラシー」を見てとりましたが、アバンスールには、マルクスが提起した問いを、その後のマルクス主義とは異なるかたちで多角的に再考するという企図があるでしょう。

とくにアバンスールは、一方ではトマス・モアからマルティン・ブーバー、エルンスト・ブロッホまでを射程に収めた「ユートピア」概念の系譜、さらにフランス革命期の革命家サン＝ジュストや、一九世紀前半の社会主義思想家ピエール・ルルー、ブランキといった革命思想などの研究も行なっています。他方で、人類学者ピエール・クラストルの『国家に抗する社会』（一九七四年）にも大きな影響を受けており、クラストル入門ともいうべきインタビュー集『国家をもたぬよう社会は努めてきた』には序文も寄せています。こうした多様な関心のもとで、民主主義が国家のかたちで凝固するのではなく、自由、解放、平等といったその元来の理想を開花させるためにどのような可能性を有しているか、という問いを突き詰めたと言えるでしょう。

さらにアバンスールは、こうした独自のデモクラシー思想だけでなく、現代のさまざまな思想潮流の政治思想に目配りをして、とりわけ序文を寄せたり、翻訳書を公刊したりというかたちで、フランスへの導入に力を尽くした点も見過ごせません。たとえば、エマニュエル・レヴィナスの哲学の政治的含意に注目したり、ハンナ・アーレントやフランクフルト学派の思想をフランスにおける政治哲学の議論に導入したりすることにも尽力しました。所属するパリ第七大学で政治哲学を担当し、また国際哲学コレージュの議長としても活躍し、ルフォール以降のフランス政治哲学の再生のキーパーソンとなりました。

コラム　コレージュ・ド・フランスと国際哲学コレージュ

フランスの哲学教育を語るには、いずれもパリ五区のパンテオンの丘に位置する「コレージュ」という名を冠した二つの機関が欠かせません。普通、フランス語で collège は、英語の college と異なり、大学ではなく中学校を意味していますが、これらの二つの機関は、そのいずれでもなく、一般に開かれたいわば市民大学です。

コレージュ・ド・フランスはなんと一六世紀、一五三〇年に設立された研究教育機関です。哲学の含まれる人文科学に加え、数学・デジタル科学、物理学・化学、生命科学、歴史・文学の四つの部門からなります。それぞれの分野で多大な業績を上げた一流の研究者が教授となりますが、講義はすべて一般にも公開されており、試験などもありません。つまり、市民向けの公開講座で、超一流の教授が教えているのです。

本書に登場する人物では、文学部門のロラン・バルト、人文科学部門ではフーコー、分析哲学のジャック・ブーヴレス、社会思想史のピエール・ロザンヴァロン、人類学のフィリップ・デスコラらがコレージュ・ド・フランスの教授を務めています。

国際哲学コレージュのほうはもっと新しい機関で、一九八三年、時のミッテラン社会党政権の国民教育省の信託のもと、ジャック・デリダ、フランソワ・シャトレ、ドミニク・ルクール、ジャン＝ピエール・ファールらによって設立されました。

こちらは、コレージュ・ド・フランスともそれ以外の大学などの既存の高等機関とも別のかたちの機関を目指したものです。デリダの言葉では、著名な教授を頂点とした講座制をとらず、外国人も意思決定機関に組み入れ、学位の有無にとらわれず、他方で技術や芸術活動や初等教育の問題にも開かれ、その都度提出される研究計画を審査することによって研究交流の活性化を図るという独特の機関が目指されました。

いくつもの部門が置かれ、各々の部門では定期的に選ばれるプログラム・ディレクターのもと、さまざまな主題でセミナーやシンポジウムが行なわれ、専門家のみならず一般の人々も議論に参加できるようになっています。設置住所にちなんで『デカルト通り』というタイトルの学術誌を定期的に発行しています。

初代議長にデリダ、二代目にリオタール、三代目にアバンスールが選ばれています。これまでのプログラム・ディレクターには、本書に登場する人物では、S・アガサンスキー、G・フレス、C・マラブー、A・バディウ、J・ランシエール、J－L・ナンシー、P・ラクー＝ラバルト、F・ガタリ、B・スティグレールらがいます。日本からも石田英敬氏、西山雄二氏らがディレクターを務めたことがあります。

†ピエール・ロザンヴァロンとEHESS学派

フランス政治哲学というと、後に見るジャン＝リュック・ナンシー、エティエンヌ・バリバール、ジャック・ランシエールらに、アラン・バディウやイタリアのアントニオ・ネグリ、ジョルジョ・アガンベンらを加えたいわゆる「現代思想」系の潮流が有名かもしれません。ただ、フランスでの議論では、それに限られず、上に見たルフォール、アバンスールに代表されるマルクス主義批判を経由しつつ「ラディカル・デモクラシー」の潮流はいまなお重要ですし、それに加えて、社会科学高等研究院（EHESS）のレイモン・アロン研究センターに属するピエール・ロザンヴァロン、マルセル・ゴーシェ、ピエール・マナンらの潮流も見逃せません。後者は強いて言えば中道左派に属し、一八世紀以降のフランスの政治思想史・社会思想史の流れを重視した潮流です。

ピエール・ロザンヴァロン（一九四八〜）は商業系のエリート養成大学校（グランゼコール）の高等商業学校（HEC）を卒業した後、当時のフランスの主要な労働組合であるフランス民主労働総同盟に勤務し、その後、大学に移り研究者として活躍します。

最初の主著『自主管理の時代』（一九七六年）では、社会主義の改良を掲げる「第二の左派」の立場から現代社会を分析します。九五年の『連帯の新たなる哲学』は福祉国家についての思想史的な考察ですが、ドンズロやエヴァルドのようなフーコー的な権力の系譜学というよりは、同時期にイギリスの社会学者アンソニー・ギデンズらが提唱した「第三の道」に合流するかたちで、福祉国家の解体以降の新たな社会民主主義的な道筋を示すものと言えるでしょう。

ただし、ロザンヴァロンの仕事を特徴づけるのは、むしろ一九世紀から二〇世紀までのフランスにおける民主主義についての政治思想史研究でしょう。七九年の『ユートピア的資本主義』で「市場」という概念がどのように成立したのかを辿った後、一九世紀前半のフランスの政治家・歴史家であったギゾーについての研究を上梓します。その後、残念ながらいずれも未邦訳ですが、フランスの代表制民主主義の形成と動揺を描く民主主義の歴史三部作（『市民の聖別』『どこにもいない人民』『未完の民主主義』）を発表します。

二〇〇一年にコレージュ・ド・フランス教授に着任してからも、『カウンター・デモクラシー』（二〇〇六年）や『良き統治――大統領制化する民主主義』（二〇一五年）において引き続き現代民主主義についての思想的な検討を継続しています。

マルセル・ゴーシェ（一九四六〜）はカーン大学でクロード・ルフォールに学びますが、その後、ロザンヴァロンと同様に、フランスの民主主義の政治思想史に関心を寄せます。とりわけ従来宗教が占めていた位置がなくなり、「近代民主主義」というものがいかに成立したのかという観点から、政治と宗教とを横断する研究をしています（この点については次章で詳述します）。

彼の著作のほとんどは邦訳されていませんが、政治哲学関係では、代表制の出現を主題とした『代表制の政治哲学』があります。また、後に触れるように、『民主主義と宗教』では、近代以降に世俗化したと言われる民主主義社会において、改めて宗教的なものが再浮上していることに焦点を当てています。

基本的なスタンスとしては、いわゆるフランス現代思想に対しては批判的な態度をとり、ときに保守的だと評されることもあります。とりわけ、ゴーシェが歴史家のピエール・ノラとともに創設した学術誌『デバ』（一九八〇～二〇〇〇年）は、同時期の政治・社会問題について、現代思想系のラディカルな論調とは色彩を異にする手堅い考察を提供するもので、こうした方面でフランスにおける言論空間の重要な一角を担っていたと言えるでしょう。

†ジャン＝リュック・ナンシーと無為の共同体

ジャン＝リュック・ナンシー（一九四〇～二〇二一）は、フランス生まれの哲学者で、デリダの影響を受けつつ、哲学・芸術・政治・宗教・科学技術などさまざまな領域で思索を展開した哲学者です。その著作のほとんどが日本でも翻訳され、幾度も来日経験があります。

七〇年代には、盟友の**フィリップ・ラクー＝ラバルト**（一九四〇～二〇〇七）との共著でラカン論（『文字の資格』一九七二年）、ドイツ・ロマン主義についての考察（『文学的絶対』一九七八年）

を、また単独でデカルト論（『エゴ・スム』一九七九年）などを発表していましたが、八〇年代には「共同体」という語をキーワードにした政治哲学的な考察を展開するようになります。

先に触れた、共産主義や全体主義の記憶をどう考えるかという問題は、ナンシーにも無縁ではありませんでした。ラクー＝ラバルトと『ナチ神話』という本を構想します（公刊は一九九一年ですが、最初に発表されたのは一九八〇年です）。

また、ジャック・デリダの後押しもあり、高等師範学校附属組織として一九八〇年に設立された「政治的なものについての哲学研究センター」という共同研究会的な組織にも参加します。ここからは『政治的なものを賭けなおす』（一九八一年）、『政治的なものの退引』（一九八三年）という二冊の論集が刊行され（いずれも未邦訳）、リオタール、バリバール、ルフォール、ランシエール、リュック・フェリー、ジャコブ・ロゴザンスキーらが参加しています。

通常用いられる名詞の「政治（la politique）」ではなく、その形容詞をさらに名詞化した〈政治的なもの（le politique）〉（英語なら the political）を主題に掲げることで、民主主義的政治や独裁的政治といった具体的な政治形態ではなく、あらゆる政治体制の根本にある〈政治的なもの〉を哲学の知見から突き止めようという企図が読み取れます。

八〇年代のナンシー自身の試みは、「分有（partage）」や「共同体」という概念を通じて、この問いにアプローチすることにありました。「分有」は日本語では耳慣れない言葉ですが、分割と共有の双方の意味を併せもたせた言葉です（英語のsharingと同様、フランス語のpartageも日常用語です。「シェアハウス」が一つの家を分割しつつ他者と共有するイメージです）。ナンシーはとくに『声の分割《パルタージュ》』（一九八二年）と題された著作で、ハイデガーの「共存在」という概念を批判的に継承し、他者を自分の側に統合させるのではないかたちで他者と共にいることの可能性を考えようとします。

この試みはその主著である『無為の共同体』（一九八三年）でいっそう本格的に展開されます。ここでナンシーが真剣に取り上げたのは、ジョルジュ・バタイユが示唆した「共通性＝共同性をもたないものの共同体」という発想です。通常は共通性をもたない「他者」との、共通＝共同的なもの（commun）の行方を、もちろんファシズムや全体主義に結実しない方向で、しかも同時に「共産主義（communisme）」とは別の仕方で考えようとしたと言えるでしょう。

彼が提示した「無為の共同体（La communauté désœuvrée）」という考えは興味深いです。「無為」とは怠惰とか無作為という意味ではありません。「無為（désœuvrée）」とは、「作品」とか「営為」を意味する語œuvre（英語ならwork）に否定の接頭辞がついた言葉です。これによりナンシーは、ファシズムであれ共産主義であれ、なんらかの価値を集合的に体現して共同体を「作品」化するような思想を根底的に批判しようとします（たとえば、全体主義的な体制におけるマスゲームがその典型でしょうし、そこまで行かずとも「美しい国家を作ろう」といった宣言にも「作品」化への欲望が読み取れます)。こうした政治の美学化への批判は、ラクー＝ラバルトが同時期に公刊した『政治という虚構——ハイデガー、芸術そして政治』(一九八七年)にもつながります。ナンシーは、そうした「作品」化を目指すのではない共同体のあり方を「無為の共同体」と呼ぶのです。

ちょうど同時代の英語圏に目を向けると、ジョン・ロールズ流のリベラリズムにおける個人主義に対抗するかたちで、コミュニタリアニズムの流れが起きました。そこでは、「共通善」などの、共同体を統合するような指針となる概念が再評価されますが、これらの概念は保守的や伝統的とは言わないまでも、統合的・共同体主義的な方向性をもっていたと思います。ナンシーは、こうした共同体主義とも異なるかたちで、一つの共通理念のもとに他者を統合するのではないかたちの共同性のあり方を模索したのです。

コラム　ヴィトリーのブルドーザー事件

一九八〇年一二月二一日、パリ郊外のヴィトリー＝シュル＝セーヌの宿泊施設に、三二〇人のマリ人の移民(ここでは外国人労働者の意味)が移送されました。これに対し、移民の受け入れを拒む共産党の市長のポール・メルシカの指示により、彼らが宿泊する寮の入り口をブルドーザーが破壊するという事件が起きました。

ヴィトリー＝シュル＝セーヌは、パリを囲むほかの郊外の街と同様に、一九世紀後半には工業地帯として活用され、二〇世紀に入ると労働者が生活する団地化が進みます。そうした工業地帯の多くは共産党支持者が多く、必然的に共産党が首長を輩出することになり、「赤い郊外」とも呼ばれていました。戦後は、こうした郊外には続々と低所得者用団地が建てられ、高度経済成長を支えた外国人労働者たちが集中的に居住するようになります。二〇〇五年のパリ郊外で起きた暴動にもこうした背景があります。

八〇年のヴィトリーのブルドーザー事件は、かつては共産党支持の労働者が多数を占めていたこの郊外がいわゆる移民の街へと転換する際に起きた象徴的な事件でしょう。

アフリカ出身の外国人労働者にあてがわれた寮を共産党市長が破壊したのは、端的に言えば、フランスの共産党や労働組合にとって権利を擁護すべきは自国の労働者であって、外からやってくる外国人労働者（移民）ではなかった、ということです。外国人労働者の保護に政治的な右左が関係ないことは、世界恐慌以降の三〇年代のフランスでの移民排斥論が左右両陣営から発せられていたという歴史も示しているでしょう。一九八〇年のヴィトリーでは、ブルドーザーが宿泊施設を破壊するというショッキングな光景がテレビニュースで放映されるかたちになり、こうした矛盾がいっそう白日の下に晒されたと言えます。

この事件は、すでに停滞気味であった共産党に対する批判を加速させることになります。

哲学者のエティエンヌ・バリバールは、アルチュセールの弟子で共産党員でしたが、「シャロンヌからヴィトリーへ」（一九八一年）という論考でこの事件をめぐるフランス共産党の態度を公然と批判し、党から除名されることになりました。

†エティエンヌ・バリバールと市民権の哲学

一九八〇年代以降のフランス政治哲学を代表する哲学者の一人に**エティエンヌ・バリバール**（一九四二〜）がいます。もともとは、アルチュセールとともに『資本論を読む』（一九六五年）を公刊するなど、アルチュセールに近くフランス共産党の内部にいた哲学者です。しかし、これまで述べてきたように思想の枠組みが変容するなか、とりわけヴィトリーのブルドーザー事件をきっかけとして共産党と袂を分かち、独自の政治哲学を構築するようになります。

バリバールは、かつてのような「プロレタリア」や「階級」という枠組みでなく「人民（peuple）」ないし「大衆」という角度から政治の問題にアプローチします。ここには、マルクスに加えて（『マルクスの哲学』）、イタリアのアントニオ・ネグリらとも共有するスピノザの政治哲学への関心がありますが（『スピノザと政治』）、同時に強調すべきは、その政治思想が八〇年代以降のフランスの状況に密接に関わっていることです。

八〇年代以降のフランス社会は、いっそう「外国人」ないし「移民」の存在感が増していきます。フランスは「栄光の三〇年」と呼ばれる高度経済成長期に外国人労働者を盛んに移入させます。こうした狭義の「移民」の受け入れ政策は、オイルショックを契機として、制限へと舵が切られることになりますが、彼らが呼び寄せた家族や新たに生まれた子どもたち、またとりわけアフリカのサハラ以南地域の旧植民地の政情不安からフランスに来る難民申請者の数はその後も増加します。後述する「スカーフ事件」が象徴するように、宗教的・民族的マイノリティとの共生の問いが現実化してきます。

こうした情勢のもと、バリバールは、アメリカの経済史家であるイマニュエル・ウォーラーステインとともに『人種・国民・階級――揺らぐアイデンティティ』(一九八八年)を公刊し、人種主義やナショナリズムの問題も取り入れたかたちで政治的なアイデンティティの問題に取り組んでいくわけです。

その後、九〇年代以降、フランスにおける「サン・パピエ」と言われる正規滞在許可書をもたず難民状態にある外国人居住者の問題、アフリカにおける旧植民地の政情不安、コソヴォ紛争などにより生じた新たな難民の流入も大きな社会問題となります。

デリダもまたこの時期に「歓待」というテーマを積極的に取り入れるようになります。他方で、社会学者のドミニク・シュナペールは、『市民権とは何か』(二〇〇〇年)、『市民の共同体――国民という近代的概念について』(一九九四年)などの著作を通じて、「市民」とは何か、

「国民」とは何かについての哲学的な問いと法制度の実践的な問いを交差させます。バリバールのほうは、ヨーロッパ統合といった当時の情勢を踏まえつつ、『市民権の哲学――民主主義における文化と政治』（一九九八年）、『ヨーロッパ市民とは誰か――境界・国家・民衆』（二〇〇一年）といった著作を通じて、政治哲学の領域から、従来の国民国家の枠組みにはとらわれないかたちでの「市民権」のあり方について哲学的に検討するようになります。

†ジャック・ランシエールと不和

ナンシーやバリバールと並んで「現代思想」系の政治哲学を代表するのは**ジャック・ランシエール**（一九四〇～）でしょう。生まれはアルジェリアですが、すぐにフランス本土に渡ります。若くしてアルチュセールの『資本論を読む』の共著者となりますが、すぐさま決裂します。〈六八年五月〉以降は毛沢東主義のグループ「プロレタリア左派」に参加しますが、同時に、新設のパリ大学ヴァンセンヌ校に入ります。また、一九七五年にはフェミニズム思想家のジュヌヴィエーヴ・フレスらと雑誌『論理的叛乱』に参加します。ここでは、従来のマルクス主義を厳しく批判する一方で、新たなかたちでの労働者の解放や女性の解放などの方向性を模索しました。

その後のランシエールの仕事の特徴は、民主主義や平等をめぐる政治の問題と、文学や芸術をめぐる感性の問題の双方にまたがる独自の思想を構築したことでしょう。

前者の方向づけはすでに初期のランシエールを特徴づける国家博士論文にあたる『プロレタリアたちの夜』（未邦訳）に見られます。ここでは、一九世紀以降の労働運動の解放を、マルクス主義とは別のかたちで論じ直すことが試みられます。

こうした姿勢はその後も続き、『哲学者とその貧者たち』（一九八三年）では、プラトン以降マルクス主義やブルデュー社会学においても労働者に対する支配の思想が残存することを読み取り、それに対する解放の可能性を感性的な次元に見出そうとします。その後の『無知な教師——知性の解放について』（一九八七年）では、ジョゼフ・ジャコトという一九世紀初頭の教育者が取り上げられます。ジャコトは、教師の説明による体系的な知識の伝授ではなく、「知性は平等に与えられている」という信念とともに新たな教育法を編み出した人物です。ランシエールはこうした次元での平等性に人間の知性の「解放」を見出すわけです。

政治哲学の方面では、その後も多くの著作がありますが、なかでも『不和あるいは了解なき了解——政治の哲学は可能か』（一九九五年）はその主著でしょう。ランシエールが問題にするのは、政治哲学の起源の問い、つまり政治はどのように可能になるのか、平等はどのように可能になるのかという問いです。

ランシエールの答えはタイトルどおり「不和」なのですが、これはけっして、利害関係を異にする集団や階級の衝突のことではありません。あるいは、到達すべきコンセンサスをもたらすための討議のことでもありません。ランシエールの言葉では、それは「白と言う人」と「黒と言う人」の対立ではなく、どちらも同じく「白」と述べつつまったく異なることを考えている人同士の対立です。たとえば「民主主義」という言葉にしても、多数決による選挙の意味で用いる人と、国民自身による異議申し立ての行為を指すものとする人では、同じ言葉でもまったく理解が異なる。同じ「民主主義を守る」という表明が異なる意味を有することになってしまう。

ではどうすればよいか。それは、今の例では同じ「白」や「民主主義」という言葉が語られているがために、一見すると差異も不和も存在しないように見えるけれども、基本的に統治者の側からもたらされる押し付けに対して、そこにこそ差異や争点があることを明示することです。言葉をもたない状態ならばこうした差異は見えてこないわけですが、当事者たちは言葉をもっている。その言葉を用いることで、そこには強制された同意とは異なるものがあることを示すことができる。しかも、このような言葉こそ、実際のさまざまな不平等さにもかかわらず、誰にでも平等に与えられているものです。こうして、普段分け前に与《あずか》れない者たちにも、自らの分け前を要求することが可能になるわけで、ここにこそ政治や平等が生まれる根源がある、というのです。

こうした、体制から締め出される者たちが、言語という感性的なものを通じて、自らの分け前をどのように共有するかという問いは、さらに『感性的なもののパルタージュ――美学と政治』（二〇〇〇年）でいっそう深められます。

こうした政治哲学と並行して『マラルメ――セイレーンの政治学』（一九九六年）、『言葉の肉――エクリチュールの政治』（一九九八年）、『解放された観客』（二〇〇八年）といった文学論や芸術論を多く書き、哲学と芸術を交差する地点にいるのもランシエールの特徴と言えましょう。

以上のように、八〇年代以降の現代フランス哲学においては、マルクス主義的な図式からの脱却という角度から、全体主義的な社会へと回収されないような民主主義の根本をめぐる問いがさまざまなかたちで提起されていったと言ってよいでしょう。そこから「野生の民主主義」（ルフォール）、「蜂起するデモクラシー」（アバンスール）、「無為の共同体」（ナンシー）といった発想が出てきたり、革命思想とは異なるフランス政治思想史の捉え直しが試みられたり（EHESS派）、同時代の移民や難民の問題を視野に入れた新たな市民権の哲学（バリバール）、「不和」の思想（ランシエール）が提示されるようになるわけです。

ブックガイド

西谷修『不死のワンダーランド』（青土社、一九九〇年／増補新版二〇〇二年）……第二次世界大戦やアウシュヴィッツの記憶とフランス現代思想がいかに格闘したのか。ハイデガーとの対峙を経てレヴィナス、バタイユ、ブランショらが紡いだ思想から現代を考える名著です。

鵜飼哲・高橋哲哉編『『ショアー』の衝撃』（未來社、一九九五年）……ランズマン監督の映画『ショアー』の思想的な意義について、「表象」「記憶」「証言」といった観点から縦横に論じる論集。『ショアー』についての基礎文献です。

松葉祥一『哲学的なものと政治的なもの——開かれた現象学のために』（青土社、二〇一〇年）……八〇年代以降のフランスの政治的・社会的な変容を踏まえ、デリダ、ナンシー、バリバール、ランシエールらの系列の政治哲学の現代的な意義を伝えてくれます。

宇野重規『政治哲学へ——現代フランスとの対話』（東京大学出版会、二〇〇四年／増補新装版二〇一九年）……現代フランス政治哲学を主題にした著作。現代思想系よりもむしろ、ロザンヴァロンらのEHESS系のフランス政治哲学について詳しいです。

第5章 〈宗教的なもの〉の再興

†マルセル・ゴーシェと宗教からの脱出としての宗教

一九八〇年代に再興したのは〈政治〉ばかりではありません。〈宗教〉もまた主題化されるようになってきました。実際、「ポストモダン」でさまざまな「大きな物語」が崩れ、宗教の領域においても「世俗化」や「脱宗教化」が進んでいくという診断にもかかわらず、実際には、キリスト教、ユダヤ教、イスラム教といった既存の宗教をはじめとして、「宗教」がさまざまなかたちで力を取り戻すという現象が社会のあちこちで見られるようになったのです。このことは、哲学においても無縁ではありません。それどころか、世俗化や脱宗教化という傾向に抗うかのように、現代フランス哲学のなかに宗教的なテーマがむしろ主題化されていく事態が見られるようになりました。

このことは一見すると矛盾しています。一般的には、いわゆるポストモダン社会において、表面上は従来の宗教的なアイデンティティがますます希薄化していくと言われる。世論調査でも、フランスにおいてキリスト教（カトリック）の信仰をもつ人の数は確実に減っています（他方でイスラム教徒の数は増加傾向にあります）。もちろん、このように共同体意識が希薄化し個人主義化が進む傾向に対し、いわば反動的なかたちで、自らのアイデンティティの拠り所を既存の宗教に求める動きは存在します（とりわけフランスのユダヤ教においてその傾向は顕著ですが、キリスト教の側でも見られます）。対して日本では、まさしく一九八〇年代頃から、「脱宗教化」したはずの社会において新興宗教やカルトが勢力を伸ばし、またスピリチュアルなものへの関心も高まっているようです。

いずれにしても、一九八〇年代以降のフランス思想においては、いっそう本質的な現象として〈宗教的なもの〉の回帰が問題になりました。とりわけ、この脱宗教化ないし世俗化の動きをむしろキリスト教の完成として捉え直そうとする主張が見られることです。

その代表例がマルセル・ゴーシェの「宗教からの脱出」という考えです。

ゴーシェは、学生時代にはクロード・ルフォールの教えを受け、政治哲学・宗教論・教育論の分野で活躍した哲学者です。邦訳には恵まれておらず、日本語で読めるものは『代表制の政治哲学』（一九九五年）と『民主主義と宗教』（一九九八年）にとどまり、「宗教からの脱出」を提示した『世界の脱魔術化』（一九八五年）は未邦訳です。ただ、『民主主義と宗教』の訳者解説でエッセンスはつかむことができます。

周知のように、マックス・ウェーバーは『職業としての学問』において、近代社会では科学技術の進歩によって、世界は、呪術を用いてではなく、科学的・合理的に解釈できるようになったとし「世界の脱魔術化／脱呪術化」という考えを提示しました。

ゴーシェは、主にフランスの歴史に目を向けて、政治と宗教の関係を主題にしますが、ウェーバーの「世界の脱魔術化」はもちろん踏まえています。中世の社会は宗教によって他律的に統治されてきたのに対し、フランス革命以降はそこに非宗教性を掲げる政治が迫り出してきて、宗教と政治がせめぎ合いをする（たとえば一九世紀フランスの王党派と共和派の闘争がそうです）。それが、二〇世紀に入ると、宗教の威信が減退し、政治が宗教から脱出し、前面に出てくるようになる、というわけです。

ただしゴーシェにおいて重要なのは、この「宗教からの脱出」とは、単なる宗教的なものの退潮ではないということです。とても逆説的なのですが、キリスト教が、かつてのような姿ではないが、現代においても、「宗教からの脱出としての宗教」として機能しているというのです。つまり、キリスト教は、かつてのように、国家と張り合うような政治的権威や宗教的な象徴を携える教会制度としてではなく、個々人を内面から規定するものとなる。しかも、世界を遍《あまね》く「自由な個人」によって形成されたものとするようになる。もはや教会や十字架など外的な権威に頼る必要はなくなり、個々人は自らの内側から自らを自由な主体と感じるにいたる。これこそがむしろキリスト教の完成だというのです。

このような発想は、ジャン＝リュック・ナンシーの言う「キリスト教の脱構築」とも関連しています。キリスト教は、むしろ自らの従来の体制を否定するかたちで、しかしその本質的なミッションを成就させている、というわけです。

†ピエール・ルジャンドルとドグマ人類学

ここで問題になっているのは、制度としてのキリスト教というよりは、世界を普遍化すること、つまり、（共同体や家系ではなく）個々人を対象にし、その救済を目指す、というミッションにあります。現代をこのようなキリスト教のミッションの実現とする見方は、ゴーシェやナンシーとは別の観点から、法制史家の**ピエール・ルジャンドル**（一九三〇〜二〇二三）がいっそう強力に提示するものです。

ルジャンドルはデリダと同じ一九三〇年に生まれ、ローマ法や教会法についての法制史や近代行政史などについての研究を行ないますが、同時に精神分析の影響を受けています。ある時期から「ドグマ人類学」というプロジェクトを掲げて、まさにキリスト教的な西洋そのものを問題とするようになります。

ここでの「ドグマ」とは単なる教義や独断のことでありません。西洋に固有のものの見方、考えの枠組みと理解しておいてよいでしょう。「人類学」については、『西洋が西洋について見ないでいること』（二〇〇四年）と題された来日時の講演集がわかりやすいでしょう。従来の人類学は「西洋」から「非西洋」社会を見つめその特殊性を明らかにしようとしてきましたが、ルジャンドルはこのまなざしを西洋自身について向け直そうとするのです。ここには、ルジャンドルがユネスコでの勤務の一環でアフリカを訪問した際に気づいた西洋に対する非西洋のまなざしがきっかけになっています。

法制史家ルジャンドルはこの角度からローマ法や教会法の考え方を問い直します。現代の西洋の、そしてそればかりでなく世界全体のものの見方の基盤になったのはこうした考え方だというのです。ただし重要なのは、世界に対する西洋の姿勢そのものです。ルジャンドルは、西洋には従来から「世界は解読すべき（征服・我有化すべき）一冊の書物」だとする見方があったことを強調します。つまり、「世界」のなかで、理解不可能なものが残らないよう、世界をすべて調べ上げ、場合によっては征服しようとする、少なくとも「自分のもの」にするという態度です。

たとえば一四九二年にレコンキスタが完了し、ヨーロッパからイスラム教徒を追い出し、同年にユダヤ人追放令を出した直後にコロンブスが出立します。その後大航海時代に西洋はまさしく世界の全体に繰り出しますが、それは単に布教のためではなく、新たな「他者」を発見し、自分自身のもとへと統合するプロセスだったわけです。

ルジャンドルによれば、こうしてキリスト教が世界に拡散したもの、それはとりわけ個人主義・合理主義を標準的なものとみなす態度です。日本においても明治期にフランス民法を導入するかどうかで揉め事がありましたが、そこでまさしく問題になっていたのは、家族や共同体ではなく、「個」を社会の基礎単位とした個人主義的な法制度を非西洋に移入することでした。こうした考えを、どこでも通じるべき合理的で普遍的な規則だとみなす姿勢こそが西洋に特殊的なものだった、ということです。逆説的に言えば、西洋に特殊なのはその普遍主義だと言えるかもしれません。いずれにしても、ルジャンドルは、法制度はもとより、現代の科学技術から、民主主義を経て、経済体制（とりわけマネジメント）にいたるまで、「個」、とりわけ規律を内面化した自律した個人からなる社会の普遍化を目指すという、キリスト教的ミッションが浸透しているというのです。

†フランス現象学の神学的転回

こうした社会全体の「キリスト教化」とは若干文脈が異なりますが、一九八〇年代以降、フランス哲学そのもののなかでもとりわけキリスト教思想の再興というかたちでの神学化が見られます。

このことを、**ドミニク・ジャニコー**（一九三七〜二〇〇二）という哲学者は「フランス現象学の神学的転回」と呼びました（『現代フランス現象学——その神学的転回』）。現象学というのは、二〇世紀初頭にドイツのエトムント・フッサールが創始し、マルティン・ハイデガーが展開した哲学分野ですが、戦後はむしろ、両者に影響を受けたサルトルやメルロ＝ポンティらによって、フランスでいっそう盛んに研究されるようになります。

サルトルもメルロ＝ポンティも政治的なテーマへの関心はありましたが、その現象学的な著作ではむしろ、知覚や身体の問題、あるいは端的に「人間の存在」が論じられており、政治の問題はもとより、宗教的な主題にいたっては、ほとんど前面には出てきませんでした。

しかし、その後、サルトルやメルロ＝ポンティの後、一九六〇年代以降に現象学研究を深化させたフランスの現象学者においては、「神学的」とも形容すべき傾向が見られるとジャニコーは指摘します。とりわけエマニュエル・レヴィナス、ミシェル・アンリ、ジャン＝リュック・マリオンという三人の現象学者に焦点を当て、そのいずれにも明白に「神学的転回」が認められるというのです。ユダヤ教のレヴィナスについては後述することにして、ここではアンリとマリオンについて触れておきましょう。

†ミシェル・アンリと現れないものの現象学

ミシェル・アンリ（一九二二〜二〇〇二）は、現象学の系譜と、メーヌ・ド・ビランをはじめとするフランスのスピリチュアリズムの系譜の双方を受け継いだ哲学者です。現象学者でありながら、ハイデガーに対する激しい批判を展開します。ハイデガーは『存在と時間』のなかで、「現存在」と呼ばれる人間的存在を、閉じこもった内在的な存在とみなさず、つねに外部に開かれた存在とみなします。未来を見越し、すでに足を外に一歩踏み出しているようなイメージです。この側面をいっそう実践的に展開したのが、本書冒頭で見たサルトルの実存主義です。

人間的主体をこのように外部に開かれたものとする見方に対し、アンリは真っ向から反旗を翻します。人間的主体の本質は、いっそう根源的には、「超越」ではなく「内在」にある、と言うのです。

『現出の本質』（一九六三年）という大著でこのような主張を提示した後、『精神分析の系譜』（一九八五年）ではハイデガーから精神分析にいたるまで、この「内在」を見誤ってきた哲学的伝統が批判的に検討されます。また、ミシェル・アンリは、カンディンスキー論や文化論も書いていますが、そこでもやはり、人間的主体のもっとも内奥にある「生」の「内在」を重視した論を展開します。

ただしそれは、この「私」ないし「自我」という主体が根源的だということではありません。むしろ、「私」ないし「自我」ではなく、それをいっそう内奥で支えている「生」そのもののほうが根源的だという主張です。自我の「主体性」を根本的なものとみなさない、という点では、ポスト構造主義をはじめとする哲学と同じような主体中心主義批判をみることができるかもしれません（実際、ジャン＝リュック・ナンシーが編んだ『主体の後に誰が来るのか？』という論集にもアンリは参加しています）。ただし、現代フランスの多くの哲学者たちが、「主体」を超えて（「構造」でも「顔」でも「代補」でも）「他者」を想定しがちなのに対し、アンリが強調するのは「主体」の内在性を突き抜けてそのもっとも内奥にあるような大文字の「生」です（マイスター・エックハルト、シモーヌ・ヴェイユなど、「自我」の破壊を提唱した思想家たちを彷彿とさせます）。

アンリが「フランス現象学の神学的転回」に組み入れられるのは、アンリ自身が、こうした大文字の「生」の哲学を明示的にキリスト教的な語彙で説明するようになるからです。『受肉』（二〇〇〇年）、『我こそは真理なり』（一九九六年、未邦訳）といった著作では、自らの現象学的な哲学において大文字の「生」と呼ばれたもの——つまり個々の存在者の生のさらに根源にあり、さまざまな他者の生と繋がっているもの——が、「受肉」「イエス」といった宗教的な語彙とともに語られることになります。ミサの葡萄酒とパンがそうであるように、個々人の生や存在は、いずれも「キリスト」といういっそう根源的な身体の一部をなす、というイメージです。

現象学という思想は、もともと「私」に「現象」するものを問題にしていたのですが、考察を深めるにつれて、どうしても「私」という主体による認識では捉えきれないような次元（「他者」であれ「生」であれ「神」であれ）を問題にする局面が出てきます。その際、とりわけ八〇年代以降のフランス現象学の一つの特徴として、宗教的ないし神学的な発想が求められることになるのです。

†ジャン＝リュック・マリオンと贈与の神学

このような流れをいっそう本格化させたのは、**ジャン＝リュック・マリオン**（一九四六〜）です。そのいくつかの主著についてはすでに邦訳もありますが、日本ではあまり紹介や研究が進んでいないようです。ただ、パリ第四大学（ソルボンヌ）の形而上学講座を受け持ち、多くの後進を育て、フランスの現象学や形而上学の研究・教育の中心にいた人です。またフランス大学出版局の哲学専門書の叢書「エピメテ」の監修を務め、フランスにおけるアカデミックな哲学研究において絶大な存在感を示しました。

マリオンの仕事は大きく三つに分かれます。

一つは、彼の専門分野と言えるデカルト研究です。日本でも『現代デカルト論集Ⅰ　フランス篇』のなかに（それ以外のフランスのデカルト研究の大家たちとともに）マリオンの論考を読むことができます。

もう一つは、現象学研究です。これについてはフッサール、ハイデガーが創始した現象学を、ミシェル・アンリ、エマニュエル・レヴィナス、さらにデリダらの批判的展開の影響を受けつつ、いっそう刷新していこうとする試みを見せています。

マリオンのキーワードは「贈与」です。贈与というと人類学者のマルセル・モースに端を発する贈与論を思い浮かべます。モースの贈与論は、与えることとお返しをすることという交換がベースになっていますが、これに対しマリオンはもっと根底的な贈与を考える。英語のThere is、フランス語のil y aが表している、端的に存在が「ある」という事態は、ドイツ語でEs gibtと言われます。非人称のEs（英語のitに相当）が「与える（gibt）」というかたちになっています。これが表すように、何かがある、何かが存在するという事態を支えている根源的な「贈与」をマリオンは『還元と贈与』（一九八九年）と題された現象学研究の主著以降一貫して問題にしています。

三つ目は、キリスト教神学・宗教哲学です。マリオンはカトリックの青年運動に関わっており、後にも二〇世紀最大のカトリック神学者と言われるスイスのハンス・ウルス・フォン・バルタザール、さらに、もともと現象学研究をしていた教皇ヨハネ・パウロ二世らとも交流があります。『コムニオ』というカトリック神学の学術誌も作っています。

神学に関する著作はいくつもありますが、特筆すべきは『存在なき神』（一九八二年）などの著作において、いっそう現象学と神学を接近させようとしていることでしょう。もはや「存在する」とは言えない「神」のあり方について、現象学研究における「贈与」の問題を拡張し、神の愛の無償の贈与のような根源的な贈与こそがそれだと述べるのです。

このように、従来の現象学のように人間という主体に現れる現象を考えるのではなく、人間の認識の地平に現れず、むしろそれを支えている隠れた次元を探るというアプローチは、「顕現しないものの現象学／現れざるものの現象学」というかたちで、フランス現象学の一つの特徴をなしています。また、「贈与」をどのように考えるか、あるいは否定神学的な問題（神は人間の認識を超えているため、言語で言い表そうとしても否定形でしか語れないという問題）をどう考えるかについては、マリオンはデリダと何度も論争を展開しています。

†ポール・リクールと解釈学

フランス現象学とキリスト教との関係では、**ポール・リクール**（一九一三〜二〇〇五）を無視することはできません。ヤスパース研究から出発し、フッサールの主著『イデーン』を仏訳し、フランスの現象学研究を牽引してきました。

とはいえリクールの仕事は現象学にとどまりません。六五年の著書『フロイトを読む——

解釈学試論』ではラカン派と論争を引き起こし、八〇年代の三巻本の大著『時間と物語』は物語論の哲学的考察として文学研究などでも頻繁に言及されますし、二〇〇〇年の『記憶・歴史・忘却』と併せて、「記憶」や「物語」という主題をめぐって、歴史学を巻き込む議論の場を作りました。

また、七〇年代からシカゴ大学で教鞭をとっていたこともあり、英語圏の政治哲学との交流も重要です。その倫理学研究の主著『他者のような自己自身』(一九九〇年)では、ウォルツァーやサンデルといった英語圏の倫理学の議論も積極的に取り入れています。また、論集『レクチュール』にまとめられているように、八〇年代にアーレント、パトチカといった現象学系の政治思想や、それればかりでなくジョン・ロールズの正義論をフランスに紹介・導入したのもリクールです(ちなみにアーレントの『人間の条件』の仏訳にはリクールが序文を寄せています)。

政治の面に関しては、彼は〈六八年五月〉のとき、その激震地であったパリ大学ナンテール校の哲学科長、さらに文学部長を務めるにいたります。学生たちとの交渉相手となり、彼らの主張を後押しすることもありました。

このようにリクールをめぐって現代フランス哲学の流れ全体をまとめ直せるほどなのですが、この章で触れておくべきはその宗教的な側面でしょう。

キリスト教についてはカトリックが大半を占めるフランスにおいて、リクールは少数派のプロテスタントです。なかでも彼は『エスプリ』というキリスト教左派の学術雑誌に積極的に携わります。一九三〇年代にエマニュエル・ムーニエという「人格主義」で知られるキリスト教思想家によって創設されたこの雑誌は、現在にいたるまで、アクチュアルな主題に関して多くの知識人・哲学者が寄稿していますが、リクールは一時その中心的な人物でした。

研究の面でも、とりわけ一九八〇年代以降、「悪」「愛」「正義」といった主題を積極的に取り上げるようになりますし、『聖書解釈学』という著作も上梓しています。

その思索や活動の広がりからいって、リクールを宗教思想家としてまとめるのは難しいかもしれませんが、「フランス現象学の神学的展開」と言えるかどうかはともかく、八〇年代以降の宗教的なテーマの再浮上にリクールも関わっていることは確かでしょう。

†エマニュエル・レヴィナスとその影響

さて、ユダヤ教のほうに移りましょう。フランスは、人口比で言うとユダヤ人の占める割合はヨーロッパでもっとも高く、研究の面でもユダヤ思想研究の層はとても厚いです。ただし、それはもともとそうだったわけではなく、それなりの歴史的経緯があります。

フランスは、中世にはユダヤ人追放令もあり、アルザス地方および一部の大都市の商人を除くとユダヤ人はいなくなりますが、フランス革命においてユダヤ人解放令が出されて以後、一九世紀を通じてとりわけ東欧から多くのユダヤ人が移住してきました。また、第二次世界大戦以降は、一九六〇年前後にフランスの植民地諸国が独立すると、フランス人入植者ばかりでなく、ユダヤ系の住民もフランス本土に移住します。エミール・デュルケムはアルザスのユダヤ系ですが、ベルクソン、ジャンケレヴィッチ、レヴィナスなどは東欧系（アシュケナジム）、さらに世代が下って、デリダ、アンリ・アトラン、ベルナール＝アンリ・レヴィなどはアルジェリア生まれの北アフリカ系（セファルディム）です。

フランスでは一九世紀以降、いわゆるユダヤ学と言われるユダヤ思想研究はもちろんありました。しかし、ユダヤ教ないしユダヤ思想が「哲学」のフィールドにはっきりと現れてくる契機は、**エマニュエル・レヴィナス**（一九〇六〜一九九五）にあるでしょう。

レヴィナスは、一九三〇年の『フッサール現象学の直観理論』や四九年の『実存の発見』においてフランスにおける現象学の導入の役割を担い、また主著『全体性と無限』（一九六一年）や『存在の彼方へ』（一九七四年）などで独自の現象学的哲学を構築した哲学者として知られています。「他者の倫理」というキーワードのもと、とりわけ「西洋」に「ユダヤ」という「他者」を対置させ、さらに「顔」としての「他人」への「無限」の「責任」という概念を提示したと紹介されることもあります。

他方で、長年、パリに居を構える東方イスラエリット師範学校というユダヤ人向けの教員養成学校の校長職を務め、『困難な自由』や『タルムード講話』といったユダヤ教に関するテクストも残しています。レヴィナスはまた、アンドレ・ネエルといったユダヤ思想家とともに「フランス語圏ユダヤ人知識人会議」という学会のような組織を主導しています。ここでは、毎年設定されるテーマをもとに、多くのユダヤ系の哲学者やその他の分野の学者・研究者らが集って議論をし、その記録が公刊されていました。レヴィナスはここでタルムードというユダヤ教の聖典にあたるテクストの解釈を毎年行なっていたのですが、こうした試みにより戦後フランスにおけるユダヤ思想研究の先鞭をつけ、ユダヤ系の多くの後進の思想家に影響を与えたことは間違いありません。

そして、レヴィナスの影響を受けた世代が、ユダヤ思想と哲学とを交互に行き来するかたちでさまざまな思想を展開するのが八〇年代以降なのです。以下、そのうちのいくつかの流派について簡単に見ておきたいと思います。

†八〇年代以降のユダヤ思想

意外に思われるかもしれませんが、その筆頭にデリダの名を挙げることができます。八〇年代以降、デリダは、レヴィナスの影響もあって、ヘルマン・コーエン、ローゼンツヴァイク、ベンヤミンといったドイツのユダヤ系思想家に関心を寄せたり、「正義」「歓待」「赦し」、さらには「メシアニズム」といった語彙を用いて、宗教的・神学的な考えへの言及を増したりするようになります。なかでも一九九四年の「宗教」を主題とした国際シンポジウムでの講演をもとにした『信と知』では宗教の問題が主題化されますし、晩年のテクストを編んだ『最後のユダヤ人』では、ユダヤ人としての自らのアイデンティティを振り返ることもします。デリダは自分の思想にこうした「転回」があったとは明言しませんが、少なくとも、こうしたテーマは、七〇年代までのデリダのテクストにはなかなか見つけにくいものです。

デリダに限らず、レヴィナスから大きな影響を受けた思想家ないし哲学研究者はかなりいます。大きく分けて、そこには二つの支流を指摘することができます。

一つは、レヴィナスのいわゆる弟子にあたる人々のなかから、近現代のユダヤ哲学を専門的に研究する哲学者たちが現れました。なかでも、邦訳のある哲学者に言及するならば、『歴史の天使――ローゼンツヴァイク、ベンヤミン、ショーレム』(一九九二年)の著者ステファヌ・モーゼス、『メシア的時間――歴史の時間と生きられた時間』(二〇〇一年)の著者ジェラール・ベンスーサン、『20世紀ユダヤ思想家』(二〇〇三年)の著者ピエール・ブーレッツは特筆すべきでしょう。いずれも、フランツ・ローゼンツヴァイク、ヴァルター・ベンヤミン、ゲルショム・ショーレムといった二〇世紀前半のドイツのユダヤ人思想家たちの功績を振り返る点に特徴があります。モーゼスは、未邦訳ですがフランスにおける最初のローゼンツヴァイク研究を公刊し、ベンスーサンもまたローゼンツヴァイクの『ヘーゲルと国家』を仏訳し、さらにはシェリングをはじめとするドイツ観念論からデリダにいたる思想史まで射程を広げて「メシアニズム」概念を検討しています。ブーレッツの大部の著作には、こうしたフランスにおける近年のユダヤ思想研究の成果が存分に現れています（なかでもブーレッツが同書で扱うヘルマン・コーエンのユダヤ思想についての研究は、おそらくフランスが現在世界でもっとも蓄積があるのではないかと思います）。

こうした研究動向は、冷戦が崩壊し始め、「歴史の終わり」が唱えられ始めた時代背景と無縁ではないでしょう。ショーレム、ローゼンツヴァイク、ベンヤミンは、ヘーゲルが喝破したような西洋＝キリスト教中心的な「世界史」の裏側ないし外部から到来する「メシアニズム」に関心を寄せます。デリダにしても、イタリアの哲学者ジョルジョ・アガンベンにしても、同じような時期にこの「メシアニズム」に関心を寄せるようになります。

あるいは、レヴィナスの後を継いだカトリーヌ・シャリエは、もともとユダヤ系ではありませんでしたが、ユダヤ教徒に改宗し、レヴィナス以上に聖書の思想や中世のユダヤ思想家マイモニデスといったユダヤ思想史に関心を寄せ、西洋思想における「ヘブライ的なもの」を強調します。

以上の潮流は、あくまでも哲学思想研究の枠内でユダヤ思想を重視するという立場ですが、もう一つの潮流は、こうした専門的な研究とは打って変わって、もう少し実存的な関心、つまり自分自身の「ユダヤ性」の問題にいっそうの関心を寄せるものです。

そのうちの一人は**アラン・フィンケルクロート**（一九四九〜）です。強制収容所に勾留された経験をもつユダヤ系ポーランド人の両親のもとパリで生まれたフィンケルクロートは、大学で哲学を学びつつ、〈六八年五月〉には毛沢東主義のグループに参加します。その後、八〇年代には、ベストセラーにもなった『思考の敗北』によって、ヌーヴォー・フィロゾフらと歩調を合わせるかたちで、ポストモダン社会に対する批判的な考察を展開します。その背景には、第二次世界大戦における大量虐殺をはじめ、二〇世紀における「人間性」の喪失に対する批判的な意識がありますが（『二〇世紀は人類の役に立ったのか』）、特筆すべきはこうした考察の際の知的な参照項をレヴィナスに求めていることです。彼の『愛の知恵』（一九八四年）という著作は、まさにレヴィナスとともに、こうした二〇世紀の悲劇から改めて「他者」を問う著作です。また、未邦訳ですが、彼の主著というべき『想像的ユダヤ人』（一九八〇年）は、「ユダヤ人」に課せられてきたさまざまな苦難が、それらを直接経験していない戦後世代にとっても、自らの想像的なアイデンティティとしなければならないものとなっているという矛盾を描いたもので、大きなインパクトを与えました。九〇年代以降は、さまざまな時事的な問題について積極的に発言するメディア型知識人の代表格となっていきます。

もう一人は**ベニー・レヴィ**（一九四五〜二〇〇三）です。レヴィは、一九四五年にカイロで生まれ、フランスに渡り高等師範学校を卒業後、毛沢東主義に傾倒します。サルトルの影響を強く受け、七四年から八〇年までサルトルの秘書を務め、晩年のサルトルとの対談『いまこそ、希望を』を公刊しますが、その直後、今度はレヴィナスへと転向し、さらに「毛からモーセへ」と自ら名づける転回を果たすことになります。レヴィナスの教えこそ、ユダヤ教というヘブライ的伝統への「回帰」をもたらしたというのです。

ただし、レヴィは単にレヴィナスの影響を受けるだけではなく、鋭くそれを批判してもいます。レヴィは、レヴィナスにも色濃く残る「西洋」的側面、とりわけ「哲学」すらも忌避しようとします。レヴィナスが西洋の哲学の他者としてユダヤ教を対置しつつも、いまだに哲学との結びつきを留めているとし、師レヴィナスをも批判するかたちでユダヤ教への「回帰」、根本的に反哲学的な「シナイ」における「教え」への「回帰」を説くことになるのです。

こうした傾向は、レヴィナスをどう解釈するかという点のみならず、世俗化が進んだと言われる八〇年代以降、フランスのユダヤ人社会において、むしろ伝統的で宗教的な価値を再興しようとする運動の活発化と結びついていることは指摘できるでしょう。

†フランスにおけるイスラムの哲学

フランスにおけるイスラム思想についての研究には、アンリ・コルバンを筆頭に大きな蓄積があります。しかし、哲学研究の対象としてではなくその担い手という観点では、これまで見てきたようなユダヤ人哲学者・思想家のケースに比べると、「ムスリム哲学者」と言われる人の数はそれほど多くはありません。そこにはさまざまな事情があるでしょうが、フランスへの移入ないし統合について歴史的な差異があったことは触れておくべきかもしれません。

先述のように、フランス革命期の一七九一年に「ユダヤ人解放令」が出て以降、一九世紀を通じて、知識人層を含むユダヤ人が多くフランスに移入しました。これに対し、ムスリムは、一九世紀に本格化するフランスのアフリカ・中東への植民地拡大の対象となった土地で独自の思想を育むことはあっても、フランスに哲学を志して渡ることはほとんどありませんでした。状況が変わるのは、第二世界大戦後、あるいはもう少し正確にはアルジェリア戦争が終結し、アフリカ地域の旧植民地が独立する一九六〇年代以降でしょう。

歴史学者のジェラール・ノワリエルの重要な著作『フランスという坩堝《るつぼ》――一九世紀から二〇世紀の移民史』(一九八八年)が示すように、第二次世界大戦までフランスに移入する「移民」の多くは、多くは産業の発展に必要とされた労働力として、近隣のヨーロッパ諸国(ベルギー、イタリア、次いでポーランド、ポルトガル等々)から来ています。それが、第二次世界大戦以降の高度経済成長期にはアフリカ(とりわけチュニジア、アルジェリア、モロッコの「マグレブ」諸国)が中心となります。これ以降、フランスにおいてこれらの国出身の「ムスリム」の人口が増えていきます。

フランスで活躍するムスリムの作家や小説家で日本にも紹介されている人ならば、カテブ・ヤシン、アブデルケビール・ハティビなどいくらかの名前を挙げることができますが、哲学・思想方面に限定すると（とりわけ著作が邦訳されている著者に限定すると）、その数は残念ながらまだきわめて少ないです。フランスに生まれ神秘主義の研究を進めるにつれて自身がイスラム教へと改宗したルネ・ゲノンのような人を例外とするならば、フランスにおけるムスリムの哲学者としては以下の人々を挙げることができます。

まずチュニジア生まれの精神分析家の**フェティ・ベンスラマ**（一九五一〜）を挙げるべきでしょう。主著に『物騒なフィクション』（一九九四年）があります。これは、サルマン・ラシュディの小説『悪魔の詩』（一九八八年）をめぐる「ラシュディ事件」を取り上げたものです。この小説でイスラムの神を冒瀆したとして、ラシュディはイランのホメイニ師から死刑判決を受けます。この事件については、フランスの思想界においても、モーリス・ブランショからクロード・ルフォールにいたるまで大きな議論が起こりました。ベンスラマは、『物騒なフィクション』で、フィクションによるイスラム教批判に関して、表現の自由という観点からこれを擁護したり批判したりするのではなく、精神分析の観点から、フィクションとしての起源という点を強調します。

さらに、**アブデヌール・ビダール**（一九七一〜）は七一年にフランスに生まれた新たな世代のムスリムの哲学者ですが、『世俗の彼方のスピリチュアリティ』（論集）で、西洋対イスラムという図式ではなく、現代の世俗化が逆にスピリチュアリティを希求している点を重視し、伝統回帰や過激化ではない、現代社会と両立する新たなスピリチュアリティ／イスラムの宗教実践を提示しています。

コラム

スカーフ事件

一九八九年、パリ近郊のクレイユ市の中学校にて、イスラム教徒の三名の女子生徒がイスラム教の戒律に従いヒジャブと呼ばれるヴェールを着用して登校します。学校側は、フランスの共和主義の伝統に基づく、公立学校という公的空間におけるライシテ（政教分離、世俗性、非宗教性を指す）という原則を理由に、三名にヴェールを脱ぐように指示しましたが、女生徒側はこれを拒否します。その後、この事件が全国的に報道をされ、フランス全土を巻き込む議論となりました。

当時のリオネル・ジョスパン教育相は、「関係している親や子と対話をして、こうした〔宗教的標章の〕表明をやめるように説得」すべきだが、この交渉がうまくいかなくても「公

1989 年、校内でスカーフを脱ぐことを拒否して放校処分となった二人の女子生徒

的な教育機関に受け入れられるべき」という穏当なコメントを出し、また諮問を受けた国務院（コンセイユ・デタ）も、学校において生徒が自らの宗教的信条を公表する自由を認めるが、しかし「誇示的＝これ見よがしな」しかたでの表明には制限を求めるべきとの勧告を出しました。しかし、事態はそれで収まりません。

さまざまな知識人もこれに対し見解を表明しましたが、なかでも注目すべきは、エリザベート・バダンテール、レジス・ドブレ、アラン・フィンケルクロートといった左派系の知識人たちが、『ヌーヴェル・オプセルヴァトゥール』誌に発表した「教師たちよ、降伏するな！」です。「六八年世代」の左派ないしリベラル的とされるこれら知識人は、公教育においては、「イスラム教女生徒」という「他者」に配慮することにより、宗教ないし民族といった「自分たちの出自となる共同体を忘れる」ことが必要であるとし、ヴェールの非着用を求める学校側の対応を断固支持したのです。

ここには、オイルショックによって大幅に抑制へと転換した外国人労働者の受け入れ政策の変化以降、今度はその家族（とりわけ子ども）がフランス社会にどのように統合されるかという問題が表面化してきたという時代背景もありますが、それだけではありません。民族ないし宗教を旗印にした中間集団の存在を認めず、あくまで「個人」としての「市民」という価値観を重視するフランス共和主義の普遍主義的な思想が、とりわけイスラム教徒が多くを占めるフランスのいわゆる「マイノリティ」の共同体主義的な主張と衝突するようになったという思想的課題とも関わっているのです。

ブックガイド

伊達聖伸『ライシテから読む現代フランス――政治と宗教のいま』（岩波新書、二〇一八年）……フランスにおける宗教に関する現代の問題の理解には、ライシテというその特異な政治原理が欠かせないでしょう。本書はその格好の入門書になります。

菅野賢治『フランス・ユダヤの歴史（上・下）』（慶應義塾大学出版会、二〇一六年）……フランス哲学を語ろうとするとき、どうしても「ユダヤ」のことは避けて通れません。本書は、フランスにおけるユダヤの歴史を概観しつつ、適宜ユダヤ人哲学者にも目配せしているため、背景を理解するにはきわめて有益です。

佐藤啓介『死者と苦しみの宗教哲学――宗教哲学の現代的可能性』（晃洋書房、二〇一七年）……入門書ではなく専門書ですが、リクール、アンリ、レヴィナス、ジャンケレヴィッチ、デリダらの思想に基づき、赦し、死、苦しみといった問題を検討する本書は、現代フランスの宗教思想の意義をもっともよく伝えるものでしょう。

鹿島徹ほか編『リクール読本』（法政大学出版局、二〇一六年）、川瀬雅也ほか編『ミシェル・アンリ読本』（法政大学出版局、二〇二二年）、レヴィナス協会編『レヴィナス読本』（法政大学出版局、二〇二二年）……現代フランスの哲学者については、法政大学出版局から公刊されている「読本」シリーズが最初の手引きとしては役立つでしょう。

Ⅲ　科学と技術

1965年に放映されたテレビ番組「哲学の教育」の最終回「哲学と真理」の一場面。左からジャン・イポリット、フーコー、カンギレム、ディナ・ドレフュス。ドレフュスは哲学者・人類学者でこの番組をアラン・バディウとともに制作。レヴィ＝ストロースとは一時婚姻関係にあった。

「科学技術」は私たちの生活に欠かせないほど密接なものになってきました。「科学」も「技術」も時代を遡るとはるか以前からありますが、とくに二〇世紀後半以降の発展には目覚ましいものがあります。

哲学も科学技術に無関心ではありませんでした。もしかすると、哲学は書斎に籠り本を読むことに没頭するというイメージがあるかもしれませんが、そんなことはありません。もちろん、科学技術の発展に対して人文学的な立場から批判的な考察を行なう哲学者もいますが、他方で、むしろ文系と理系を積極的に横断するかたちで科学について哲学を試みる哲学者、あるいは現代科学の研究成果に基づいてこれまでの哲学の常識に異論を唱える哲学者もいるほどです。英語圏では、分析哲学という分野を中心にこうした科学と哲学の結びつきがさまざまなかたちで見られますが、フランスでは独自の展開があります。

まず第6章で「科学」を対象とする哲学について見た後、第7章では「技術」を対象とする哲学を検討します。いずれにあっても、「科学」と「技術」をめぐって、一筋縄ではいかない、さまざまな観点のぶつかり合いが見てとれるでしょう。

第6章　科学哲学

†科学哲学と科学認識論

哲学のなかには「科学哲学」というジャンルがあります。ただ、よく考えてみると、この言葉はとても多義的です。アリストテレス、パスカル、デカルトらを持ち出すまでもなく、古来哲学者は同時に科学者でもあり、人間や自然について各々「科学的に」考察しようとしてきたとも言えます。それが一九世紀以降に、それぞれの学問分野が細分化するのと同時に、「科学哲学」と呼ばれる分野が形成されていきます。そのなかには、まさしく「科学」という営みについて哲学的に考察するものもあれば、科学的、つまり論理的・実証的な態度こそ哲学が備えるべきものであるというかたちで、論理学や方法論について検討するものもあります。世界的に見ると、二〇世紀初頭のウィーン学派やその後の英語圏において論理実証主義、さらには分析哲学と呼ばれる潮流が出てきます。

これに対し、フランスには「エピステモロジー」ないし「科学認識論」と呼ばれる独特の伝統があります。エピステモロジーとは、語源的にはエピステーメー（認識・知）のロゴス（学）です。ギリシア語のエピステーメーがラテン語のスキエンティア（scientia）という現在のサイエンスの直接の祖先へと転換されたことを考えると、科学について考える学問というのがその素朴な意味です。とはいえ、フランスの科学認識論は多くの個性的な哲学者によってなかなか豊かな伝統をもっています。

ただし、本章の章題を「科学認識論」ではなく「科学哲学」としたのには、もう一つの理由があります。フランス科学認識論は今もなお持続力と影響力を発揮していますが、その途中で、このような括り方には収まらない重要な系譜が出てくるためです。それは、現代生命科学や情報理論といったいわば「理系」の分野の最新の成果を取り入れた哲学的考察という意味での科学哲学です。これらは単に、生物学の哲学、物理学の哲学といったような、各々の分野のさまざまな主題について哲学的な考察を試みたというものにとどまりません。とりわけミシェル・セール、アンリ・アトランらが切り開くのは、多様性、複雑性、混沌性、あるいはノイズといった現代科学の考え方を取り入れ、生命体や社会の「自己組織化」やネットワーク的なありかたについての新たな見方です。こうした思想は、別の章でも見るように、これ以降の現代フランス哲学の一つの流れを作り出すことになります。

†ガストン・バシュラールとジョルジュ・カンギレム

まずは科学認識論について見ていきましょう。「現代」を扱うという本書の枠内からは若干はみ出てしまうのですが、フランス科学認識論の祖というべき二人の哲学者については触れざるをえません。

一人は、**ガストン・バシュラール**（一八八四～一九六二）です。バシュラールは「水」や「夢」などのイメージ、メタファー、詩的想像力についての理論家としても知られていますが、同時にフランス科学認識論の創始者ともみなされています。バシュラールは『新しい科学的精神』（一九三四年）において、一九世紀後半からの物理学や生物学における科学的発見がどのようになされてきたのかを追跡します。そこで彼が導入するのは「認識論的障害」という考えです。科学的発見はつねに科学的になされるわけではなく、科学者の主観的な思い込みとか期待とか、少なくとも前科学的と言うべきさまざまな要素から始まっている。これらは退けるべき単なる誤解や誤謬ではなく、むしろ、それを乗り越えていくことで、科学的な知が形成されていくための重要な要素だということです。

このように、科学的な知がどのように形成されるのかという問いの立て方自体が、後続の世代に大きな影響を与えています（たとえば、「認識論的障害」という考えは、アルチュセールの「認識論的切断」にもつながります)。

もう一人は、**ジョルジュ・カンギレム**(一九〇四〜一九九五)です。彼は、とくに医学・生理学・病理学に関して、各々の分野でどのように「知」が生成してきたのかを辿ります。カンギレムの有名な言葉に「哲学とは、どんな異質な素材でも適切なものとなるような省察である」というものがあります。どのような分野に関しても、「当たり前」とか「エビデンス」と思われているものについて、本当にそうなのか、いつからそうなっているのかを掘り下げて考えることができる、というわけです。

カンギレムでとりわけ重要なのは、まさしく『正常と病理』(一九四三年)と題されたその主著において、近代の医学がどのように「正常」と「異常」をめぐる特殊な考えを示していったのかを、仔細に、かつ批判的に検討したことです。

とくに一九世紀のフランスでは実証主義や統計に基づく定量評価がきわめて重視されるようになりますが、そうなると、単に一つの組織のなかでの平均的な数値を示すことが「正常」となりかねません。カンギレムは、近代医学の文献を調査することを通じて、平均的・ノーマルという意味での「正常」とノルマ(規範)という意味での「正常」が異なっていること、また「異常」についても、平均から外れた変則的なものと病理的なものとが区別されることを示します。このような、科学的な知についての、文献学的な考察に裏打ちされた批判的な検討は、初期のミシェル・フーコーをはじめ、後続の世代に圧倒的な影響を与えました。

二〇世紀前半のフランスの科学哲学にはそのほかにも多くの哲学者がいましたが、しかし時代の悲劇と無縁ではありませんでした。ジャン・カヴァイエス（一九〇三〜一九四四）やアルベール・ロトマン（一九〇八〜一九四四）は主に数学の哲学、数理哲学の分野で若くして優れた業績を挙げました。ロトマンの重要論文は『数理哲学論集』にまとめられていますが、ドゥルーズ、セール、バディウら後の哲学者たちにも大きな影響を与えています。ただし、残念ながらフランスに侵攻するナチス・ドイツに対するレジスタンスに身を投じ、逮捕され、二人とも銃殺されました。

†フランソワ・ダゴニェとネオ唯物論

こうした悲劇の後、フランス科学認識論でバシュラールとカンギレムを引き継ぐことになったものとしては、もちろんその筆頭にミシェル・フーコーの『狂気の歴史』をはじめとした一連の仕事があります。ただし、それに加えて、フーコーと同世代の**フランソワ・ダゴニェ**（一九二四〜二〇一五）の名を挙げる必要があります。

ダゴニェには文理をまたがる幅広い関心があり、哲学の教授資格を得たあと、薬理学の認識論で文学博士号を、さらには医学の分野でも博士号を取得します。著作のなかでも、科学技術史はもとより神経精神医学、薬学、化学、生物学、地学から芸術論にまで及ぶ幅広い領域にまたがる横断的な議論を展開していることで知られています。

おびただしい数の著作があり、邦訳も少なくありませんが、その思想は三つの時期に分けて考えることができます。

第一期は、化学、生物学や薬学などを取り入れた時期で、初期の主著『理性と薬剤』(一九六四年)に代表されます。同書は未邦訳ですが、健康/病とは何かという問題に、「薬」とは何かという問いからアプローチする「薬の認識論」というべき哲学を打ち立てます。

第二期は、『具象空間の認識論』(一九七三年)に代表される時期です。ここでは「地学的なまなざし」が重要になります。従来、哲学では、主体となる人間の知覚や、主体と環境との関わりを重視してきました。現象学がとくにそうです。「具象空間」とは「具体的な場」とも訳せますが、現象学はこうした問題にアプローチするためにたとえば身体感覚を導入したりします。しかしダゴニェは科学主義的な視点から、こうしたあまりに人間的な「まなざし」に対し反旗を翻します。むしろ、対象からきわめて離れたところから俯瞰的に見る航空写真的な「まなざし」や、あるいは地学研究が行なっているような、何千年にも及ぶきわめて長期的なタイムスパンで見る「地学的なまなざし」の意義を説くのです。

たとえば石や珊瑚礁は、その形態のなかに時間の流れ、自然のダイナミズムについての情報を凝縮させています。私たちが単なる「風景」とみなすものも、さまざまな地形学的・地質学的な流動性をそこに潜ませているかもしれないわけです。

第三期は、『面・表面・界面――一般表層論』（一九八二年）、『イメージの哲学』（一九八六年）、『ネオ唯物論』（一九八九年）に代表される時期です。一方で、ダゴニェは「内面性」ないし「内部性」という考え方を批判します。意識や思考などが「内面」に宿り、外からは辿りえないなんらかの私秘性をもっているという考え方です。これに対し、ダゴニェは、むしろ無意識ですら外部に表出されていて、外部と関わりをもっていると言います。

このように、ダゴニェは従来のような精神と身体、思考と物質を区別する心身二元論を否定するわけですが、かといって、現代科学に特徴的な実証主義や経験的な物質主義にいたる一元論に与するわけではありません。物質そのもののもつ力に注目しつつ、それを活性化させるものとしての精神や意識にも一定の意義を認めるという新たな物質主義、「ネオ唯物論」を提唱するのです。

いずれにしても、現象学をはじめとする意識を重視するアプローチを徹底的に批判し、現代科学の観点を縦横に援用しつつ、非人間中心主義的なビジョンを提示する点で、きわめて興味深い立場を示しています。後年にも、『バイオエシックス――生体の統御をめぐる考察』（一九八八年）や『病気の哲学のために』（一九九六年）といった著作もあります。

†ミシェル・セールとノイズの哲学

ミシェル・セール（一九三〇〜二〇一九）は独特の経歴および思想の持ち主で、科学哲学者と紹介するのは間違いではないのですが、いわゆる科学認識論の枠内には収まりきらない広がりをもった人です。数学（現代代数学や集合論、位相幾何学）、現代物理学（とくに量子力学や情報理論）、現代生物学に関心を寄せたあと、バシュラールのもとで学びますが、バシュラール流の科学認識論に飽き足らず、哲学に転向し、ライプニッツに関する博士論文を提出します。その後、どの流派にも属さず、哲学はもとより、自然諸科学から文学にいたるまで縦横無尽に、まさに百科全書的な著作活動を展開します。

彼はおびただしい数の著作を残し、多くが日本語にも翻訳されています。とくに『ヘルメス』シリーズや、『生成――概念をこえる試み』『パラジット――寄食者の論理』などが重要です。ただ、学術的な文体を嫌い、あえてエッセー風の文体をとることから、なかなか整合的にまとめにくいところがあります。とはいえ、その思想は後に多くの影響を与えます。ライプニッツ的な普遍学の発想を引き継ぎ、バシュラールの新科学的精神を批判的に発展させ、自然諸科学の最新の研究の成果に基づく彼の思想は、現代フランス哲学にとっての一つの転換点とみなせるほどです。

とりわけミシェル・セールの特徴は、複雑系をはじめとする現代科学における混沌やノイズといった多様で雑多なものを重視する一方で、同時代のサイバネティクスや情報理論が示したように、そうした雑多なものからなるネットワークのあり方に関心を寄せる点にあります。

セールは、ドゥルーズにいささか似て、私たちの生きるこの世界を考えるために、「私」や「主体」、「モノ」や「客体」といった「括り」を設けるのをやめて、「あるがままの多」を見ようとする立場をとります。世界はそうした多様で雑多なもの――「ノイズ」もここに含まれます――からなっているわけですが、そこに私たちが「単一性」ないし「単位」という枠をあてはめて認識しているにすぎないというわけです。

かつて、伝統的な科学や哲学は混沌としているように見える自然にも隠れた法則があるはずだと思い込み、それを見つけようと専心してきました。しかし、セールは見方を転倒させます。現代のさまざまな自然科学が示したように、自然そのものにあるのは混沌であって、私たちがそこに「単位」や「法則」を見出すことのほうが副次的なものであるというわけです。

セールはこうした「あるがままの多」は、たんにばらばらに散逸しているのではなく、それぞれある種のシステムないしネットワークを構成しているとも言います。現在の通信技術を思い浮かべていただければわかるように、個々のものはそれ自体の性質や位置よりも、他のものとどのようにつながっているかが重要になります。いままで再生回数の低かった YouTube チャンネルも、他のインフルエンサーが紹介するだけで驚異的な再生回数を記録することができるのは、そのチャンネル自体の面白さより、こうしたネットワークの構造に由来するものです。このように、セールは、従来のような特定の場所に結びつきアイデンティティを有した「個体」の見方を覆し、コミュニケーション的・ネットワーク的な世界観を提示するのです。

こうした「個体」として括られる以前の流動的な「多」を重視する見方、それらが織りなすネットワークを重視する見方は、後に見るように、ブリュノ・ラトゥールのアクターネットワーク論や現代の思弁的実在論にもつながっていきます。

†アンリ・アトランと生命科学の哲学

セールと同世代で、いっそう専門的に生物学研究の立場から哲学や倫理学へと目配せをしてきた人に**アンリ・アトラン**（一九三一〜）がいます。

ワトソンとクリックによるＤＮＡの二重螺旋《らせん》構造の発見（一九五三年）によって、分子生物学と呼ばれる領域研究が生まれます。フランスでは、ノーベル生理学・医学賞を受賞したジャック・モノーの『偶然と必然』（一九七〇年）が、「現代生物学における自然哲学に関する試論」という副題とともに「生命」とは何かという根源的な問いを提起しました。こうして分子生物学と情報理論やサイバネティクス、複雑性の理論を組み合わせた研究が活発化しますが、アトランは、これらの新領域の知見を取り入れ、生物体の組織化という問題に取り組みます。一九七九年の著作『結晶と煙のあいだ——生物体の組織化について』でアトランは、モノーが突然変異などの「ノイズ」の作用を認めつつも否定的にしか捉えなかったことを批判し——この点はセールに似て——「ノイズを介した自己組織化の原理」という考えを提示します。

こうした生物学者としての研究と並行して、アトランは科学と科学外のものとの対話を積極的に進め、『生命科学と生命——知識と世論のはざま』『ヒト・クローン——未来への対話』などを残しています。一九八〇年代には、フランス政府の生命科学に関する倫理委員会のメンバーも務めます。

また、アルジェリアのユダヤ人家庭でユダヤ教教育を受けて育ったアトランは、現代科学の観点から宗教を軽視するのではなく、『正も否も縦横に——科学と神話の相互批判』(一九八六年)におけるように、タルムードをはじめとするユダヤ教の教えや宗教思想にも継続的な関心を寄せています。

近年では、スピノザに改めて関心を寄せ、スピノザの思想をもとに現代生物学および神経科学的な構造を説明しようとする試みを展開しています。このように、自然科学と人文知とを渡り歩き、かつ科学から哲学を経て宗教にいたるまで縦横無尽に論じることができるのも、現代フランスの哲学者の特徴の一つであると言えるでしょう。

†自己組織化の哲学

アトランが注目していた自己組織化の問題は、その後世界各国でさまざまな分野で展開されることになります。とりわけ有名なのは、チリの生物学者ウンベルト・マトゥラーナとフランシスコ・バレーラが七〇年代はじめに提唱した「オートポイエーシス論」でしょう。フランスの議論の特徴は、七〇年代以降、自己組織化の概念が、生命システムばかりでなく社会システム全体に適用しうるものとして、多くの哲学者を惹きつけたことにあります。

何名か重要な哲学者を紹介するにとどめますが、まず**エドガール・モラン**(一九二一〜)は重要でしょう。二一年にユダヤ系の家庭に生まれ、第二次世界大戦中はレジスタンスに、戦後はアルジェリア戦争反対運動に、〈六八年五月〉にはルフォールやカストリアディスらとともに加わったモランは、まさしく二〇世紀フランスを生き抜いた人物ですが、彼の主たる哲学的な関心はまさにこの自己組織化や複雑性の問題にありました。全体で六巻にわたる大著『方法』では、現代物理学や情報理論、生物学から始まり、論理や推論といった人間の認識から人間の社会、さらには倫理にいたるまで包括的な問題を取り扱っています。

また、最近では文明論やさまざまな時事的問題についての提言で知られる**ジャック・アタリ**(一九四三〜)もまた、最初の関心はこうした領域にありました。彼は早い時期からノイズ概念の重要さに注目しており、『ノイズ――音楽／貨幣／雑音』（一九七七年）では、単に音楽論にとどまらず、現代社会の構造を見据えた分析を展開していますが、ここで取り上げるべきはその初期の主著である『情報とエネルギーの人間科学――言葉と道具』（一九七五年）でしょう。

アタリは同時期の社会のあり方が変容を迎えているとし、中央集権的かつ外向的で他者管理型の資本主義社会に代わって、地方分権的かつ内向的で自主管理型の新たな社会形態が生じているとします。アタリの特徴は、こうした変容を説明するために、自己組織化やネットワーク論を援用する点にあります。すなわち、人間関係の網の目のなかでさまざまな相互作用や相互コミュニケーションを通じて、新たな創発的なプロセスが生み出される、というのです。

このような、いわば文理融合的な展開については、さらにアンリ・アトランが創設に立ちあった応用認識論研究センター（CREA）にも触れる必要があるでしょう。理工科学校（エコール・ポリテクニーク）附属研究所として一九八二年に設立されます（二〇一一年に閉鎖）。ここはアトランが進めた複雑系や自己組織化に関する生物学をはじめとする自然科学研究と哲学、認知科学、社会学、経済学などの人文・社会科学研究とを接合させた、文理融合を目指したユニークな研究所です。

マルセル・モースの贈与論に基づき人間社会の循環的関係を互酬性という観点から論じた『悪循環と好循環――互酬性の形』の著者マルク・R・アンスパック、数学者でありつつ現代社会における科学の役割についても考察を続けるオリヴィエ・レイ（日本語で読めるものに『統計の歴史』があります）らが在籍していました。

ただし、そのなかでももっとも著名なのはジャン＝ピエール・デュピュイ（一九四一〜）でしょう。第12章でも触れるように、彼は『ツナミの小形而上学』をはじめとする「賢明な破局論」で知られていますが、その出自はこうした文理融合的な環境にあります。

とくにデュピュイの初期の本である『秩序と無秩序――新しいパラダイムの探求』は、アトランを中心とした現代フランスでの自己組織化の哲学の意義がまとめて紹介されていますが、そればかりでなく、イヴァン・イリッチの逆生産性の概念、ハインツ・フォン・フェルスターのサイバネティクス論、ルネ・ジラールの模倣概念などが、どのようにしてデュピュイの思想のなかに合流していったのかが示されています。

†現代の科学認識論

現在もフランスでは科学認識論および科学哲学的な研究は活発に展開されていますが、日本語に翻訳されているものは限られています。

まず名前を挙げるべきは**ドミニック・ルクール**（一九四四〜二〇二二）でしょう。バシュラールおよびカンギレムに学び、その後パリ第七大学で教鞭をとります。フランスの科学認識論を引き継ぐ中心的な存在でありつつ、国際哲学コレージュをデリダとともに創設したり、パリ大学出版局の学術監修を務めるなど幅広い活動をしていました。後年には、生命倫理や医療倫理、リスク論やポスト・ヒューマン論など科学が社会にもたらす影響に関して多くの考察を残しています。多くの入門書や概説書も残し、日本語でも『ポパーとウィトゲンシュタイン――ウィーン学団・論理実証主義再考』や、文庫クセジュの『科学哲学』や『カンギレム』などを読むことができます。

近年では、**ギヨーム・ルブラン**（一九六六〜）が、カンギレムやフーコーの医療哲学的な関心を継承し、規範や疾病、傷つきやすさといった観点に注目しています。日本でも、カンギレム入門というべき著『カンギレム『正常と病理』を読む――生命と規範の哲学』を読むことができます。

また、ミシェル・セールに連なる人としては、**ピエール・レヴィ**（一九五六〜）がいます。セールに学んだ後、ジャン＝ピエール・デュピュイやイザベル・スタンジェールらとともに、サイバネティクスと人工知能についての共同研究に携わり、情報工学や認知科学の方面で研究を進めます。なかでも彼の『ヴァーチャルとは何か？』（一九九五年）は「ヴァーチャル」概念について本格的な哲学的考察を施したものです。今日はヴァーチャル技術がかなり普及していますが、それに関する原理的な考察として今なお一読に値します。

いっそう若い世代では、**グレゴワール・シャマユー**（一九七六〜）がいます。ルクールに学んだ後、博士論文に相当する『人体実験の哲学』でデビューしましたが、同書によって「フーコーの再来」とも評されることになります。人体実験という試みが、当時の医学だけでなく、法学や倫理学等の領域にまたがり、どのように正当化されていったのかを、豊富な資料をくまなく集めて考察する本です。人体実験をめぐる知と権力の系譜学として、まさしくフーコー的な科学認識論の現代版と言えるでしょう。

また、狭義の科学哲学・科学認識論の領域に属するかは定かではありませんが、**クレール・マラン**（一九七四〜）は、とりわけ病理をめぐるカンギレムの議論の影響を受け、「病い」をめぐる哲学的考察を行なっている哲学者です。『病い、内なる破局』や『熱のない人間——治癒せざるものの治療のために』などの著作において、マランは、「健康」であることを、身体機能を柔軟に発揮できるような原初的状態ではなく、カンギレムに倣って、変化する環境へのある種の適応力と理解します。他方で、カンギレムが「健康」と「病理」を「規範」との関係で理解するのに対し、マランは自身が患っている自己免疫疾患の経験から異論を唱え、「病い」を自己の同一性を変容させる「内なる破局」として捉えるのです。こうした疾病による自己同一性の変容については、それを変容と捉えるか破壊と捉えるかについて、カトリーヌ・マラブーの『新たなる傷つきし者』との相違もきわめて興味深いものがあります。

ブックガイド

金森修『バシュラール――科学と詩』(講談社、一九九六年)……日本ではフランス科学認識論については、もちろんかねてより研究されてはいましたが、今日われわれが目にすることができるような研究状態が整ったのは、金森氏の功績によるところが大きいでしょう。本書はバシュラールについて、詩やイメージ論のみならずその科学思想まで抑えています。

金森修『フランス科学認識論の系譜――カンギレム、ダゴニェ、フーコー』(勁草書房、一九九四年)……バシュラールに続く、カンギレム、ダゴニェ、フーコーらのフランス科学認識論の立役者たちの系譜を知るためには今もって本書が欠かせません。さらに本書を補完するものに、金森氏が編著者を務めた『エピステモロジーの現在』(慶應義塾大学出版会、二〇〇八年)や『エピステモロジー――20世紀のフランス科学思想史』(慶應義塾大学出版会、二〇一三年)があります。

近藤和敬『数学的経験の哲学――エピステモロジーの冒険』(青土社、二〇一三年)……金森氏を引き継いで日本でのフランス科学認識論研究を牽引する近藤氏の主著です。夭折した数理哲学者ジャン・カヴァイエスの研究で知られる近藤氏は、そうしたフランス科学哲学がその後、ドゥルーズをはじめとするフランス現代思想にどのように接続されるのかに焦点を当てます。

清水高志『ミシェル・セール――普遍学からアクター・ネットワークまで』(白水社、二〇一九年)……ミシェル・セールについては、すでに著作が多数翻訳されていましたが、思想の全貌を見通すことはなかなか困難でした。本書によって、ライプニッツの普遍学などセールの哲学的関心の源泉から、ラトゥールらのアクターネットワーク論にいたる影響まで見通すことができるようになりました。

第7章　技術哲学

†技術批判の哲学

　現代は科学技術が飛躍的な展開を遂げましたが、哲学もそれに無関心ではありませんでした。技術哲学というジャンルがあり、技術とは何か、人間と技術との関係はどうなっているのか等、さまざまな観点からの考察がなされてきました。

　なかでも、二〇世紀の技術についての哲学の大きな潮流の一つに、技術批判・テクノロジー批判の哲学が挙げられます。これは、とくにマルティン・ハイデガーの思想に色濃く現れているものです。ハイデガーはドイツの哲学者ですが、後のフランスでの技術哲学にも大きな影響を与えているため、ハイデガーの技術論を簡単におさらいしておきましょう。

　ハイデガーによれば、技術は、単に道具や機械を指すだけではありません。それは基本的に、「他の目的のために役に立つ」という機能を備えており、さらに個々の「役に立つ」の連関は、社会全体にまで拡大できます（黒板を消すのは次の授業のため→授業があるのは教育を施すため→教育を施すのは……）。

このように、社会全体を「役に立つ」ネットワークとして捉えることができるわけですが、ハイデガーは、二〇世紀という時代は、単に「役に立つ」「便利」なものを増やすばかりか、あらゆるものを無理やり「役立たせる」ようになってしまったと言います。

たとえば、「自然」もそうです。「自《おの》ずから然《しか》り」という言葉が表しているように、「自然」は何かの目的をもっているわけではない。美しい花もけっして私たちを喜ばせるために美しいわけではない。しかし、たとえば水車は、もともと何の目的もなかったはずの川の流れを「小麦を挽《ひ》くため」といった目的のために「役立たせている」。今、外を見ますと、「自然」がいくらか目に飛び込んでくると思いますが、その多くは自発的に生育したものではなく、植栽、街路樹や公園など、一定の目的で作られたものではないでしょうか。

自然ばかりではありません。「人間」ですら、特定の社会の目的のために「役立たせられる」ようになってきている。時代背景としては、第二次世界大戦における「徴用」や「動員」、あるいは戦後日本の高度経済成長期を支えた若年労働者を「金の卵」と呼んだ例などを思い浮かべるとよいかもしれません。

このように、自然や人間も含めてあらゆるものが、道具のように「役立たせられる」かたちで社会を形成している。社会全体がそうした「役立たせられる」ことのシステムになっている。このことをハイデガーは、技術（あるいはむしろテクノロジー）の現代的な特徴だと言い、これに「総駆り立て制」（Gestell）という名を与えます。なんともわかりにくい単語ですが（ちなみに翻訳者も苦労しているようで「集立」とか「立て組み」とも訳されます）、「あらゆるものが役立たせられる体制」ということです。

このような難解な用語を用いるかは別にして、ハイデガーが述べたような、現代社会の特質を社会全体が技術的にシステム化されている（しかも人間すらそのシステムに従属してしまっている）ことに見る発想そのものは、技術社会批判・文明批判の思想の典型として、その後の哲学思想に、肯定的にも否定的にも大きな影響をもたらすことになります。

†ジャック・エリュールと技術批判

こうした技術社会批判・文明批判の思想をいっそう具体的に展開した思想家として、英語圏では「メガマシン」という言葉を用いた**ルイス・マンフォード**、ドイツ語圏ではテクノロジーが人間的な知覚や認識の能力をはるかに追い越していることを論じた**ギュンター・アンダース**がいます。

フランス語圏でこうした技術批判の哲学を展開したのは**ジャック・エリュール**（一九一二〜一

九九四）です。日本では、かつて著作集が出るほど注目があったものの、その後関心は下火になりますが、フランスや英語圏ではいまだ根強い読者がいます。

エリュールはプロテスタントでキリスト教の信仰も強くもちつつ、例に洩れずマルクスの影響を受け、徐々にアナーキズムに近い考えを抱きます。その彼が技術やテクノロジーに注目するようになったのはなぜか。

エリュールは若かりし頃にはマルクスの影響を受けるわけですが、共産主義の現状を見るにつけ、疑念を抱くようになります。むしろ問題は、資本主義か共産主義かといった政治体制・経済体制の差異ではなく、両者に共通する、産業や科学技術の発展により生産性を向上させようとする産業主義・生産主義にこそあるのではないかと考えるにいたったのです。

もちろんその背景には、当時の喫緊の問題として生じていた酸性雨やオゾン層の破壊といった環境問題への危機感もありました。

エリュールは、主著『技術社会』などで、テクノロジーを発展させる技術社会の構造そのものが、環境ばかりでなく人間や社会のあり方も変えてきているのではないかと問います。たとえば、かつて人間は機械を操作する側だったのに、現代では機械の補完物であるかのようにして、技術によって新たに変容した社会に適応することを強いられているというのです。

ここにはハイデガーが「総駆り立て制（Gestell）」の名のもとで行なった、道具のみならず、自然や人間までも「〜のために」という目的のもとで駆り立てられ、技術が人間の手を離れ、逆に人間を駆り立てるようになるテクノロジー社会のシステム化・自律化に対する批判との共通性を見ることができるでしょう。

†ジルベール・シモンドンと個体化

このような技術批判の思想は、科学技術の進展が公害などとして悪影響をもたらすなかで共感を得ましたが、人間と技術の関係をあくまで対立的な図式で捉える議論には、さまざまな疑義があがりました。実際、フランスにおける技術についての哲学はそれに限定されません。それとはまったく異なる角度から技術の哲学にはさまざまなものがあるのですが、その筆頭に**ジルベール・シモンドン**（一九二四〜一九八九）がいます。

シモンドンはこれまで取り上げてきた哲学者たちより一世代も前の思想家なのですが、ドゥルーズや後述のベルナール・スティグレールに大きな影響を与え、むしろその後にその思想が再評価されたという観点からここで取り上げます。

彼の著作は『個体化の哲学——形相と情報の概念を手がかりに』と『技術的対象の存在様態について』の二著に限られています（邦訳があるのは前者のみです）。『個体化の哲学』では、なんらかのものが「個体」として存在するということそのものの原理が問題となります。つまり、何か（たとえば結晶や分子といった物理学的な存在から犬や猫といった生物にいたるまで）が一つの「個体」として存在するというとき、それはどのように生じているのかという問いです。

こうした問いは哲学史のなかでさまざまに議論されてきた複雑なものなのです。従来、こうした「個体」はさまざまな作用の起点とみなされることが多かったのですが、シモンドンは、「個体」とは起点ではなくさまざまな個体化のプロセスの帰結だと言います。とりわけシモンドンの特徴は、生物的な個体化について、サイバネティクスなどの現代科学技術の成果も批判的に吸収しつつ、環境との関係・相補性に注目することにあります。

他方で、技術に関しては、技術を人間との関係で論じるような見方、とりわけエリュールに代表される人間を主体とする観点から技術の支配を批判するような見方とは異なる発想を提示します。なかでも、「自然」と「人工物」、「文化」と「技術」とを対立させたり、「技術」を人間が使用する単なる道具や手段とするような見方は退けられます。

個体化についての議論と同様に、「技術的対象」は、人間にとっての客体としてではなく、むしろそれをとりまくさまざまな環境との相関関係のもとで捉えなければならないというのです。ある種の「機械の個体化」のようなものがあり、各々の技術的対象はこうした環境との相関関係によって形成されると同時に、さらなる関係を形成しているというわけです。それはある意味ではエリュールのような人間の手を離れて人間を支配するようなシステムではなく、人間もまた一つの要素としてその一部をなすようなプロセスと言えるかもしれません。このような見方こそ、ドゥルーズをはじめ、多くの哲学者にヒントを与えることになるのです。

†ブリュノ・ラトゥールとアクターネットワーク

さてハイデガーやエリュールらのような技術批判の哲学は「技術決定論」と呼ばれることになりますが、このような思想には、シモンドン以外にも、多くの疑義が唱えられます。とりわけ英語圏では、技術決定論に対する批判的な立場として「社会構築主義」という主張が提起されます。これをフランスで代表するのは**ブリュノ・ラトゥール**（一九四七〜二〇二二）です（英語圏でも活躍しましたので、英語読みでブルーノ・ラトゥールと表記されることもあります）。

ラトゥールは、ミシェル・セールのもとで哲学を学び、セールの脱人間中心主義・ネットワーク論的な発想をとりいれ（ドゥルーズ＋ガタリの「リゾーム」の考え方にも近しさを見ていたようです）、ミシェル・カロンとともに、「アクターネットワーク論」（ANT）として提示した人物です。その議論の射程は、科学論・技術論にとどまらず、エコロジーやその他の人文社会科学に大きな影響を与えました。

その特徴は科学・技術をめぐる問いに、社会学的ないし人類学的な手法を取り入れたことです。英語圏では、社会学者ロバート・K・マートンによってすでに「科学社会学」というアプローチが樹立されていました。科学的な知見は、今日「エビデンス」と言われるものも含め、社会的営為によって形成されているとする「社会構築主義」の立場です。ハイデガーやエリュールらの技術批判の哲学が文明論的な射程をもち、どちらかというと抽象的な議論に陥りがちなのに対し、社会において具体的・経験的にどのように科学や技術を用いているのかに目を向けるべき、ということです。

これに関し、ラトゥールの人類学的なアプローチは、従来のように未開社会を対象にするのではなく、なんと理系の研究機関の実験室や、アマゾンにおける森林土壌調査そのものを対象にする。つまり「科学」と言われるものが成立するその過程に目を向けるのです。

そこから明らかになること、それは第一に、「科学」とか「知」と言われるものが、けっして客観的・普遍的なデータでもなければ、人間が勝手に作り上げた虚構でもないこと、第二に、そうした「科学」とか「知」は、人間ばかりでなく、人間以外のものを含むさまざまな要素からなる「ネットワーク」を通じて形成される、ということです。

実験室の場合、教授などの主たる研究者ばかりでなく、助手や管理者などの人間はもとより、実験器具、計画書、計画書を審査し資金を提供する期間、研究室を提供する大学ないし「社会」それ自体、といったかたちで、個体であれ集合体であれ、人工物であれ自然物であれ、さまざまな要素が「アクター」ないし「エージェント」として、「知」の形成に携わっている。

そうすると、科学技術の場合にも、ハイデガーやエリュールのように、人間と技術社会とをそれぞれ対立する二項のように実体化する見方は、きわめて単純化された見立てにすぎなくなるわけです。むしろ、人間と非人間的なものを含むさまざまなアクターが、どのようにリンクしあい、フィードバックしあっているかという、そうしたネットワークに目を向ける必要が出てくるということです。

ラトゥールの挙げる有名な例として「ガンマン」というものがあります。「銃人間」のことです。ラトゥールによれば、銃の乱用などについても、使用者としての「人間」と、技術としての「銃」とを別個に捉えるのではなく、むしろ「人間＋銃」の結びつきによって人間と銃とも異なる第三のカテゴリーが生まれることになると言います。しかもこの「人間＋銃」は、狩猟を必要とする環境、兵士として駆り出される戦争といったさらなる別の結びつきによってさらに可変的になる。「人間」「銃」を個々で捉えるのではなく、それらが置かれているネットワークのなかで捉える必要があるということです。

こうした、人間／技術、主体／客体の二項対立を乗り越えるような見方が、科学技術ばかりではなく、現代社会のさまざまな局面やエコロジーの問題を考えるにあたって、その後盛んに参照されるようになり、現代思想のなかできわめて重要な契機をもたらすことになります。

†ポール・ヴィリリオと速度学

それ以降もフランスには、技術を主題として論じた哲学者・思想家が多くいますが、なかでも**ポール・ヴィリリオ**（一九三二〜二〇一八）の立場は独特です。芸術家の出身で、建築家でもあったヴィリリオは、二〇世紀の情報革命が人々の居住する空間にもたらした変容に衝撃を受け、七〇年代から、情報技術を主題にした考察を次々と発表します。軍事、自動車や飛行機、ヴァーチャル・リアリティやＩＣＴ、さらに産業災害にいたるまで、技術が人間と自然・環境の関わりをどのように変容させたかを追跡してきたと言えます。

彼の関心は幅広いのですが、キーワードは「速度」にあると言ってよいでしょう。彼は初期の『速度の政治』や『ネガティヴ・ホライズン』といった著作で、「走行体制（ドロモクラシー）」という造語を提案し、とりわけ艦隊や戦闘機など、軍事と産業が一体となって情報・交通・物流を操作する体制ができあがることを批判的に分析します。そこでは、より速く移動できるという「速度」の革命が、モノや情報を速く伝達させるだけでなく、われわれの場所感覚や時間感覚をも変容させることになる、というのです。

たとえば、自動車を高速で運転するとき運転手は何をしているでしょう。運転手は、すぐ近くを見るのではなく、遠方に目線を置き、同時に手元の速度メーター等の計器にも目を配りつつ、向こうから自分のほうにやってくるように見える他の車や障害物を回避するようにして車を操作する。あたかもヴィデオゲームをしているときのようなヴァーチャルの動作が必要となるわけです。

このような角度から、九〇年代に彼は独自の「ヴァーチャル世界」論を展開します。ピエール・レヴィのような情報理論系の思想家が「ヴァーチャル」という概念そのものを考察したのとは対照的に、ヴィリリオは、同時代のヴィデオ映像やデジタル映像の進展などに注目しつつ、事物の世界でなく遠隔的に存在するヴァーチャル世界をわれわれがどう体験しているのか、そこでわれわれ人間の身体や認識がどのようになっているのかについて根源的な考察を提示しています。

†ベルナール・スティグレールと補綴性

ヴィリリオに連なる思想家に、**ベルナール・スティグレール**（一九五二〜二〇二〇）という哲学者がいます。彼はとても稀有な経歴をもった哲学者です。もともと映画などに関心を抱いていましたが、大学には進学せずなんと一九七八年に強盗行為により五年間刑務所に収監されるのです。ただ、収監中に哲学に関心を抱き、トゥールーズ大学のジェラール・グラネルから文通により哲学の手ほどきを受けます。その後、シモンドンとデリダの影響を受け、技術や芸術を中心にした哲学を展開します。その後、国立オーディオ・ヴィジュアル研究所副所長、ポンピドゥー・センター文化発展部門委員長等を務めます。

スティグレールの技術哲学のキーワードは「補綴《ほてつ》」にあるでしょう。スティグレールは、プラトン以来の西洋哲学がおしなべて技術を軽視してきたことを問題視します。これまでの哲学にとって、技術は自然に対置され、人間についても生来的な「生身」の人間が重視され、技術は付属物に過ぎないと考えられてきた。しかし、人間は、自らの生存能力の欠如をつねに技術によって補ってきたのではないか、というのです。技術や道具の助けがなければ人間は生存することができなかった。技術や道具は副次的なものではなく、むしろ人間の生存を支える条件であった——これが「補綴性」と呼ばれる考えです（ここにはデリダの「代補」という考えの影響もあります）。

たとえば、眼鏡は、単に遠くを見させてくれる付属品ではなく、視力の低下を補うものです。あるいは、われわれの記憶ですら、技術的に補綴されています。かつては、自宅はもちろん親しい友人の電話番号はいくつか記憶していたものですが、現在はそうする必要がなくなった。これまで脳の一部が担っていた「記憶」をスマートフォンなどが「補綴」してくれる。こういうかたちで、人間の記憶、意識、認識といった内在的な能力は技術、道具、さらに「言語」といった外在性に支えているというわけです。

とくに記憶については、文字による書き留め、印刷技術によるその再生、蓄音機による音声の保存、現在のデジタル技術による記録など、技術的に外在化が進みます。スティグレールはこうしてわれわれの記憶が単に主観的なものから、社会的・集合的なものになり、さらに技術的・産業的に保存可能なものになる過程を重視します。

ただし、こうして記憶が「私」から離れ産業化されていくことには懸念すべき点ももちろんあります。私たちが当たり前だと思っている「過去」が、もしかすると産業的・市場的に条件づけられているものかもしれないからです。スティグレールはこうした危機感を抱きつつ、とはいえ技術や産業を敵視することなく、人間の精神に対する産業による開発＝搾取の範囲・横溢《おう いつ》を見極める「精神のエコロジー」という作業を提案しています（三巻本の主著『技術と時間』にその主張がまとめられていますが、対談本である『偶有《アクシデント》からの哲学』ではスティグレール本人が自身の思想をわかりやすく語っています）。

いずれにしても、エリュール流の技術社会批判の思想が自然的人間と技術化された社会という二項対立を前提としていたのに対し、ラトゥールのネットワーク論や、ヴィリリオやスティグレールの議論は、そのような二項対立が素朴には維持しえないこと、むしろ両者の混淆を具体的に検討することを重視するものであると言えるでしょう。

†レジス・ドブレとメディオロジー

フランスでは情報理論やコミュニケーションに関する研究はそれなりに盛んに行なわれてきました。なかでも特筆に値するのは、**レジス・ドブレ**（一九四〇～）の「メディオロジー」です。ドブレは一九四〇年生まれの哲学者です。哲学を学びますが、六〇年代にはキューバ革命に共鳴し、キューバを訪問しカストロやゲバラとも親交を深めます。その後フランスに戻ると、ミッテラン政権の外交顧問を務めたり、スカーフ事件をはじめとするさまざまな社会的・政治的な出来事にコメントする知識人として活躍したりします。

その彼が、一九九〇年以降に展開するようになったのが「メディオロジー」です。メディオロジーとは、かつての記号論のように、単にさまざまなメディア（本、新聞、テレビ等々）において各々の記号がどのように関連しあっているのかといった、静態的な構造を示そうとするものではありません。メディオロジーが注目するのはメディアではなく、メディエーション（媒介作用）です。つまりメッセージを伝える記号と、それが伝えられる先の社会とのあいだの「伝達」がどう機能しているのか、その力動的な過程に注目するものです。

たとえば、メディアに注目した場合、従来であればその技術的側面、文化的側面、政治的な側面などに別個に関心が当てられ、分析アプローチも学問分野ごとに異なっていました。メディオロジーは、そうした媒体自体の差異や境界線を取り払い、そこで用いられている技術、伝えられるメッセージの解釈、さらにそこで働く政治的要素などを領域横断的に検討することを目指します。

その具体例として挙げられるのは図書館です。図書館は、まさにさまざまな政治的・社会的な企図のもとに建てられ、そこに多くの本などの情報が蓄積され、さまざまな「知」が社会へと伝達される。そこには単なる情報の授受だけでなく、集合的な知識や記憶を形成するような伝達装置（メディエーション）が一つの制度として成立しているわけです。

ドブレは、英語圏のメディア論の大家マーシャル・マクルーハンはもちろん、デリダ、ラトゥール、ダゴニェ、セルトーといった同時代のフランス哲学者との対話を通じてこうした包括的な視点を練り上げている点も付言できます。

また、ドブレのメディオロジーの関心を共有しつつ「情報コミュニケーション学」を展開する思想家として、『コミュニケーション学講義』で知られる**ダニエル・ブーニュー**がいます。彼はフランスにおけるメディオロジーないしコミュニケーション学研究の中心にいた人とも言えますが、ドブレよりもコミュニケーションを重視しつつも、それを狭義の「メディア」に限定することなく、近年の情報技術の進展や西洋哲学史はもとより近年の技術についての哲学思想（とりわけスティグレール）を取り入れ幅広い議論を展開しています。

コラム　ジルベール・オットワとベルギーの技術哲学研究

技術哲学に関する研究については、ベルギーのフランス語圏にあるブリュッセル自由大学がその一つの拠点となっています。

その源流には、**アンドレ・ロビネ**（一九二二〜二〇一六）がいるでしょう。ライプニッツ研究の大家でしたが、早くも七〇年代から哲学研究に情報機器やシソーラスを活用した研究アプローチを採用しますし、またサイバネティクスについての哲学研究も行なっています。ロビネを継いだ**ジルベール・オットワ**（一九四六〜二〇一九）は、とりわけフランス語圏における技術哲学研究を牽引することになりました。一九八六年にブリュッセル自由大学に「応用倫理学研究所」を設立し、生命倫理から技術哲学まで領域横断的な研究を主導します。

とりわけシモンドンの影響を受けつつ、「技術」「科学」そして両者の融合としての「科学技術（technoscience）」に関して哲学・倫理学的な観点から研究を続け、晩年にはポストヒューマニズムやトランスヒューマニズムの問題についても積極的に言及しています。

フランスおよびベルギーの専門出版社で科学哲学・技術哲学の叢書の監修を行なうほか、多くの後進を育成しました。

ブックガイド

松谷邦英『技術社会を〈超えて〉——ジャック・エリュールの社会哲学』(晃洋書房、二〇一〇年)……最近の日本ではエリュールへの関心は乏しくなっていますが、そのなかでも本書は技術論を中心にエリュールの思想をまとめた稀有な研究書です。

久保明教『ブルーノ・ラトゥールの取説——アクターネットワーク論から存在様態探求へ』(月曜社、二〇一九年)……ラトゥールへの関心は近年とみに高まっていますが、自身も人類学者である久保氏の本書はラトゥール思想の意義を簡潔にまとめています。アクターネットワーク論に関心のある方には、さらに栗原亘編著『アクターネットワーク理論入門——「モノ」であふれる世界の記述法』(ナカニシヤ出版、二〇二二年)もおすすめです。

和田伸一郎『存在論的メディア論——ハイデガーとヴィリリオ』(新曜社、二〇〇四年)……ヴァーチャル技術など現代のメディア技術の進化を受け、ヴィリリオの思想をハイデガーの技術論と突き合わせた本です。少し古い本ですが、ヴィリリオ思想の意義を捉えるだけでなく、現代メディアを哲学的にどう考えるかについても参考になります。

ユク・ホイ『中国における技術への問い——宇宙技芸試論』(伊勢康平訳、ゲンロン、二〇二二年)……香港に生まれ、スティグレールのもとで学んだ若き哲学者による技術論。ハイデガーやスティグレールを踏まえ、西洋の枠組みのもとで構築されてきた技術哲学を東洋の視点からさらに広げていく試みは注目に値します。

Ⅳ　変容する社会

1970年8月、女性解放運動は、無名戦士を祀るパリの凱旋門の前で、さらにいっそう無名だった(知られていなかった)無名戦士の妻たち(「女性(femme)」と同語)のためにデモを行ない、その名が知られることに。(Caroline Espinasse / REA)

第Ⅳ部では、ジェンダー／フェミニズム、環境問題、労働といった社会的なテーマを取り上げます。

現代哲学の展開は、各々の分野における議論の積み重ねや論点の精緻化という側面だけでなく、そもそも哲学を語る視点あるいはアクターが広がっていくところにあるでしょう。従来の西洋哲学は「人間」を主語にしつつ、想定されているのは、白人男性の成人でキリスト教徒で健常者で一定の経済力を備えているなどの条件が往々にしてありました。二〇世紀中盤以降、そうした枠に収まりきらなかった人々が「主語＝主体（subject）」となっていくようになる、ということです。

フランスでこのような流れを加速させたのが〈六八年五月〉であることはすでに幾度も述べたとおりです。それ以降、女性や性的マイノリティ、若者や労働者たちが自分たちの声を公にし始めます。同時にまた、人間による保護／搾取の対象とされていた自然環境についても新たな考察が展開されます。しかもその各々においても、主張はけっして一枚岩ではなく、むしろスリリングな対決が見られるほどです。

どのような対決が演じられているか、それぞれ見ていくことにしましょう。

†フランスは女性にとって生きやすい国か

数字の上ではフランスは女性にとって生きやすい印象を与えるかもしれません。女性就業率は八〇％におよび、しかも就業率を示すカーブは現在の日本のようにM字（就職をしても出産とともに離職しまた復職するという傾向）を示していません。さまざまな制度（たとえば父親の育休の義務化）があって、就職した後に出産・育児のために数年後に離職する数が少ないのです。それでいて出生率は一・九％を維持しています（日本は一・三％です）。また、議員における女性比率は四〇％（日本は約一〇％）、閣僚にいたっては半数が女性です（日本は二〇二二年段階で一〇％です）。グローバル・ジェンダー・ギャップ指数では一四六カ国中それでも一五位ですが、少なくとも日本に比べて、女性が活躍する制度はだいぶ整っていると言えるでしょう。

とはいえ、フランスは昔からこうした状況にあったわけではありません。女性参政権が実現したのは日本と同じ第二次世界大戦後です。さらに一九六五年までは女性は夫の許可なしに就労も銀行口座の開設も認められていませんでした。しかも一九七五年までは中絶が法的に禁止されており、望まない妊娠をした場合などは非合法な手術を行なわざるをえなかったのです。さらに、一九九〇年代までは女性議員比率は一〇%で、欧州でもほぼ最下位でした。

こうした状況の改善は、二〇世紀後半、女性を中心とする大きな人々が声を上げ続けてきたからにほかなりません。もちろん多様な分野・立場からの発言があったのですが、哲学も関連するフェミニズム思想が女性の地位向上にそれなりに役割を演じてきた点にフランスの特徴があるでしょう。そもそも政治的・社会的な状況改善に結びつくことだけが哲学・思想の意義ではありませんが、ともあれ、ときにはその内部で激しい対立を辞さないほどの活力をもったフランスのフェミニズム/ジェンダー思想の流れはそれだけでも興味深いものがあります。

†フランスの第一波フェミニズム

フランスに限らず近代国家におけるフェミニズム思想の変遷については、第一波フェミニズムと第二波フェミニズムとを区別することが通例となっています。第一波は一九世紀後半から二〇世紀前半にかけて、市民社会の成立に合わせて女性参政権をはじめとした男性と同じ市民権を獲得しようとする動きです。第二波は、世界的には、第二次世界大戦後、市民権の獲得以後も残存する社会的な抑圧や差別の解消が目的となります。

簡単にフランスのフェミニズム思想の歴史を辿ると、まず重要なのはフランス革命期の**オランプ・ド・グージュ**（一七四八〜一七九三）でしょう。彼女は、「人権宣言」における「人(homme)」が「男(homme)」に限られていることを問題視し、『女の人権宣言』を発表し、フェミニズム思想の世界的な先駆者として知られています。しかし、彼女の主張の甲斐もなく、一九世紀初頭のナポレオン民法典は女性を参政権も財産権もない、法的には未成年と同じ状態にします。一九世紀の女性作家のジョルジュ・サンドは「母親が八〇歳で未成年だなんて、なんと馬鹿げた状況か」と憤慨しましたが、このような状況を改善し、女性も平等な市民権を享受できるようにすることが第一波フェミニズムの目的となりました。

その後も、一八四八年革命に参加した**ジャンヌ・ドロワン**（一八〇五〜一八九四）は、最初はサン＝シモン主義から出発し、後にフーリエ主義に惹かれますが、フランス初の女性日刊紙『自由な女性』を公刊し、女性の声を社会に伝える役割をします。その後、ジャーナリストで作家の**ユベルティーヌ・オークレール**（一八四八〜一九一四）は、女性参政権運動家として活躍し『女性市民』紙を創刊しました。彼女は、フェミニズムという言葉を初めてポジティブな意味で公に使用したことでも知られています。また、フランス初の女性精神科医**マドレーヌ・ペルティエ**（一八七四〜一九三九）は、フェミニスト団体「女性の団結」の会長を務め、女性参政権の実現を目指す『サフラジェット』紙を公刊するなどします。このような根強い運動が一九四五年の女性参政権の実現を後押しすることになります。

†シモーヌ・ド・ボーヴォワールとフェミニズム

戦後フランスのフェミニズム思想の歴史において欠かすことができないのは**シモーヌ・ド・ボーヴォワール**（一九〇八〜一九八六）の存在です。ボーヴォワール自身は実存主義の作家・思想家として、フェミニズムという枠に限定されない活発な活動を展開しました。しかし、彼女の『第二の性』およびその後の活動が後のフランスのフェミニズムやジェンダー思想に与えた影響は、肯定的なものであれ否定的なものであれ、決定的と言えます。

一九四九年に公刊された『第二の性』の冒頭で、ボーヴォワールは「男だったら、人類のなかで男の占める特殊な状況についての本を書こうなどとは思ってもみないだろう」と述べています。女だけが「女とは何か」という問いを発しなければならない、これまでの幾多の男の哲学者は、「人間とは何か」という問いは発したが、「男とは何か」とは問わなかった。そればかりか、「人間」とは「男」のことであることが前提にされており、「女」は非本質的な「他者」とみなされてきた、というのです。

ボーヴォワールの『第二の性』は、一方では、このような従来の社会を支えてきた家父長制の基本的な考え、とりわけ女性の本質を生物学的、心理的、経済的等々の条件によって説明し、女性を「母性」へと結びつけようとしてきた考えに対して徹底的な批判を展開します。他方で、同書第二巻は「体験」と題されていますが、実際に女性がさまざまな女性差別的な社会規範によってどのような抑圧を被ってきたのかという体験こそが、こうした批判を可能にしています。

同書でボーヴォワールが提示した「人は女に生まれるのではない、女になるのだ」という表現はかなり有名なものとなります。この言葉は、このように、女性の経験に基づき、これまでの社会的規範を批判するかたちで、新たな「女」の生き方・実存を選び取るという強いメッセージとして理解することができるでしょう。ボーヴォワールは「果てしなく開かれた未来へ向けての発展こそが、現に生きている実存を正当なものにする」と言います。過去から現在の経験に基づきつつも、未来にどのようなかたちで女性として生きるか、実存するかこそが「女」を規定していくということです。

このような自らの実存を自ら選び取るという姿勢は、サルトルにも見られます。サルトルは、ユダヤ人問題やアルジェリア問題について、「マイノリティ」とされた人々が自分たちの「実存」を獲得することを後押しする力強いメッセージを発しましたが、ボーヴォワールのほうはこれを女性に向けて発するわけです。

フランスでは、このメッセージは確かに受け取られたように思います。社会的な抑圧からの解放を通じて男性・女性の区別にかかわらない条件を目指すというボーヴォワールの主張は、その後に開花するフランスのフェミニズム思想にさまざまなかたちで引き継がれます。

†〈六八年五月〉と女性解放運動

こうしたボーヴォワールの訴えが開花するのは、まさしく〈六八年五月〉でした。

女性の参政権の実現にもかかわらず、六五年まで女性は夫の許可なしに銀行口座開設・就労ができなかったり、また中絶にいたっては法律で禁止されたりしていました。

こうした状況もあり、実に〈六八年五月〉は、フランスのフェミニズムにとって大きな契機となりました。権威主義を打破するためのその民衆蜂起は、女性にとっても男性中心主義的な社会の支配構造の打破に向けた追い風となったからです。しかし、そうした反権威主義的運動の只中でも、女性たちには違和感を覚えざるをえないことがありました。「六八年五月が父に対する息子の反抗であったとすれば、娘たちは息子たちのお世話係だった」という言葉が残されていますが、〈六八年五月〉は資本主義や管理主義を問いに付したとしても、声高に異議申し立てを叫んだのは男性が中心であって、女性差別を支える家父長制が問いに付されたわけではなかったからです。若者や労働者たちの解放は叫ばれましたが、女性ではなかったのです。

とはいえ、革命的な状況のなかで、女性の問題に関心を寄せた人々がさまざまな行動を起こします。なかでも重要なのは、フロイトやラカンの精神分析の影響を受けた**アントワネット・フーク**（一九三六～二〇一四）を中心とした団体と、社会学的な関心を抱いていた**クリスティーヌ・デルフィ**（一九四一～）を中心とした団体の二つが母体となり、「女性解放運動（ＭＬＦ）」というフェミニズム団体が結成されたことです。

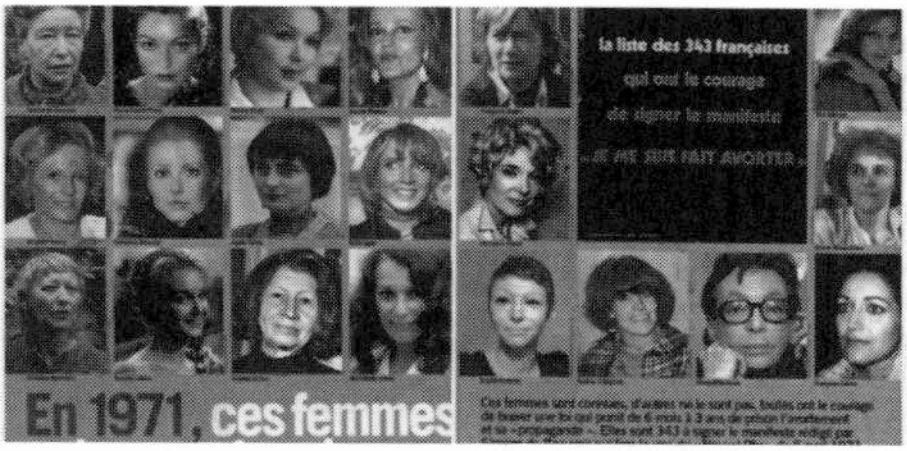

『ヌーヴェル・オプセルヴァトゥール』誌 1971 年４月５日号の表紙

女性解放運動のもっとも重要な成果の一つは、一九七一年に『ヌーヴェル・オプセルヴァトゥール』誌に掲載された「中絶の合法化を求める三四三人のマニフェスト」でしょう。デルフィ、フークらは、ボーヴォワールをはじめとして、作家のマルグリット・デュラス、フランソワーズ・サガン、映画監督のアニエス・ヴァルダ、女優のカトリーヌ・ドヌーヴ、弁護士のジゼル・アリミ等、各界の多くの女性たちの賛同を得て、顔写真付きで、「私の体は私のもの」と言って、中絶の合法化に向けた声明を大々的に公表したのです。こうした活動の成果もあり、七三年に避妊が、七五年には中絶が合法化されることになりました。

しかし、こうした活動は一枚岩のものではありませんでした。デルフィらは、ボーヴォワールの姿勢にならい、社会的な抑圧からの解放と男女同権の獲得という普遍主義的な志向を有していたのに対し、精神分析の影響を受けたフークらは「精神分析と政治（略称プシケポ）」という団体を作り、むしろ男性性とは異なる女性性のあり方を重視する差異主義的な志向をとるようになります。このようにして、〈六八年五月〉は普遍主義と差異主義というフランス・フェミニズムを特徴づける二つの潮流に分裂するきっかけともなったのです。

†デルフィ＋バダンテールと普遍主義的フェミニズム

フランスの普遍主義的フェミニズムの論者は多くいますが、筆頭に挙げられるのはクリスティーヌ・デルフィと**エリザベット・バダンテール**（一九四四〜）でしょう。

デルフィは、〈六八年五月〉の中心的な人物の一人で、ボーヴォワールの後継者とも言われます。彼女の立場は、唯物論的フェミニズムと言えます。ここで唯物論的というのは、単に共産主義をベースにするということではありません。抑圧の原因を（自然的・生物学的な制約ではなく）社会的な状況に見出し、家父長制や社会階層など、女性に抑圧を強いている社会的な要因を解明することによって、女性の社会的な解放を目指すという立場です。デルフィは「ジェンダー」の概念をフランスに導入したとも言われていますが、精力的な活動によって〈六八年五月〉以降のフランスのフェミニズム運動を牽引します。

エリザベート・バダンテールのほうは、歴史学的なアプローチを重視する普遍主義的フェミニズムの代表者です。彼女の主著『母性という神話』（一九八〇年）では、歴史学的な研究を通じて、「母性」が普遍的なもの・自然的なものではなく、歴史的に形成されたものにすぎないことを示します。女性が、生来の条件として「母性」を有し、出産や子育てに適しているというのは、そのような押し付けを望む社会でできた「神話」にすぎない、というのです。

彼女の普遍主義は、フランス共和主義に特有の普遍性でもあります。先に触れた一九八九年のスカーフ事件の際には、スカーフを脱がないムスリム女生徒に退学処分を命じた学校の判断を支持する声明に参加します。フランス共和国で重要なのは性別や宗教的属性ではなく、「市民」という普遍的な権利を手に入れることだというのがその理由です。つまり、マイノリティの境遇を改善するには、マイノリティの特異性を擁護するのではなく、マイノリティであってもマジョリティと同様の立場になれるような普遍的な体制を整えるべきだと言うのです。

このように、彼女の普遍主義は、誰もが持ちうる普遍的な権利を重視するがゆえに、マイノリティ集団の権利を口実にした権利主張を拒否する点に特徴がありますが、なんとこの論理は女性自身にも適用されます。つまり、女性の名でのアファーマティブ・アクションに基本的に反対するのです。たとえば、男女の議員比率を同率にすることを目指す後述の「パリテ法」にもこの立場から反対します。また『迷走フェミニズム』（二〇〇三年）では、（とくにアメリカの）

ラディカル・フェミニズムに見られる、女性を被害者として男性を攻撃する姿勢を厳しく批判します。バダンテール流のフェミニズムの見地からは日本の女性専用車問題はどう考えられるでしょうか。

†リュス・イリガライと性的差異の倫理

こうした普遍主義的なフェミニズムに対し、差異主義の側には、精神分析やデリダの脱構築思想の影響を受けた哲学者・作家たちがいます。なかでも哲学者のリュス・イリガライ、サラ・コフマン、作家のエレーヌ・シクスーらは、ポスト構造主義とのつながりもあり、英語圏でも広く紹介されます。ちなみに英語で「フレンチ・フェミニズム」と呼ばれるのは、フランスのフェミニズムのなかでもとりわけこの差異主義の潮流を指しています。

ここではまず、この差異主義の立場から西洋の哲学史全体を読み替えることを提案した**リュス・イリガライ**（一九三〇〜）を取り上げましょう。

イリガライは、西洋哲学では男性がつねに主体とみなされ、女性が他者とされてきたと主張する点では、ボーヴォワール的な普遍主義的フェミニズムと同様です。

しかし、後者がこうした他者としての疎外されてきた女性の立場の改善を求め、男性であれ女性であれ同等の地位につくことを求めるのに対し、イリガライはむしろ女性の他者性を強調します。つまり、目指すべきは、男性と同じような主体ではなく、男性とはまったく別の「他者」だというのです。しかもこの他者とは、「男性主体にとっての他者」、男性に対して二番手であるような他者であってはなりません。むしろ男性的主体との関わりではなく、女性それ自体の主体性を考えるべきだということです。

これは、哲学的には、フロイトやラカンの精神分析にいたるまでこれまでの西洋哲学の考え方の基本にあった「一」と「多」というモデルの見直しを要求することです。つまり、従来は、根本的な単位として「一」があった。イリガライに言わせれば、ボーヴォワールは、「二」の地位にいた女性を「一」へと格上げすることを求めていたにすぎない。これに対してイリガライが主張するのは、根本的な単位を「一」ではなく「二」とすべき、つまり「性的差異」自体を出発点とすべきということです。

イリガライはこうした主張をもとに、シクスーの提唱した「エクリチュール・フェミニン」の考えを取り入れます。イリガライによれば、男性的な言葉遣いが他者を対象化し、抽象化する傾向があるのに対し、女性的な言葉遣いは他者の具体性、自分との差異を尊重し、他者を主体としてみなす。これまでの男性的なアプローチとは異なる他者への新たなアプローチの仕方がそこにあると言うのです。

†エレーヌ・シクスーとエクリチュール・フェミニン

今触れた**エレーヌ・シクスー**（一九三七〜）は、アルジェリア生まれの作家・文芸批評家です。ジョイスなどの文学研究から出発し、六〇年代前半からデリダと親しく付き合うことになります。数多くの小説や戯曲を書き、日本でも紹介が進んでいますが、ここで重要なのは、〈六八年五月〉によってできたヴァンセンヌ実験大学センターにフランスで初めて「女性学研究所」を設立したこと、そして「エクリチュール・フェミニン」と呼ばれる考えを提示したことでしょう。

「エクリチュール」とは英語で言えばwritingで、「書き方」ないし「書かれたもの」を意味します。「フェミニン」は「女性的」という形容詞です。ただし、それは単にすでにある社会的なステレオタイプとしての女性っぽい書き方という意味ではありません。もちろんそこには、論理よりも体験を重視するといった特徴を見ることができますが、シクスーが『メデューサの笑い』（一九七五年）のなかで主張したように、これまで自らが主体として書くことを拒絶されたり抑圧されたりしてきた女性たちが、書く主体となることです。これまで中立的とみなされつつ、男性的な書き手によって、男性的な欲望の対象とみなされてきた女性たちが、自分たちの身体、自分たちの欲望や快楽について書く術を得ることと言えるかもしれません（ちなみにシクスーによればこうした書き方はいわゆる女性作家に限定されるものではなく、ジョイスやジャン・ジュネのような「男性」作家にも見られます）。

また、単語の性差がない日本語からするとわかりにくいかもしれませんが、フランス語のようなあらゆる名詞が男性形と女性形に分けられる言語は性差からそもそも離れられません。「人間」とか「人権」というときにも、「人」が男性と同じになりますし、「教師」「医者」等々の職業名も基本は男性形です。さらには、「みなさん」と呼びかけるときにも基本は男性複数形です。近年では、言語の使用によるこうした性差をなくそうという性中立的な言語、ジェンダーインクルーシブな言語使用が重視されていますが、こうした言語使用の観点から振り返るとエクリチュール・フェミニンの意義も見えやすくなるのではないでしょうか。

†ジュリア・クリステヴァと母性の思想

もう一人、差異主義的フェミニズム（ないしフレンチ・フェミニズム）の代表的な論者として、**ジュリア・クリステヴァ**（一九四一〜）がいます。クリステヴァは、ブルガリアに生まれ文学を学び留学生としてフランスに渡り文学研究を行なった人で、「ポスト構造主義」の文学理論家として知られてきました。ここでは、彼女のフェミニズム思想家としての横顔に触れておきましょう。

近年のクリステヴァはボーヴォワールを再評価していますが、もともとはボーヴォワール的な普遍主義的なフェミニズムの考え方においては月経や出産など女性に特有の生物学的・身体的な要因が軽視されていると言って批判的でした。とりわけ「母」は、フェミニズムの側からも積極的に論じられることなく、男性側の視点からのみ語られてきた。こうした風潮に対し、クリステヴァはむしろ、自身の母親としての経験や精神分析の影響をもとに「母親」ないし「母性」に積極的に焦点を当てようとします。原初的な「場」としての「母」、聖母マリア信仰が失われた後の女性のパラノイア、母親におけるエロティシズムの問題等、理論的な観点から「母」をめぐるさまざまな論点を提示しています。

近年は女性の作家や思想家を積極的に評価する試みを続け、「女性の天才——生、狂気、言葉」という総題のもと、思想家のハンナ・アーレント、精神分析家のメラニー・クライン、フランスの小説家のコレットのそれぞれに関する伝記的著作を公刊するほか、ボーヴォワールを改めて評価し、ボーヴォワール生誕一〇〇年の機会に、「女性の自由のためのシモーヌ・ド・ボーヴォワール賞」を設立しています。

コラム　パリテの哲学

フランスのフェミニズム思想には、差異主義のような哲学的色彩の濃いものから、普遍主義のような政治的な関わりを重視するものまでさまざまなものがありますが、そのなかから生まれた一つの成果として「パリテ法」を挙げる必要があるでしょう。

先に触れたように、一九九〇年代まで、フランスにおける女性の政治進出は低いレベルにありましたが、現在、閣僚のうち女性が占める割合は五割が原則となり、国会議員は四割を占めるにいたっています。こうした目に見える変化の要因の一つに、「パリテ法」と呼ばれる、議員および選挙に基づく公職に対し、男女に均等なアクセスを促進するための法律（二〇〇〇年制定）があります。

このような動きの背景には、一九七九年の「女性差別撤廃条約」や一連の「世界女性会議」など国際的な気運もありましたが、しかしパリテ法の制定にあたってはフェミニズムの哲学者が（しかも賛成派においても反対派においても）きわめて活発に関わっていました。

なかでも賛成派の中心には**シルヴィアンヌ・アガサンスキー**（一九四五〜）がいます。アガサンスキーは哲学者として活動してきましたが（デリダとのあいだに子どももいます）、この「パリテ」の法制化にあたっては積極的な発言をしました（この時期には首相も務めた社会党の有力政治家のリオネル・ジョスパンも彼女のパートナーです）。

彼女は、人類が「普遍的」に男女混成である点に注目し、それゆえ議会における市民の代表もまた男女混成であるべきだとしました。ここには、これまでの「普遍主義」が「人間」を暗黙のうちに「男性」（フランス語ではどちらもhommeです）とみなす男性中心主義であったことに対する批判が見られます。アガサンスキーの主張で興味深いのは、こうした男女混成のほうを普遍的だとすることで、普遍主義の考え方自体を変えようと提案したことです。

もちろん、このような主張に対してはさまざまな批判の声が上がりました。「市民」というカテゴリーに男性、女性という新たなカテゴリーを設けるのは共同体主義的だとか、女性という生物学的な特性を重視した本質主義だとか、あるいはそれ以外の属性への配慮はしなくてもよいのかといった類の批判です。ただ、フランスの議論で特徴的なのは、こうした批判が先述の意味での普遍主義的な潮流のフェミニストたちからも寄せられるということです。ここにもフランスのフェミニズムの多様性が現れているでしょう。

†ジュヌヴィエーヴ・フレスと性差の歴史

今触れたような、男性と女性の差異を強調する差異主義的な主張に対して、それは結局男性であれ女性であれ、それぞれの性のあり方を規定するような本質主義になるのではないかという批判は往々にしてなされています。この問題をもっとも追求しようとしたのが**ジュヌヴィエーヴ・フレス**（一九四八〜）です。フレスは一九四八年生まれで、イリガライ（三〇年生まれ）、シクスー（三七年生まれ）、クリステヴァ（四一年生まれ）よりは若干年下の、まさに〈六八年五月〉を学生として経験した世代です。

哲学を専攻し、若くしてジャック・ランシエールらとともに『論理的叛乱』という雑誌に携わった後、「フェミニストの言説の哲学的基盤」というテーマで国立科学研究センター研究員、また一九八三年にはデリダらとともに国際哲学コレージュの創設にも関わります。さらにフェミニズム哲学の立場から政治の面でも活躍し、一九九九年からは欧州議会議員も務めています。

彼女の主張の特徴は、主著『性の差異』（一九九六年）に示される二つの拒否でしょう。意外に思われるかもしれませんが、一つは「性的差異」、そしてもう一つは「ジェンダー」です。

性的差異については、先に触れた差異主義的なフェミニズムへの批判が関係しています。そこでは「女性的なもの」が本質化される傾向にあるが、その際、生身の身体の問題が切り離されているのではないかと問います（同じ批判は、「女性的なもの」を語る男性哲学者にも向けられます）。ジェンダーについては、この「アメリカからやってきた」概念がやはり性の具体性を捨てて抽象的なものとなっていると言います。

これらに対しフレスは、差異主義ともジェンダー思想とも異なる「性の差異」という概念を導入しようと試みます。フレスは、歴史的なアプローチ（ないしフーコー的な考古学的アプローチ）を重視し、抽象論に陥らずに、具体的な性のあり方に結びついた「性の差異」が哲学のなかでどう語られてきたかを辿り直そうとします（こうした歴史的なアプローチゆえ、フレスはフランスのアナール学派による女性史研究の大著『女の歴史』にも参加しています）。

こうした姿勢は、最近の著作『同意――女性解放の思想の系譜をたどって』にも現れています。「同意」は、ときに性暴力や自由売春を正当化するための論拠となったり、「抑圧」の対象としても語られるイスラム教のスカーフ着用を当事者の側から肯定する論拠ともなったりしてきました。フレスは、「性の差異」の非対称性と相互性を歴史的に形成してきたこの問題について、一七世紀以来の思想を辿ることによってその系譜を明らかにしています。

†ギィー・オッカンガムとLGBTQの思想

これまで見てきたように、フランスでは、ジェンダー思想と言っても、フェミニズム思想の流れが主でした。ただし、今で言うＬＧＢＴＱ、すなわち同性愛やクィアに関する思想は不在ではありませんでした。

フランスは、ミシェル・フーコーをはじめ同性愛を公表していた哲学者も少なくありません。現在は、「パックス（連帯市民契約）」と呼ばれる制度により、同性のカップルにも異性同士の結婚に準じた権利が認められるというかたちで同性婚が制度化されています。しかし、歴史的には同性愛は肯定的に受け止められていたわけではありません。従来、同性愛は犯罪とみなされ処罰の対象となっていました。ヴィシー政権はこれを「自然に反する行為」として禁止していましたが、戦後、共和政が復活した後もなんとこの規定は残存していたのです。

同性婚を犯罪とする規定が廃止されたのは一九八〇年代のミッテラン社会党政権によってですが、こうした動きを準備したのは、ここでもまた〈六八年五月〉以降の運動でした。〈六八年五月〉の女性解放運動と連動するかたちで、一九七一年にギィー・オッカンガム、クリスティーヌ・デルフィ、フランソワーズ・ドボンヌ、ダニエル・ゲラン、ルネ・シェレールらにより同性愛革命行動戦線(FHAR)が結成されます。普遍主義で紹介したデルフィは同年にモニック・ウィティッグらとともにラディカル・フェミニスト・レズビアン運動「赤いレズ」を結成します。ちなみに、ウィティッグの小説『女ゲリラたち』(一九六九年)はレズビアン・フェミニズムを代表する作品となりました。フランソワーズ・ドボンヌは作家ですが、エコフェミニズムの提唱者として知られています。ダニエル・ゲランは歴史家で、反植民地主義運動と同性愛問題の双方に取り組んだ人です。

このように多彩な顔ぶれがいるわけですが、同性愛革命行動戦線の中心にいて、またLGBTQをめぐるフランスの思想のなかで特筆すべきはやはりギィー・オッカンガム(一九四六～一九八八)でしょう(オッカンゲムと表記されることもあります)。

一九七二年、まだ二五歳だったオッカンガムは『ホモセクシャルな欲望』を公刊します。もちろん同性愛革命行動戦線の産物と言えるものですが、単なるマニフェストではありません。フロイトの精神分析や同性愛に関わる精神医学や法学から、公刊されたばかりのドゥルーズ＋ガタリの『アンチ・オイディプス』にいたるまで、さまざまな理論を参照することで、同性愛を、病理学的な異常・疾患とか、反社会的・反道徳的な倒錯とか、さらには犯罪行為とみなしてきた社会の構造そのものを問いただします。

「ホモセクシャルな欲望」というタイトルは、けっして同性愛者がどのような欲望をもっているかということではありません。「欲望」というと、あたかも生理的で自然的なもののように思われがちですが、むしろ、異性愛中心の支配的な性規範のもとでは「欲望」それ自体も巧妙に操作されたり規制されたりしているとオッカンガムは言います。それに対し、同性愛の実践は、こうした規範を問いに付すことで、「欲望」そのものの姿に迫れるというのです。この意味で「欲望」とは何かという根本的な問題を考える上でも同書は示唆に富んでいます。

また、オッカンガムをめぐっては象徴的な事件もあります。ガタリが編集を務めていた雑誌『ルシェルシュ』が、一九七三年に「三〇億の倒錯者」という特集を組みますが、性器の写真や自慰行為、同性愛行為に関する記事が掲載されていたため発売禁止になり、家宅捜査が入り、在庫もすべて押収されたのです。これに関する公判では、サルトル、フーコー、ドゥルーズはもとより小説家のジャン・ジュネらもこの雑誌を支持し、社会的な事件になります。問題となった特集号に匿名で「尻に憑かれし者たち」を執筆したのがオッカンガムだったのです。

†近年のジェンダー思想

フランス現代思想は、とりわけ英語圏のフェミニズムやジェンダー思想にも大きな影響を与えました。とりわけ、現代のジェンダー思想の中心的な哲学者といえるジュディス・バトラー（一九五八〜）には、アルチュセール、フーコーの権力概念、デリダの脱構築はもちろんのこと、ボーヴォワールの考えも確かに合流しています。デリダの影響は、インド出身のポストコロニアリズムの代表的な論客であるガヤトリ・スピヴァク、脱構築法学のドゥルシラ・コーネルらにも見てとることができるでしょう。

フランスに限るならば、近年ジェンダーやフェミニズムの哲学はいっそう活発になっています。日本語で読めるものに絞ると以下のような論客がいます。

まず、フェミニズムではなく男性学的な観点からの著作もいくつかあります。もとより、ラカンの精神分析やデリダにおいて西洋哲学の伝統における「男性中心主義」ないし「男根中心主義」に対する批判はすでにありましたが、いわゆる「男性学」研究の風潮はそれほど見られませんでした。そのなかでなにより注目すべきは、社会学者の**ピエール・ブルデュー**（一九三〇〜二〇〇二）が一九九八年に出した『男性支配』でしょう。ここでブルデューは、男性中心社会がほとんど手つかずのまま残っているアルジェリアのカビリア地方の農村社会についての民族学的な調査と、ヴァージニア・ウルフの小説『灯台へ』の分析という独特の主張によって、現在も私たちが自身の性別にかかわらず内面化してしまっている男性的な秩序、つまり男性を女性の優位に置くような社会秩序がどのように形成されているのか、そしてなぜそれが根強く残っているのかを明らかにしようとしました。

また、人類学者の**フランソワーズ・エリチエ**（一九三三〜二〇一七）による『男性的なもの／女性的なもの』もまた、構造主義人類学の立場から、今なお遍在する男女の序列や男性支配がいかにして形成されているかを詳細に論じたものとして特筆に値します。

他方で、ライシテの問題を専門とする哲学者・宗教学者である**ラファエル・リオジエ**（一九六七〜）の『男性性の探究』も興味深いものがあります。二〇一七年に起きた、女性たちが自分の受けたセクハラや性的暴力の体験を告発する #MeToo 運動をきっかけに、男性であるリオジエが、男性であることの「動揺《トラブル》」を分析するものです。

他方で、従来のフェミニズム理論にも新たな角度から異論が唱えられていきます。**カトリーヌ・マラブー**（一九五九〜）は、デリダの弟子として知られる哲学者で、ヘーゲル論などの狭義の哲学はもとより、脳科学（『わたしたちの脳をどうするか』二〇〇四年）、さらに精神科学（『新たなる傷つきし者』二〇〇七年）など幅広い分野で興味深い考察を展開してきました。このように必ずしもフェミニズムを土俵としていたわけではありませんが、彼女の近著『抹消された快楽——クリトリスと思考』（二〇二〇年）は、従来のフェミニズム・ジェンダー論の暗黙の前提に切り込んだ刺激的な論考です。そこでマラブーは、これまでの「女性」をめぐる議論に対し、脱構築的な批判を展開します。これまでの差異主義的フェミニズムにおける男性中心主義的な哲学の言説に対する批判は、精神分析やデリダの「ファルス中心主義」批判というかたちをとってきました。ファルスとはギリシア語で男性器を意味します。これに対し、従来の差異主義的フェミニズムは「女性的なもの」を対置するわけですが、そこではとりわけ生殖器官としてのヴァギナが特権化されてきたというのです。これに対し、マラブーは快楽器官としてのクリトリスに注目します。これまでクリトリスについては、ほとんど哲学的に問題とされることがなかったということは、女性が快楽の主体としては認められてこなかったということです。マラブーは、このような従来の男性的／女性的の二項対立をさらに脱構築することで、従来の権力的な主体とは異なる新たな主体のあり方を考えようとするのです。

ちなみに、こうした二項対立の脱構築はさらに続きます。スペイン生まれの哲学者で、自身もトランス・クィアを自称する**ポール・プレシアド**（一九七〇〜）は、『カウンター・セックス宣言』のなかで、こんどは「自然」な性器という考え方自体に異議を唱えます。とりわけ、ディルドといった性玩具も含めた、技術的な性器にも焦点を当てることで、これまでの「性」をめぐる議論が生物学的なもの・自然的なものを暗黙のうちに重視していることを暴くのです。プレシアドは厳密にはフランス哲学の枠内には入らないかもしれませんが、その議論は、フランス哲学における「性」の考えに大きな影響を与えて続けている精神分析に対する痛烈な批判を含むだけに興味深いものがあります（『あなたがたに話す私はモンスター』二〇一九年）。

コラム

ムスリムのフェミニスト

フランスのフェミニズム思想は、その植民地だったフランス語圏の諸国（とくにチュニジア、アルジェリア、モロッコなどイスラム圏のマグレブ諸国）のフェミニズムと切り離すことができません。

一方で、マグレブ諸国から勉学のために渡仏し、さまざまな分野で活躍する女性が増えるにつれ、自国での女性解放を求める声が上がります。こうしたいわば西洋化された声は、自国の伝統的勢力と衝突して、時に弾圧の対象になることもあります。たとえば、アルジェリアの政治家**ハーリダ・メサウーディ**（『アルジェリアの戦うフェミニスト』の著者）の戦いはきわめて勇敢なものでしょう。彼女はアルジェリアでの女性の権利を求める戦いを主導し、二〇〇四年には文化大臣まで務めます。しかし、その後の政権に対する大規模なデモに関与したとして四年間の禁固を宣告され、今も拘束されています。

しかし同時に、こうした知識人階級の女性による「スカーフをとろう」という誘いは、ヨーロッパ的ないし植民地主義的なものとして機能する場合があります。むしろ伝統的な共同体に生きる女性にとって、「スカーフをとろう」という呼びかけは時に暴力的なものとなることもあるからです。

ただし、スカーフの着用は伝統的な権威への従属を表すものに限られません。最近では、あくまでも宗教的な行為とみなし、むしろ自主的にスカーフを身につけようとする女性も見られます（映画『パリ、ジュテーム』に収められた「セーヌ河岸」をご覧ください）。そのなかには、**ナディア・エル・ブガ**（『私はイスラム教徒でフェミニスト』の著者）のように、敬虔なイスラム教徒としてスカーフを着用すると同時に、フェミニストとして女性解放を求める人もいます。

最近では、エルザ・ドルランという若手の哲学研究者が女性に対するまなざしと植民地に対するまなざしが相補的に形成されていった過程を明らかにしています（未邦訳）。このように、フランス・フェミニズムは、フランス語圏のフェミニズムとして、女性の解放の問題に、宗教、伝統、さらには植民地主義など複数の要素が重なりあう場となっています。

ブックガイド

棚沢直子編『女たちのフランス思想』(勁草書房、一九九八年)……棚沢氏はイリガライやクリステヴァをはじめフランス・フェミニズムの議論を日本に紹介した第一人者です。本書はデルフィ、フーク、イリガライ、クリステヴァ、シクスーら八人のフランスのフェミニズムの中心人物たちの論集が収められていますので、ダイジェストとして最適です。

井上たか子編著『フランス女性はなぜ結婚しないで子どもを産むのか』(勁草書房、二〇一二年)……井上氏はボーヴォワール『第二の性』をはじめとする重要著作の翻訳者でもあり、棚沢氏と並び日本におけるフランスのフェミニズムの導入の立役者です。本書は、フランスの一般社会における女性をめぐる環境がわかりやすく解説されています。

三浦信孝編『普遍性か差異か――共和主義の臨界、フランス』(藤原書店、二〇〇一年)……日本でフランス研究を行なう研究者らが集い、普遍性を掲げるフランス共和主義が現在さまざまな差異に直面することで露呈した揺らぎを検討した論集です。フェミニズムはもとより多方面での論点が整理されています。

稲原美苗ほか編『フェミニスト現象学入門――経験から「普通」を問い直す』(ナカニシヤ出版、二〇二〇年)……ボーヴォワール、メルロ＝ポンティら主にフランスの現象学を土台にしつつ、「経験」を基盤にして私たちが「自然」だと思っていることを問い直すという現象学の手法を、フェミニズムへと導入した論集です。

シモーヌ編集部編『シモーヌ』(現代書館、二〇一九年〜)……「雑誌感覚で読めるフェミニズム入門」を謳った論集。オランプ・ド・グージュやボーヴォワールからインターネットにいたるまで、思想と現状を行き来した雑誌です。

第9章　エコロジー思想

†アンドレ・ゴルツと政治的エコロジー

第二次世界大戦後の高度経済成長がもたらした環境汚染は、ヨーロッパの多くの国において環境保護やエコロジーへの関心をもたらしました。フランスでも例外ではありません。ヨーロッパでは酸性雨の問題が喫緊の課題となっていましたが、相次ぐ原子力発電所の新設に対する危機感も芽生えていました。

エコロジーに関する「思想」ということになると、フランスにおける顕著な契機は、やはり〈六八年五月〉にあるでしょう。資本主義社会ばかりか、ソヴィエトを中心とした社会主義社会においても工業化の推進が環境汚染の原因となっているのではないか、むしろ真の問題は思想の左右を超えたところにあるのではないか、といった問いが提起されることになったのです。第7章の技術哲学で触れたジャック・エリュールの関心と重なるところもあります。

こうした関心に導かれたフランスのエコロジー思想を代表するのは「政治的エコロジー」と呼ばれる潮流です。

その代表的な論客は**アンドレ・ゴルツ**（一九二三〜二〇〇七）です。ゴルツはオーストリア生まれですが、父親がユダヤ系であったことからまずはスイスに、次いでフランスに渡ることになります。サルトルに出会い実存主義的マルクス主義に傾倒し、『レ・タン・モデルヌ』誌や『レクスプレス』誌に論考を寄稿するようになり、その後、六四年に『ヌーヴェル・オプセルヴァトゥール』誌の創刊者の一人ともなります。その自伝的著作『裏切者』（一九五八年）にはサルトルが序文を寄せています。

しかし、ゴルツにとって〈六八年五月〉は決定的な転換点となりました。彼にとってそれは、一言で言えば、社会主義からエコロジーへの転換でした。一九七五年に公刊された論集『エコロジーと政治』および七七年の『エコロジーと自由』（これらは邦訳では『エコロジスト宣言』というタイトルで合冊になります）は、政治的エコロジーの出発点とみなされます。そこでは、冒頭から「成長の資本主義」と「成長の社会主義」を「兄弟」とみなし、そうした「生産力の発展」や「経済的合理性」を基盤とする体制を批判的に検討することが目指されるのです。

この政治的エコロジーの特徴は、自然を特権化したり自然に回帰したりすることより、むしろ環境汚染を招いてきた人間の成長至上主義を問い直そうとする姿勢です。「自然」を大事にせよ、というよりは、「成長」を疑問視せよ、ということです。

ただし、これはあらゆる成長に対して否を唱えるものではありません。そうした単なる反成長主義はむしろもっとも貧しい者の条件の悪化を招くことになる。それでゴルツが提示するのは「エコロジー的リアリズム」、つまり、生活改善のために資源を有効に利用したり浪費をやめたりといったかたちで、生活様式を徐々に変革しようとする主張です。

ゴルツのこのような主張は、オーストリアで生まれメキシコなどで活躍した同時代の社会思想家のイヴァン・イリッチの思想と共鳴しています。イリッチは、経済的な生産を求める動きが、ある限界を超えると、当初の見込みとは正反対の帰結を招くという事態を「逆生産性」と呼びました（たとえば病気を治すはずの病院の治療によって院内感染が生じるなどの事態です）。ゴルツはイリッチから経済的合理性とは異なる合理性がエコロジーにあるという考えを引き出し、それによって成長至上主義と異なる生活様式を考えようとするのです。

また政治的エコロジーの賛同者で邦訳がある思想家には、社会心理学者のセルジュ・モスコヴィッシもいます。

†アラン・リピエッツとポスト・フォーディズム

政治的エコロジーは、上記のような主張のため、狭義の哲学思想の枠には収まらず、社会的・政治的にも大きな広がりを見せます。『政治的エコロジー』と題された雑誌も公刊され、現行の生活様式の変革として、経済や政治を巻き込んでいくようになります。

こうした方面で政治的エコロジーの運動を主導したのは**アラン・リピエッツ**（一九四七〜）でしょう。アラン・リピエッツは経済学者で、フランスの「レギュラシオン学派」といわれる潮流の代表的な理論家でした。

レギュラシオン学派とはフランスの経済学者のロベール・ボワイエやミシェル・アグリエッタらが一九七〇年代に提唱した経済学の一理論です。それまで主流だったマルクス経済学や新古典派経済学と異なり、社会関係のなかのさまざまな利害の不一致や衝突がどのように調整され社会関係が再生産されるかに関心を寄せます。当時は高度経済成長（フランスでは「栄光の三〇年」と呼ばれます）が停滞し始め、従来の経済モデルの見直しが叫ばれていましたが、レギュラシオン学派は、従来の経済成長主義に特徴的なフォーディズムに代わる「ポスト・フォーディズム」時代の労働形態のあり方を検討しました。

リピエッツは『勇気ある選択――ポストフォーディズム・民主主義・エコロジー』（一九八九年）において、フォーディズム的な発展モデルの行き詰まりを見てとり、そのオルタナティブとして、新しい労使協定、福祉国家ならぬ福祉共同体、新たな欧州共同体といったさまざまな展望を提示します。そのなかにエコロジーという指針を据えるのです。

リピエッツはさらに、八〇年代以降、理論と実践を架橋するために、エコロジーの政治的な運動にも積極的に関わっていきます。すでにフランスでは、農学者のルネ・デュモンが環境保護を主題に一九七四年の大統領選挙に立候補し、同年に政治団体「エコロジスト運動」ができるなど、エコロジーはすでに政治的な争点になりつつありました。こうした勢力を母体として、「右でも左でもない」という合言葉とともに一九八二年に緑の党が結成されます。リピエッツは緑の党から出馬し、欧州議会議員も務めることになります。

コラム　フランスのエコロジストたち

フランスでは、思想としてはもちろん、社会的・政治的な実践としてのエコロジー運動も活発です。多くのエコロジストがいますが、とくにダニエル・コーン＝ベンディットとジョゼ・ボヴェの名前を挙げておくべきでしょう。

ダニエル・コーン＝ベンディットは、〈六八年五月〉の学生運動の中心的な人物として知られますが、なかなか波瀾万丈です。両親はドイツ人で父エーリヒ・コーン・ベンディットは弁護士、母のヘルタはユダヤ系で法学者でした。両親はナチスが政権につくと反政府運動を展開しますが、逮捕勾留を逃れ一九三三年にフランスに渡ります。エーリヒは同年にフランスに逃れたハンナ・アーレントやヴァルター・ベンヤミンらと親しく付き合いました。

ダニエルは一九四五年にフランスに生まれ、少年時代は両親の仕事の都合でドイツと往復します。大学はパリ大学ナンテール校に入学し、ここで「赤毛のダニー」という異名をとり、〈六八年五月〉における学生団体の中心人物の一人として名を馳せます。

ドイツ国籍であったため、外国人による扇動行為として逮捕され国外退去処分となり、七八年にフランス入国を許可されるまで、隣国ドイツにて反権威主義の闘争を継続します。

一九八一年の大統領選にコメディアンのコリューシュが出馬した際、その支持を公言し、政治の舞台に戻ってきます（ちなみにドゥルーズ＋ガタリもコリューシュを支持しています）。八四年にまずはドイツ緑の党から出馬し、九四年には欧州議会議員になります。その後、九九年には今度はフランス緑の党からの出馬で欧州議会議員に再選されます。独仏を渡り歩いた経歴から欧州緑グループ・欧州自由連盟というヨーロッパのエコロジー政党を束ねるグループを牽引します。ドイツとフランスの狭間に生き、学生運動からエコロジー運動へと転身したコーン＝ベンディットの活動は「赤から緑へ」という同時代の一つの傾向を示すものとも言われます。

ジョゼ・ボヴェは、一九五三年に植物学者の父と科学者の母のもとフランスに生まれます。キリスト教系の高校に通いますが、指導方針に従わず放校処分を受けます。

その後、ジャック・エリュールのもとに通い、その思想の影響を受けます。

若くして、ベトナム戦争反対運動に関わったり良心的兵役拒否の行動に出ますが、ボヴェの名前が知られるようになるのは、ラルザック反基地闘争が大きいでしょう。一九七〇年代初頭、南仏のラルザックにおける軍事基地拡張計画が起こりますが、これに対し現地の農民たちに加え、〈六八年五月〉の興奮さめやらぬ反体制派のグループが集結し、反基地闘争が展開されます（日本における三里塚闘争に似たところがあるかもしれません）。ボヴェもまたこの闘争に積極的に関わり、またその後のこのラルザックの地で酪農を営むことになります。

八〇年代からは農民間の連帯を強める運動に関わり、農民連盟を創設します。九〇年代からは、多国籍企業の進出や遺伝子組み換え作物などに反対する運動を精力的に展開します。農民の立場から、オルター・グローバリゼーション運動に関わり、農業や食品のグローバル化に反対する代表的人物となりました。その象徴とも言えるのが、一九九九年に南仏の町のマクドナルドを「解体」した事件でしょう。

その後、二〇〇七年に大統領選挙に出馬（落選）、二〇〇九年にはエコロジー政党から欧州議会選挙に出馬・当選し欧州議会議員になります。

欧州議会選挙は、いわゆる地元の利害があまり関わらないため、エコロジーなど理念的な側面が評価されやすいようです（同じ理由は欧州議会での極右政党の躍進にもあてはまるでしょう）。

†フェリックス・ガタリとエコゾフィー

このように、七〇年代以降のフランスにおけるエコロジー思想の大きな特徴は、経済的・政治的関心をもった政治的エコロジーにあるわけですが、現代フランス哲学が興味深いのは、多くの哲学者たちがそれぞれの立場からエコロジーをめぐる問題に介入していくことです。

ここでまず注目すべきは、先にも紹介したフェリックス・ガタリです。ガタリはもともと、精神科医のジャン・ウリとともに働き、ラカンのセミネールにも参加しますが、その後ドゥルーズに近づき、彼との共著『アンチ・オイディプス』や『千のプラトー』で名を馳せます。単独でも『精神分析と横断性──制度分析の試み』(一九七四年)、『分子革命──欲望社会のミクロ分析』(一九七七年)などを著し、精神分析の観点から現代社会の構造を批判的に分析してきました。

とりわけ、従来の精神分析における構造主義的な無意識理解を批判し、無意識を、脱領域化されたものとして、つまり個人の意識の深層のみならず、社会や環境に横断的に接続された「機械状無意識」として捉えることを主張します。ちなみにここでの「機械」とは普通の意味での機械ではありません。社会や制度を横断しながら、各々の人を「主体」として成立させるものです(構造主義における「構造」が、いっそう流動的・多元的になるイメージです)。

ガタリは、〈六八年五月〉の運動にも積極的に参加しますが、いっそう本格的にエコロジーに関する思想を提示するようになるのは、一九八〇年代からです。ただし、彼は従来の狭義の「エコロジー」のアプローチ、つまり、自然環境の変容に対し政治的・行政的なかたちのみで対処しようとするアプローチではなく、環境を意味する「エコ」と、哲学の語源の一つとなる知恵「ソフィア」を合わせた「エコゾフィー」という言葉を用いて、次のような複合的なアプローチを提案します。

ガタリは、従来の「エコロジー」に見られるような、地球環境の変容に対する政治的・行政的アプローチでは不十分だと言います。もちろん、こうした「環境問題」に特化するアプローチは、第一のエコロジーとして否定はされません。しかし同時に、人間関係、労働のあり方、都市のあり方を含めた社会関係そのものを無視するわけにはいきません。さらに、第三に、ガタリの用語で「主観性」と呼ばれるもの、つまり個々人の「主体性」に限定されるのではない、集合的メンタリティを変える必要もある。こうした観点から『三つのエコロジー』(一九八九年)という立場を提唱しました。

つまり、「エコロジー」の問題は、単なる「環境保護」や経済的な関係の再考ではなく、人間の社会的・実存的な実践・生存様式の再構成、こうした複数の領域を横断した、多様性や流動性を重視して考える必要があるということです。

†リュック・フェリーとディープ・エコロジー批判

一方で、高揚するエコロジー思想に対する批判の声も上がります。これまで紹介した政治的エコロジーとは異なる潮流として、フランスに特有ではないのですが、「ディープ・エコロジー」と呼ばれる思想が盛り上がりを見せていました。これに対し、フランスの政治哲学研究で名を馳せていた**リュック・フェリー**（一九五一〜）が厳しい批判を投げかけます。

リュック・フェリーは先にも紹介したように、日本では『68年の思想』の著者の一人として、「ポストモダン」思想に対する厳しい批判で知られていますが、本職は政治哲学で、アラン・ルノーとともにまさしく『政治哲学』と題された三巻本の政治哲学史も出しています。他方で、さまざまな時事的な話題に対する発言にも事欠きません。また、政府の教育政策に対する提言なども積極的に行なっており、二〇〇二年からは文科大臣も務めました。

その彼が九二年に公刊した『エコロジーの新秩序』は、エコロジーをめぐる議論に一石を投じることになりました。

「ディープ・エコロジー」と総称される思想には主に二つの源泉があります。まず、「ディープ・エコロジー」という考えそのものは、ノルウェーの哲学者アルネ・ネス（一九一二〜二〇〇九）が提唱したものです。農薬などの化学物質が生態系に与える影響を告発し世界的ベストセラーとなった、レイチェル・カーソンの『沈黙の春』の影響を受けつつ、ネスは従来の環境保護の発想の不十分さを指摘します。彼はとりわけ、環境汚染を批判しつつも先進諸国の人々の健康と豊かさを求める環境保護思想を「浅いエコロジー」として批判します。そこには人間がやはり中心的・特権的な位置を占めているためです。これに対しネスは、生物圏平等主義を掲げ、「環境における人間」ではなく、人間だけでない「生物圏」ないし「生態圏」の「全体的場」を重視すべきだと述べます。

もう一つ、「ディープ・エコロジー」と同様に、人間ではなく生態圏全体を重視する発想に影響を与えたものとして、イギリスの科学者ジェームス・ラヴロックが提唱したガイア仮説という考えがあります。「ガイア」とはそもそもギリシア神話で大地の女神を指しますが、ラヴロックは、地球の地下一六〇キロメートルから地上一六〇キロメートル圏内の生態系システムにこの名を授けます。そこには、生物・非生物を含めさまざまな存在がいるわけですが、個々の存在より、それらを含むさまざまな影響を受けつつ自己調整・自己創成する一つの生命体のようなシステム（ガイア）を重視すべきだというのです。

こうした主張に対しリュック・フェリーは、「ディープ・エコロジー」は自然全体に意義を認め人間中心主義を批判するけれども、それは反人間中心主義というよりは反人間主義、アンチ・ヒューマニズムになってしまうのではないか、人間の主体的な関わりが等閑《とうかん》に付されてしまうのではないかというのです。あるいは、ナチスにおける環境政策を持ち出して、人間主義の立場を無視した過度な環境保護政策はそうしたナチスの発想ともつながりうると指摘することにも躊躇しません。

フェリーの批判には、論証がいささか荒っぽいところがあり、いくつも再批判がなされてはいるのですが、エコロジーにおける人間の地位・役割を鋭く突く発想としては興味深いものがあります。

†人間と自然の関係——オギュスタン・ベルクとミシェル・セール

フェリーのそれほど過激ではないにせよ、人間と自然の関係については、西洋的な人間中心主義に対する批判的な考察は、狭義のエコロジー思想を離れ、現代のさまざまな思想家に共有されたものとなっています。そのうちで興味深い論点を二つ紹介しておきましょう。

一人は地理学者にして日本学者の**オギュスタン・ベルク**（一九四二〜）です。和辻哲郎の『風土』をフランス語に訳したことでも知られ、また日本でも多くの著作が翻訳されています。ベルクは和辻の「風土」ばかりでなく、ドイツの生物学者のユクスキュルの「環世界」概念や地理学のエクメーネ概念（地球の表面のうち人間が居住している地域）などを参照しながら、従来の西洋における自然環境についての考えの相対化をはかります。

従来は、デカルトの「自然の主人にして所有者」という表現に象徴的なように、主体としての人間と客体としての自然を区別する二元論的な発想がヨーロッパでは強く見られました。こうした発想の問い直しはさまざまな観点からなされてきましたが、ベルクはとりわけ日本的な自然観を西洋に紹介することで、自然を客体としてではなく、人間をとりまく環境として捉える見方を示したと言えるでしょう。

あるいは、まったく別の角度からは、第6章で触れた科学哲学者の**ミシェル・セール**の議論にも興味深いものがあります。彼は『自然契約』という著作のなかで、環境保護をめぐる議論の前提を問い直します。

「環境（environnement）」という言葉には「取り巻く」という意味がありますが、セールによれば、そうだとすると自然環境と言うときに、やはり人間を中心において、その周りを取り巻くものを「自然」と呼んでいることになる。そこにはどうしても人間中心の見方があるのではないか、というわけです。

では、人間はどこにいるのか。セールの見方はなかなか独創的です。人間は、自分を取り囲む自然に対して中心的、主人的な位置にいるのではない。むしろ、人間は自然にとって「寄生者」だというのです。つまり、寄生虫のようにして、宿主から栄養などあらゆるものを得るけれども、宿主には何も与えない。人間は「主」であるどころか、「ヒモ」のような存在です。

いずれにしても、人間を「主人」ではなく「寄生者」と見ることによって、人間は「自然」を形成するネットワークの単なる一要素として考えるほかなくなります。植物や動物、あるいは人工物を含めてもよいかもしれませんが、「環境」を構成するさまざまな要素の一つとなるわけです。こうした見方は、セールの弟子のブリュノ・ラトゥールが、そのアクターネットワーク論をエコロジーに適用するときにいっそうはっきりとしてきます。

†ブリュノ・ラトゥールとガイアのエコロジー

実際、**ブリュノ・ラトゥール**は、徐々に従来のような科学技術社会論からエコロジーへの関心を強めていきます。代表作に『地球に降り立つ』(二〇一七年)があります。ここでも、人間だけでなく非人間(動物、山、風、事物など)をも「エージェンシー」と捉えるアクターネットワーク論の枠組みは残っていますが、とくに興味深いのは、「テレストリアル」、つまり「地球的・大地的なもの」における相互依存システムのあり方を重視していることです。

ラトゥールによれば、従来のエコロジー思想や環境保護運動の問題設定は、ローカルなもの(地元的なもの)とグローバルなもの(地球規模のもの)という両極のなかに位置づけられていました。これに対し、「テレストリアル」というのは、そのどちらでもない第三極として位置づけられます。ちなみにこの対蹠《たいせき》点にある第四極は、今日のような地球環境の悪化に対して提示される、ゲーテッド・シティのような小さなコミュニティを「地球の外」の環境へ移住させるといった選択肢です。SF染みたものと思われるかもしれませんが、一部の富裕層のみが地球を脱出して自分たちだけ生き延びるという選択肢は、絵空事としてではなく真面目に語られつつあるのです。それに対し、ラトゥールは、従来のローカルに対するグローバルかつ国際的な連携という観点だけではなく（これだけでは、自分たちが生きている環境を度外視した国際主義になりかねません）、まさしく「地球に降り立つ」かたちで私たちの生存する環境に足を置くことを重視するのです。

この点で、ラトゥールは、先述のガイア仮説や、生物学や人類学において提示されている他の生物種との共生を重視する共生説に合流します。地球環境それ自体の次元での共生を考慮した、人間ならざるものを含めた相互ネットワークのあり方が問題となるのです。

また、ラトゥールは、こうした発想と並行して、先述のガイア概念にも注目しています。ここには、近年のフランス語圏のエコロジー思想の一つの傾向があります。この点については、まだ翻訳はありませんが、**イザベル・スタンジェール**というベルギーの科学哲学者が、ガイア仮説を引き受けたエコロジー思想を積極的に展開しています。ちなみにスタンジェールは、イリヤ・プリゴジン（散逸構造・複雑性・カオスの理論を提唱しノーベル化学賞を受賞した科学者）とドゥルーズ＋ガタリの双方の影響を受けた興味深い哲学者です。主体中心主義批判やネットワーク型思考を取り入れつつ、エコフェミニズムにも関心を寄せる彼女の仕事は日本でも紹介されてもよいでしょう。

†フィリップ・デスコラと人類学の存在論的転回

近年のフランスでは、環境をめぐる哲学的な考察はきわめて活発に行なわれています。シンポジウムや論集等の研究活動において現代フランス環境哲学研究の中心にいるのは、一八世紀哲学の研究から出発したカトリーヌ・ラレールと夫で農学者のラファエル・ラレールの夫妻でしょう（残念ながら日本ではあまり紹介されていないようです）。

ただし、フランスの現在の環境倫理・環境哲学にきわめて大きな影響を与えているのは人類学者の**フィリップ・デスコラ**（一九四九〜）です。

デスコラはレヴィ゠ストロースの弟子の人類学者として南米をフィールドに調査研究を行ない、現在はコレージュ・ド・フランス教授を務めています。

その主著『自然と文化を越えて』（二〇〇五年）、あるいは『交錯する世界　自然と文化の脱構築――フィリップ・デスコラとの対話』（二〇一八年）という日本での論集のタイトルが示すように、デスコラは自身の人類学的な研究の成果をもとに、西洋の思考図式の特徴であった人間と自然の二元論の相対化を試みます。

彼によれば、人間と自然の関係に関する西洋的な考え方は自然を客体化する自然主義と呼ばれるものですが、世界を見渡すと、アニミズム、自然主義、トーテミズム、類推主義といった、さまざまな考えがある。西洋の自然主義的な見方は普遍的であることを自称しますが、しかしそれはあくまでさまざまな普遍主義のあり方の一つ、西洋に特徴的な特殊普遍主義にすぎないと言うのです。こうした立場からデスコラは、西洋的な二元論を相対化し、人間と自然の関係はそれ自体多様であるという「関係普遍主義」を主張します。

こうしたデスコラの考えは、先述のミシェル・セールやブリュノ・ラトゥールらの脱人間中心主義的でネットワーク論的な潮流に連なると見ることもできます。

他方でデスコラは、イギリスのマリリン・ストラザーンやブラジルのエドゥアルド・ヴィヴェイロス・デ・カストロらとともに、二〇〇〇年代以降の人類学の存在論的転回という運動の立役者としても知られています。また、近年のマルチスピーシーズ人類学と呼ばれる、動物や植物に限らず菌類やウィルスまでも視野に入れた多種共生を重視した、脱人間中心主義的な人類学の企てにもつながっています。

†ボヌイユ＋フレソズと人新世の哲学

さて、若干視点を変えて、この地球が現在被っているとされる大問題、すなわち気候変動の問題に目を向けてみましょう。

「人新世《ひとしんせい》」という言葉を聞いたことがあるでしょうか。もともとは、ドイツ出身のノーベル賞を受賞した化学者パウル・クルッツェンが提唱した地質学上の時代区分のことです。これまで人類のいる時代は「完新世」と呼ばれてきました。これに対しクルッツェンは、人類の活動、とくに産業革命以降の経済活動が、地球に対して無視しえない影響を与えているとし、これまでの完新世に替わる新たな地質学的な時代として「人新世」という語を提唱しました。

これまで、人間の活動は地球全体で見れば些細なものにすぎなかったが、いまやまさしく地球を変えつつある、というのです。クルッツェンはもともと、オゾン層の破壊や核兵器による「核の冬」にも警鐘を鳴らしてきた科学者ですが、とりわけ、現在の気候変動に対する危機感からこうした提案をしたと言えます。

この人新世については、さまざまな分野で議論が展開されていますが、哲学・思想においても例外ではありません。

日本でも、『現代思想』誌で特集が組まれ、人新世に関する哲学ないし人文的なアプローチがさまざまに紹介されています。そこでは、ラトゥール的なアクターネットワーク論、マルチスピーシーズ人類学、さらに後に触れる思弁的実在論など、「人間ならざるもの」との関係を重視すべきだという議論が目につきます。一言でいえば、今後のエコロジーの問題を考えるためには、「人新世」をもたらした人間中心主義的な態度から、人間的な尺度を超えた「ポスト・ヒューマン」的な次元のアプローチが必要だという傾向です。

フランスにおいても「人新世」に関する考察はここ数年飛躍的に進んでいますが、ただしそこで見られる特徴的なアプローチは日本におけるそれと少し異なっています。

そのことを示すのが、いずれも科学史家の**クリストフ・ボヌイユ**（一九六八〜）と**ジャン＝バティスト・フレソズ**（一九七七〜）による『人新世とは何か』（二〇一三年）でしょう。ボヌイユとフレソズは、「人新世」は単なる環境危機ではなく、人為的な地質学的革命であって、産業革命以来の「工業・産業」主義に基づくものとします。その上で、こうした事態をもたらしてきた、さまざまな言説の系譜を批判的に分析します。その対象は行政、エネルギー政策、軍事、消費社会、エコロジー、資本主義等々さまざまですが、なかでも彼らが問題とするのは、地球環境に関して科学者・工学者たちから発せられた「公式」な言説です。そこには、地球環境の異変についてこれまでもたらされてきたさまざまな批判を無力化し、人々の政治的な意識を無力化していくような効果があったとします。こうした批判的な立場から、「人間ならざるもの」を強調するよりもむしろ、従来の産業主義を批判的に問いただし、それに代わるオルタナティブな活動を重視するわけです。このように人間による主体的な関わりを重視する点が、近年の人新世をめぐるフランスでの議論の一つの特徴でしょう。

†セルジュ・ラトゥーシュと脱成長

このように、気候変動の脅威を前にし、従来の産業主義を批判し、オルタナティブな生存様式を求める立場は、近年のフランスのエコロジー思想のなかで数多く見られます。そのなかでももっとも重要なのが、**セルジュ・ラトゥーシュ**（一九四〇〜）という経済哲学者が提唱した「脱成長」という概念です。

ラトゥーシュは、アフリカの開発研究に携わり、開発経済学の理論的・倫理的矛盾を目の当たりにします。そこで、これまでの経済成長主義にとって代わる概念として「脱成長(décroissance)」概念を提唱するわけです。

ただし、「脱成長」とは、しばしば誤解されるように、経済成長をしなくてもよいとか景気後退を促進すべきといった反成長ではありません。他方で、近年よく言われる「持続可能な開発」という概念も、成長主義そのものを問い直しているわけではないために、不十分だと言われます。ラトゥーシュによれば、「脱成長」とは「経済成長を崇拝しない態度」です。「無神論」というときの「無」に近い。「無神論」の立場の人は「有神論」の立場で宗教的な信仰を持つ人に対し、けっして神を否定したいわけではないし、神の不在を積極的に説きたいわけでもない。自分自身はそうした神を信じないと言っているにすぎない。それと同様に、「脱成長」

とは、生産力至上主義的な開発主義を疑い、現行の社会モデルに代わるオルタナティブな社会の企てを目指す態度と言えるでしょう。

このように、フランスの「脱成長」の主張は、従来の政治的エコロジーの現代版として理解することができます。実際、ラトゥーシュもジャック・エリュール、アンドレ・ゴルツ、イヴァン・イリッチらの影響を強く受けています。

なかでも、イリッチが説いた「カタツムリの知恵」という考えは、「脱成長」の主眼をよく伝えているでしょう。それによれば、カタツムリは、成長するにつれて自分の殻をさらに巻いていくわけですが、あるところで殻を増やすことをやめる。それは、自分の成長の速度に比して、殻の重さのほうは指数関数的に増えていくからです。

ラトゥーシュによれば、経済成長のほうも、ある一定の限度を超えると、むしろその悪影響のほうが増えてくる。成長至上主義はこうした悪影響をさらなる成長で解消しようとするわけですが（こうした姿勢は「前方への逃避」と呼ばれることもあります）、こうした姿勢自体を問い直すことが「脱成長」では問題になっています。

ブックガイド

フランス緑の党『緑の政策事典』（真下俊樹訳、緑風出版、二〇〇一年）……ちょっと古くなりましたが、フランスの緑の党の認識や主張が一冊でわかります。ちなみに、この分野については緑風出版がかなり精力的に翻訳・紹介をしています。

畑山敏夫『フランス緑の党とニュー・ポリティクス――近代社会を超えて緑の社会へ』（吉田書店、二〇一二年）……フランスのエコロジー運動について、政治的・社会的な背景を含めて理解することができます。

秋道智彌編『交錯する世界　自然と文化の脱構築――フィリップ・デスコラとの対話』（京都大学学術出版会、二〇一八年）……デスコラの思想をめぐって、人類学、哲学、美学、心理学、社会学といったさまざまな領域の日本の研究者との対話が展開されます。オギュスタン・ベルクも寄稿しています。

奥野克巳ほか編『モア・ザン・ヒューマン――マルチスピーシーズ人類学と環境人文学』（以文社、二〇二一年）……ラトゥールやデスコラの思想は、現代の人類学のなかで注目されているマルチスピーシーズという考えに大きな影響を与えています。

勝俣誠、マルク・アンベール編著『脱成長の道――分かち合いの社会を創る』（コモンズ、二〇一一年）……アフリカ研究者の勝俣氏らが編者となり、ラトゥーシュや後述のアラン・カイエらフランスの論客らが脱成長を論じる論集。脱成長が目指す「コンヴィヴィアリティ」とは何かがわかりやすく示されています。

第10章　労働思想

†コルネリュウス・カストリアディスと自主管理の思想

〈六八年五月〉以降のフランス社会において、「労働」はきわめて重要な問題となりました。〈六八年五月〉はもとより、それ以降の社会運動に実際に携わった人々には、これまで見てきたフェミニストやエコロジストもいましたが、同時に工場で労働に従事する労働者たちも多くいました。従来のような、資本主義対共産主義という二項対立の外側でどのように労働の問題を考えるかという問いは、彼ら・彼女らには喫緊の課題だったのです。

他方で、そうした事情を抜きにしても、技術改良や情報化などの進展により、労働そのものの意味づけが変わっていきます。これまで人間が担ってきた労働が機械化によってますます代替されるようになったり、あるいは、従来のような長期的で安定的な雇用形態も徐々に変化するようになります。これまでも問題になってきた一九八〇年代以降の新自由主義の台頭は、こうした変化に拍車をかけます。

こうした現象はフランスに限ったことではありませんし、とりわけ経済学の立場からさまざまな分析や提言がなされてきました。ただ、フランスに顕著なのは、哲学・思想の観点から、あるいは経済学や法学を専門とする研究者でも哲学・思想的な観点を援用するかたちで議論が展開されてきたことです。

この文脈においてまず触れるべきは「自主管理」という考えでしょう。今ではあまり耳にしなくなりましたが、とくに七〇年代から八〇年代の労働思想のキーワードでもありました。「自治」と言ったほうが日本の文脈にはふさわしいかもしれません。

フランスにおける思想的観点では、**コルネリュウス・カストリアディス**（一九二二〜一九九七）と、第9章で紹介したアンドレ・ゴルツという二人の思想家が重要です。それぞれ異なるアプローチではありますが、いずれも「自主管理」という考えのもと、新しい労働のあり方（あるいは労働者たちのあり方）を提示しているからです。

カストリアディスは、一九二二年にギリシアに生まれます。ギリシアで政治学や経済学を学んだ後、一九四五年に留学生としてフランスに渡り、パリに本部を置く経済協力開発機構（OECD）に入省し経済官僚として七〇年まで勤務します。しかし彼にはいわば裏の顔がありました。ギリシアですでに非合法だった共産党に入党しますが、すぐさま離党しトロツキー主義グループに加入していました。フランスでも、その流れで、先述のクロード・ルフォールとともに、反ソ連・反共産党系の社会主義思想を探る「社会主義か野蛮か」のグループの一翼を担っていました。

このグループではすでに、資本主義はもとよりソ連的な共産主義に対しても批判的で、もともと労働者階級の解放を目指していたはずの運動が資本主義と変わらぬ官僚制機構を生み出したことを厳しく批判します。政治哲学と精神分析に立脚した思想で知られますが、ここでは労働についての彼の思想に触れるにとどめましょう。

カストリアディスの「自主管理」の思想は、こうしたソ連的な共産主義とは異なる「新しい社会主義」の眼目と言えます。それは、生産手段を、資本主義のように資本家や企業が握るのでも、ソ連のように中央の党が握るのでもなく、働く場や地方共同体のような比較的小規模のコミュニティにおける労働者自身が自律的・自治的に管理するあり方と言えるでしょう。管理する人々と管理される人々の分割のない、評議会を通じた直接民主主義的なモデルと言ってもよいでしょう。具体的な例を挙げれば、工場における労働者による組合的な自治組織、大学における学生の自治会等々がそれに該当します。あるいは、東欧の諸国においてソ連に反旗を翻して行なわれた労働者による連帯や評議会制民主主義の試みは、このような発想に大きな影響を与えています。

カストリアディスはその後も一貫して自主管理の考えを重視し、『エコロジーから自治へ』（一九八一年）では、政治的エコロジー運動がまったく新たな生活様式の変革を唱えた点を評価しつつも、社会全域にわたってそうした自主管理を展開することの意義を説いていますし、『東欧の変革、私たちの変革』（一九九〇年）では、東欧の脱スターリン化の動きのなかにこうした労働者の自主管理の思想があったことを評価しています。

†アンドレ・ゴルツと労働の変容

先に政治的エコロジーで紹介した**アンドレ・ゴルツ**もまた、カストリアディスの考えと似てはいますが、若干異なる角度から同様に自主管理を提示しました。ゴルツは『エコロジスト宣言』（一九七八年）において、大量に生産し大量に消費させるような生産主義・成長主義には、とりわけ環境資源の観点からも限界があるとし、持続可能な発展のためには、「より少なく、より豊かに」生きるような生活様式の変革が必要だと言います。

こうした目的のためには大企業が競争市場で競い合ったり、中央集権的な政府が舵をとるのではなく、分権的に中規模な生産単位のもとで労働者をはじめ個々人がそれぞれ決定権をもち、自主的に管理するような組織が重要だというわけです。

ここでは、エコロジーの場合と同様に、生産至上主義の問い直しが重要になります。機械化や情報化の進展で人間が従事する労働が不要になり、失業が生み出される、という問題についても、むしろその根底にある大量に生産し大量に消費させるという発想のほうを問いただすことが必要になります。この方面でのゴルツの主著『労働のメタモルフォーズ』でいっそうはっきりと主張されるように、「より少なく働き、より少なく買う」ことへの転換です。ただし、「少なく買う」とは、欲しいものを我慢するということではなく、数年の買い替えや使い捨てを必要とする製品ではなく耐久性の高い製品を重視する、ということです。同様の観点から、失業の解消や格差の縮小のためにワークシェアリングも提案されます。

こうした主張の根底にあるのは、労働を生産と（さらに雇用もここに加わります）結びつけてきた従来の考え方から、むしろ労働を減らし分有することで、いっそう自身の自由が発揮できるような生活様式の転換が必要だという考えだと言えるでしょう。

ゴルツによれば、こうした転換がなされるためには、従来のように市場や企業、あるいは共産党のような前衛を称する政党に委ねるのではなく、むしろ市民や労働者たちが自発的・民主主義的に議論に加わる必要があります。そのために、ゴルツもまた「自主管理」という考えを重視するのです。

このように自主管理の思想および運動は一九七〇年代まで、従来の共産党系マルクス主義の流れとは一線を画す労働者や市民の解放の思想として、大きな影響を与えました。日本においても、政治学者の松下圭一らによる市民社会論と時代的にも内容的にも重なるところがあるかもしれません。

ただし、こうした流れは持続することはありませんでした。それには多くの要因があります。大きな流れとしては、先に述べた、一九八〇年代以降の新自由主義の進行があるでしょう。とりわけ経営者側も、労働者側の自治的な動きに敏感に反応し、こうした労働運動や労働組合運動を骨抜きにしようとします（その過程はグレゴワール・シャマユーの『統治不能社会』に如実に描かれています）。また「マネジメント」がいっそう普及し、企業の側も従来の安定雇用制に基づく体制を脱却し、外部委託や非正規型の労働形態の導入などいっそう流動的な運営形態へと変貌を遂げていくからです。こうした社会体制の変動に合わせて、「自主管理」を求めた精神そのものが希薄化しているという側面は無視できません（日本では数少ない自主管理組織であるマンションの住民理事会がますます外部委託を進めていることや、ＰＴＡという小学校の保護者らの自主管理的な組織が近年きわめて不人気であることなども、こうした動向と無関係ではないように思います）。

コラム　リップ社の自主管理

フランスにおける「自主管理」については、一九七三年に東部の都市ブザンソンのリップ社で生じた闘争に触れないわけにはいきません。

ブザンソンは、シャルル・フーリエやプルードンの生地としても知られていますが、スイスの国境に近く、もともと時計産業が盛んでした。なかでもリップ社はフランスでも有数の時計メーカーでした。

しかし同社は経営不振により七二年に倒産に追い込まれ、工場閉鎖と労働者の解雇が予定されていました。これに対し労働者たちは、単に閉鎖に抗議して工場を占拠するだけでなく、自主的に出勤して、残された材料や工具を利用して、時計の生産を続け、それを販売するという行動をとったのです。

もちろん見方によれば乗っ取り行為ですから、経営者の訴えによって警察も出動しました。しかし、こうした労働者たちの行動は社会党系の支援を受けたばかりでなく、現地のカトリック司祭や住民らからも同情や支援を集めます。

こうした取り組みには、〈六八年五月〉の空気が反映されていたのはもちろんのこと、その指導者にはゴルツらの思想が大きな影響を与えていました。なにより、被雇用者であった労働者たちが自ら生産手段を共同で所有するという「自主管理」の実践は、経営者＝所有者という資本主義の原則を揺るがすものとして大きな衝撃を与えました。

†リュック・ボルタンスキーとマネジメント社会の到来

リュック・ボルタンスキー（一九四〇〜）は一九四〇年生まれの社会学者ですが、その議論は現代フランスにおける「労働」をめぐる変容を捉えるには、本書の内容からしても外せないと思われるので、あえて取り上げたいと思います（ちなみに、現代美術で著名なクリスチャン・ボルタンスキーはその弟です）。

ボルタンスキーはもともとピエール・ブルデューの指導のもとで社会学研究をスタートさせますが、ブルデューにおいてもやはり、従来の社会学と同様に、力関係や利害関係にアクセントが置かれすぎていることに対し違和感を覚え、異なるアプローチを探ります。『正当化の理論』（一九九一年）などに見られるように、ボルタンスキーの特徴は、社会におけるさまざまな葛藤や抗争について（さらには正義や愛や情動に基づく人間の振る舞いについても）、力関係や利害関係という図式ではなく、むしろ「正当化」という概念を用いて理解しようとする点にあります。

これを現代資本主義の問題に応用したのが、社会学者エヴ・シャペロとの共著『資本主義の新たな精神』（一九九九年）です。ここでは、一九六〇年代から九〇年代のフランスにおいて「資本主義」がどのような「正当化」を被ってきたのか、どのようにしてそれは「新たな精神」を生み出しているのかが克明に辿られます。

とりわけ興味深いのが、こうした正当化を担ってきたのが、「マネジメント」という新たな企業文化であるとして、この「マネジメント」に関する文献をくまなく調査していることです。

それによると、七〇年代までの企業社会を特徴づけてきたのは、管理職を念頭に置いた、目標による管理、キャリアの安全性を重視した態度などであったのに対し、八〇年代から九〇年代には、いっそうマネジメントの考えが浸透し、従来のようなヒエラルキー構造が拒絶され、ネットワーク型への移行が進んでいきます。そこでは、固定した制度よりも、競争や永続的な変化が重視され、さらにそうした変化に適応できるフレキシビリティが求められるようになる。管理者もマネージャーやコーチと呼ばれ、従来のような指導的な立場からより対等なコミュニケーションが重視されるようになるとされます。変遷を特徴づけるのに、ボルタンスキー＋シャペロはドゥルーズ＋ガタリの「リゾーム」概念も援用します。

ただし、ボルタンスキー＋シャペロは、こうした新たな資本主義社会に、ドゥルーズのように「管理社会」の影を見るのではありません。むしろ、逆説的なことですが、各人は、他律的に管理されるのではなく、自分自身を管理する「自己管理」が求められるようになるというのです（ここでの「自己管理」は、カストリアディスやゴルツらの共同的・相互扶助的な「自主管理」とはまったく異なり、自分自身が人的資本となり自分自身を「マネジメント」すべしという個人的な「自己管理」です）。

ボルタンスキー＋シャペロがさらに興味深いのは、ここに〈六八年五月〉の影響をはっきりと見てとっていることです。

こうした「資本主義の新たな精神」においては、従来のような資本主義体制とそれに対する批判が機能しなくなってきます。労働組合というような対抗勢力も無力化してくるわけですが、それと並行して、従来のような、抑圧からの解放を求める思想的な「批判」も徐々に効力を失っていく。管理する経営者と管理される労働者というヒエラルキー的な二項対立が機能しなくなっていくからです。ここにこそ、ボルタンスキー＋シャペロは、「マネジメント」の浸透における企業文化の変容に、ドゥルーズのリゾーム概念が描くようなネットワーク型モデルの浸透という「ポストモダン」化の進行を見てとるのです。

それだけではありません。こうした二項対立図式がなくなっていき、個々人の自由や自律性が強調されるようになるわけですが、実際のところ、八〇年代以降のこうした新たな企業文化の担い手となったのはむしろ〈六八年五月〉世代だったのです。つまり、〈六八年五月〉は単に既存の体制についての異議申し立ての文化を伝えたというよりは、その世代の若者たちこそが、社会に出てから、さまざまな「大きな物語」の解体の後、自律、フレキシビリティやコミュニケーションなどを合言葉に、「資本主義の新たな精神」を体現していったということです

（こうした側面を、「ポスト民主主義時代の全体主義」という観点からいっそう批判的に強調した政治哲学者にジ

ャン＝ピエール・ルゴフがいます）。

ボルタンスキーとシャペロの研究対象はフランスのマネジメントの展開に限られますが、現在の新自由主義的な社会のあり方を説明するための一つの見取り図を提供しているでしょう。

†アラン・シュピオと労働の法思想

さて、こうした新自由主義の台頭をめぐって、八〇年代にはフーコーの統治性の概念に基づいてドンズロやエヴァルドが〈社会的なもの〉に関する系譜学的な考察を行なったことはすでに述べました。九〇年代以降も、新自由主義の進展をめぐってさまざまな角度からの検討がなされています。

アラン・シュピオ（一九四九〜）は、哲学者というよりは、労働法や社会法を専門とする法学者です。この分野の大家でありコレージュ・ド・フランス教授も務め、その著書『労働法批判』は、フランスでの労働法の概説書として、一九九四年の公刊以来広く読まれています。

しかし、彼は単なる法学者という枠組みには収まりません。新自由主義やグローバリゼーションの進展が労働をめぐる社会正義のあり方を揺るがしていることに対する批判的な立場から、「労働」ばかりでなく、西洋における「法」のあり方、またそこにおける「人間」のあり方についてまで、哲学的な考察を加えます。

とくに、彼の法哲学的な関心は、ピエール・ルジャンドルのドグマ人類学の発想に大きな影響を受けたものです。西洋における「法」および「権利」(どちらもフランス語ではdroitという同じ言葉で表されます)もまた、ドグマ的なものであると述べます。彼の法哲学の主著が『法的人間——法の人類学的機能』(二〇〇六年)と題されているのはそのためです。

「ドグマ的」というのは、理性に反した教条的・独断的なものという意味ではなく、理性的な考えそれ自体も立脚している暗黙の根拠・公準のことです。たとえば、現在普遍的だとみなされている法的な考え方(「人格」や「平等」など)も、けっして自明なものではなく、きわめて西洋に特徴的な枠組みのもとで形成され、独特の正当化を経たドグマだということになります(ですから、「ドグマ的」という言葉は単に批判的に用いられているわけではありません)。

あるいは、「人間とは何か」にしても、かつては「神の似姿」として宗教的な基盤に基づいて考えられてきたものが、近代では、フランス革命の人権宣言がそうであるように「生まれながら自由」なものとされる。シュピオは、ルジャンドルに倣い、こうしたさまざまな「ドグマ」に注目し、とりわけ「法的人間」に焦点を絞り、法律の観点から「人間」がどう考えられてきたのかに目を向けるわけです。

労働法を専門とするシュピオが興味深いのは次の点です。一九世紀の産業革命の進展にともないさまざまな労働問題が生じますが、そのとき人権宣言的な「人間」観はそれほど機能しなかった。というのも、そこでの「人間」は抽象的なものであったため、具体的に「労働者」の「身体」を保護するような法理論は導けなかった。そこで新たに労働法が整備され、そうした社会正義を保障するものとして福祉国家が成立したというわけです。

シュピオの次著『フィラデルフィアの精神』(二〇一二年)では、「国際労働機関(ILO)」が第二次世界大戦の悲劇を受けこうした社会正義の理念を確認するものとした一九四四年に発した「フィラデルフィア宣言」の意義が改めて確認されます。

シュピオによれば「労働は商品ではないこと」、「永続する平和は社会正義を基礎としてのみ確立できる」ことを謳ったこの宣言が重要なのは、二つの全体主義が人間を「人的資源」(ナチス)や「人的資本」(共産主義)とみなしたことに対し、「法の支配」の意義を改めて確認させてくれたからだけではありません。

もちろん、「フィラデルフィア宣言」はこのような反省のもとで経済活動を社会正義に従属させるべきだと説いていますが、むしろ目を向けるべきは、その精神が、今日の新自由主義によってますます破壊されている点です。自由主義の思想家ハイエクに始まり、レーガンやサッチャー以降加速化していった新自由主義の思想は、連帯や分配的正義といった理念を骨抜きにし、福祉国家を民営化し、社会を計量化可能でプログラム可能な対象とみなすようになる。従来の法による統治に替わって「数によるガバナンス」が生じていると言います。これに対し、改めて「人権」のもつ意味について考察を促すべきというのがシュピオの主張です。

†アラン・カイエと経済主義批判

このように、九〇年代以降の労働や経済をめぐる現代フランス思想の関心の一つは、新自由主義の台頭をどう評価するかにあります。ボルタンスキーはフランスの企業社会を対象とした論を、シュピオは労働法思想に基づいた論を展開していますが、政治哲学の角度からいっそう批判的な分析を企てているのが社会学者の**アラン・カイエ**(一九四四〜)です。

カイエもまた、マルセル・ゴーシェと同様に、カーン大学でクロード・ルフォールに師事しますが、ゴーシェが民主主義論や宗教論に向かうのに対し、カイエは、とりわけ八〇年代以降、教育、結婚、犯罪等々を含めあらゆる社会的な行為を経済主義的なモデルで説明しようという風潮が強まっていることに敏感に反応します。カイエはこのような「経済主義」の風潮の根底には功利主義があると言い、この問題を領域横断的に検討するために、「社会科学における反功利主義運動」(原語の頭文字をとってMAUSSと言われます)という研究者グループを立ち上げ、社会学者、人類学者、経済学者、哲学者らの共同研究に乗り出します(その成果は同名の学術雑誌『MAUSS』に現れます)。

カイエの主著『功利的理性批判』(一九八九年)によれば、ここで「功利主義」ということで問題になるのは、端的に言えば、「経済至上主義」です。つまり、個々人を自己利益の最大化のために合理的に振る舞う「経済人（ホモ・エコノミクス）」とみなし、経済的な利益の合理的な追求こそを重視する立場のことです。こうした功利主義的なパラダイムが、そのほかの政治的、倫理的、美的等々といった争点を覆い隠すかたちで、社会全体に幅を利かせるようになってきている、と言うのです。

こうした経済至上主義的な姿勢に対しては、従来からさまざまな批判がなされてきました（とくにカイエが重視しているのは、ウィーン出身の経済学者カール・ポラニーです）。たとえば、MAUSSでカイエとともに活躍したセルジュ・ラトゥーシュは先述のとおり開発経済学の立場から「脱成長」の考えを提示します。これに対し、カイエに特徴的なのは、経済学の枠内でそうした批判を行なうのではなく、人間社会という観点から、「経済主義」ないし「経済人」という発想を支える根本を問い直そうということです。言い換えるならば、来日時の講演を収めた論集のタイトルにあるように、人間社会はそもそも「経済的」なのかという問いとともに、「経済」というあり方そのものを「審問」しようとしているのです。

こうした功利主義的なパラダイムを再考するために、カイエは、フランス人類学の祖というべきマルセル・モースの贈与論を振り返ることを提案します。「贈与」といっても、自己犠牲に基づく利他主義の称揚ではありません。モースが「与える・受ける・返す」という三重の義務として論じた人間社会の根本的な関係性のことです。

†クリスチャン・ラヴァルとホモ・エコノミクスの思想史

カイエが中心となって立ち上げた研究会MAUSSおよびその雑誌『MAUSS』は、本書に登場する思想家で言えばセルジュ・ラトゥーシュ、ジャン＝ピエール・デュピュイらが深く関わりました。そのほか、互酬性をめぐる人類学のマルク・アンスパック、社会倫理学のフィリップ・シャニアル、人類学者リュシアン・スキュブラら、かつて応用認識論研究センター（CREA）にいた多くの学際的な研究者らが集います。

政治哲学関係では、**クリスチャン・ラヴァル**（一九五三〜）も多くの論文を『MAUSS』に寄稿しています。ラヴァルは、もともとはジェレミー・ベンサムの研究者として出発しましたが、新自由主義の台頭を目の当たりにし、一方では大学の変容を批判的に考察する教育論を、他方で、主著『経済人間——ネオリベラリズムの根底』（二〇〇七年）におけるように、新自由主義の哲学的な批判を展開しています。

日本でもそうですが、フランスでも大学をはじめとする公教育は社会的有用性とか効率性といった名のもとで大きな変革の波に呑まれています。この問題についてのラヴァルの考察もとても重要ですが、ここではその哲学的な議論だけにとどめておきましょう。

カイエの功利主義批判には「功利主義」という用語をかなり広く捉えて、近代から現代にいたるまで力を奮っている「経済至上主義」と同じような意味で用いている傾向がありますが、ベンサム研究者のラヴァルはもう少し限定的です。

いわゆる「功利主義」の哲学としてまとめられる一八世紀の哲学においては、物質的な安楽を願い自分の利益を最大化することを目指す人間というモデルが理想的なものとして描かれていました。こうした人間像が、その後、経済の領域が社会全体の前面に立ち規範的なモデルとなるにいたり、新自由主義において極限まで達しているという見立てがもちろん最終的には示されるわけですが、とはいえラヴァルはこの問題をもう少し細かく思想史的に検証してきます。とりわけ、「利益」ないし「効用」という概念の歴史を辿ることで、近代西洋にこうした規範性がどのように生じたのか、その根拠に立ち返ることを重視するのです。

このような作業は、フーコー型の「知の考古学」とは異なる歴史的なアプローチによる、「利益」ないし「効用」の概念史としても興味深いものがありますし、カイエ流の功利主義批判をいっそう思想史的に補強するものとしても読めるでしょう。

†ドミニク・メーダと労働社会の終焉

カイエ、ラヴァルの議論が思想史的な観点からのものであるのに対し、「労働とは何か」という根本的な問いについて哲学的な考察を行なっているのが**ドミニク・メーダ**（一九六二〜）です。

六二年に生まれ、多くの哲学者を輩出した高等師範学校ばかりか政治家や官僚を養成する国立行政学院をも卒業し二つのグランゼコールの学位をもつ彼女は、労働政策や社会政策に精通した政治哲学者として重要な位置にいます。

その主著『労働社会の終焉』（一九九五年）では、もちろん古代ギリシアからヘーゲル／マルクスを経て、アーレントにいたる思想史的な考察も行なわれているのですが、その眼目は、労働をめぐるアクチュアルな問いにあります。

ゴルツがすでに強調していることですが、一九五〇年代以降、機械化や情報化の進展などにより労働生産性は飛躍的に増大しています。それにより、人間の労働をそれほど必要としなくても多くのものを生産できるようになっている、という事態そのものにメーダもまた、注目します。このことはもちろん一つの進歩でもあるわけですが、他方で、人間の労働がそれほど必要とされなくなるわけですから、「失業」を構造的に生み出すことになりました。

日本に比べヨーロッパでは失業率がかなり高いことはよくご存知だと思います。もちろんそこにはさまざまな理由があるでしょうが、メーダが問うのは、このように労働が必要とされなくなっているにもかかわらず、あいかわらず労働が必要不可欠のものとして正当化されている、という現状です。構造的な問題としての失業に対し、新たな雇用の創出とか、労働市場の流動化とか、さまざまな試みがなされますが、そこで重視されている「労働」というのはそもそも何か、というのがメーダの問いと言えるでしょう。

実際、これまでのマルクス主義でも、資本主義社会での労働では労働者は搾取され疎外されていると批判的に論じられたとしても、労働そのものには価値があるものとみなされ、むしろ本来の労働のあり方を取り戻すべきと考えられてきました。マルクス主義は資本主義的な労働形態は批判しても、労働そのものはむしろ賛美していたわけです。

マルクス主義に限らず、多くの思想において、労働には、自分自身の可能性の実現とか、やりがいとか社会的な絆を形成する、といった意味が託されてきました。あるいはまた、労働（働くこと）と雇用（会社や工場に勤務すること）が結びつけられて、労働そのものの意味が吟味されることはあまりありませんでした。

しかし、よく考えてみると、一口に労働といっても、いわゆる第一次産業（農業や漁業など）のような何かを生産する活動としての労働から、第二次産業（工業など）のように何かを製造する活動、さらに、現代では一般的になっているサーヴィス業など他者と接触してネットワークを形成する活動などさまざまです。もちろん、家庭における家事などもあります。

メーダは「労働」の意味づけをめぐるさまざまな考察を経て、現代がもはや労働を基盤とする社会ではなくなっているという認識に立ちます。『労働社会の終焉』というタイトルが意味するのはそのことです。むしろ、生産活動には還元されないようなさまざまな活動を評価する必要がある。そのためには、労働をもっぱら経済学的な観点から見ることをやめ、むしろ、政治学や哲学をはじめ、複合的な観点から考察する必要があるというのです。とりわけメーダは、労働（labor）を仕事（work）や活動（action）と峻別したハンナ・アーレントの着想を大いに評価し、経済的な関係に還元されない公的空間における討議のあり方を重視します。こうした主張は、かつてのゴルツらの自主管理の思想をいっそうアップデートしたものとしても読めます。

†フレデリック・ロルドンとスピノザ的政治経済学

メーダともまた異なる哲学的な観点から現代における労働の問題を考察する人として、**フレデリック・ロルドン**（一九六二〜）がいます。ロルドンは肩書きとしては経済学者ですが、二一世紀の新自由主義的な資本主義を説明するにあたってとりわけスピノザの思想を導入するかたちで哲学的な政治経済学を構想している点で、本書で紹介するに十分に値するでしょう。

ロルドンの関心は、資本主義の構造において個々人の欲望や情動がどのように働いているのかにあると言えるでしょう。その主著のうち、『資本主義、欲望、隷属——マルクスとスピノザ』（邦題『なぜ私たちは、喜んで〝資本主義の奴隷〟になるのか？——新自由主義社会における欲望と隷属』）、

『情動の社会――情動の構造主義のために』（邦題『私たちの〝感情〟と〝欲望〟は、いかに資本主義に偽造されてるか？――新自由主義社会における〈感情の構造〉』）は日本語で読めます。

ロルドンによれば、初期の資本主義において、賃金労働者は飢えや貧困を刺激としていたとされます。そうした状況からの解放こそが彼らの欲望となっていた。これに対し、二〇世紀のいわゆるフォーディズムにおいては、彼らの欲望は、貧困からの解放ではなく、商品消費というかたちで外部に向けられるようになる。テレビ・洗濯機・冷蔵庫の「三種の神器」こそが労働者の夢だった昭和の時代を思い浮かべていただいてもよいかもしれません。それに対し、現在の新自由主義は欲望が内在的になるとロルドンは言います。つまり、労働そのものにおける「使命達成感」や「自己実現」などが目指すべきものとなっている、というわけです（もちろん、こうした「自己実現」の風潮も、社会的な影響を受けたものにほかなりません）。

ロルドンは、マルクスは資本主義的な社会的関係を説明する点では優れていたとして評価しています。たとえば、ロルドンは、有名なトマ・ピケティの『21世紀の資本』を批判し、ピケティは「資本」のことを金持ちの資産のことだと誤解しているが、マルクスにおいてはそもそも「資本」とは貨幣的関係に賃金労働関係が加わった社会的関係だと考えられているとし、このマルクスの立場を評価します。しかし、ロルドンによれば、マルクスでさえ、こうした社会的関係の基盤において人々を駆り立てている感情、情念、潜勢力といった次元には注目していなかった。そして、この点でこそスピノザが重要になると言うのです。

ロルドンが注目するのは、スピノザの「コナトゥス」概念です。コナトゥスとは自存力とか自己保存の力と言われますが、各々の存在を支える根本的なエネルギーのことです。自らの存在を駆り立てる欲望・情念としてもよいかもしれません。

このような「情動」の観点から現代の資本主義を見てみると、そこでは人々が、「やりがい」や「自己実現」を通じてあたかも自発的にそうした社会体制に従属していくような「自発的な隷従」（ラ・ボエシ）の状況があるのではないか、という問いを発することができるわけです。

もちろん、こうした情動は従属のための動因にもなりますが、解放のためのエネルギーにもなります。ロルドンはこうした立場から、たとえば二〇一六年三月以降に生じた「ニュイ・ドゥブー」と呼ばれる新自由主義的な労働法改正に反対する大規模なデモにも参加し、現在のフランスにおける新自由主義への抵抗運動のなかの理論的なリーダーとなっています。

コラム　フランスのデモ

フランスに行ったことがある方ならおそらくは体験したことがあると思いますが、フランスはデモやストライキが頻繁に起きる国です。

しかしこれをフランス革命の伝統というのは、労働争議に限るとそれほど正しくはありません。フランス革命では労働者の権利ではなく自由主義のブルジョワ階級の権利が優先されていましたので、ギルドなどの中間団体の廃絶の名のもとで、労働者の団結権も禁止され、ストライキなどの団体交渉は非合法だったのです。

それでも産業革命の時代である一九世紀を通じ、労働者たちが自らの権利を擁護すべくまさに血まみれの争議が行なわれ、ついに一八六四年に団結権が認められ、労働組合が合法的に結成されることになります。こうした展開の背景には、サン＝シモン、フーリエ、プルードンといった思想家たちも無関係ではありませんでしたし、マルクスが観察していたのもまさにこの時代のフランスだったわけです。

一八九五年にはフランス労働総同盟（CGT）が結成され、その後も大きな影響力を保つにいたります。その後、フランスの労働運動は、有給休暇制度、週三五時間労働制など、さまざまな権利を獲得してきました。戦後も目立った政策、とりわけ年金や労働条件に関する政策が提案されると、大規模なストライキやデモが頻発します。

近年の例では、二〇〇六年には時のドヴィルパン首相のもと、初期雇用契約法案が提案されますが、同法案は若者の雇用促進のためという目的とは裏腹に、経営者が解雇権を拡大し雇用の流動化を狙うものとして激しい反発に遭います。高校生たちも立ち上がりデモやスト

パリのレピュブリック広場で「ニュイ・ドゥブー」の抗議運動に参加した人々。うしろにはフランス共和主義の象徴マリアンヌ像が見える

ライキが全国規模に広がり、法案は撤回され、ドヴィルパンは失脚します。さらに、一九九五年、二〇一九年や二〇二三年にも年金制度の改革をめぐって激しいデモやストライキが展開されました。

こうしたフランスのお家芸とも言えるデモ・ストライキですが、近年は若干その傾向が変わってきています。まず、二〇一六年の「ニュイ・ドゥブー」はいくつかの点で特筆すべきでしょう。これは同年の労働法改正案に抗議するために行なわれたものですが、これまでのように街頭でシュプレヒコールを上げるなどの組織的な活動をするのではなく、共和国広場に集結し「夜通し立つこと」(ニュイ・ドゥブーとはこの意味です)を中心的な活動としていました。しかも、労働組合が主導するのではなく、政府の自由主義的な政策に反対する市民が自発的に集い、SNSを通じて各地に拡散することになります。スペインのマドリッドから始まった「15M運動」、ニューヨークのウォール街を占拠した「オキュパイ・ウォール・ストリート」に呼応するものと言えます。
また、二〇一八年に始まった「黄色いベスト」運動は、燃料税の引き上げ案に抗議して行なわれた抗議運動です。これまでのデモのように集中的に大規模に行なわれるのではなく、毎週土曜日に断続的に行なわれている点、また従来の労働組合の主導ではなく、ソーシャルメディアを活用し、労働組合に所属しない人々が散発的に参加している点も指摘されています。

ブックガイド

北見秀司『サルトルとマルクスⅡ――万人の複数の自律のために』(春秋社、二〇一一年)……サルトル以降のフランス思想における「自律」の問題が多角的に論じられます。アンドレ・ゴルツやカストリアディスの自主管理理論についても、その背景を含め詳しく解説されています。

水町勇一郎『労働社会の変容と再生――フランス労働法制の歴史と理論』(有斐閣、二〇〇一年)……水町氏は労働法を専門とする法学者です。本書は、フランスにおいて労働法が果たした役割を歴史的にまとめるだけでなく、本章でも取り上げたメーダ、シュピオらの理論的な研究についても頁を割いて解説しており、概説書としても最適です。

西谷修編『〝経済〟を審問する――人間社会は〝経済的〟なのか?』(せりか書房、二〇一一年)……アラン・カイエが来日時に日仏の研究者間で行なわれた講演会の記録です。経済学ばかりでなく、人類学や哲学の観点から「経済」のあり方が問い直されます。

重田園江『ホモ・エコノミクス――「利己的人間」の思想史』（ちくま新書、二〇二二年）……重田氏は、フーコー研究から始まり、一九世紀フランス思想の〈社会的なもの〉や「連帯」についても研究を重ねてきました。その立場から「利己的人間」の生成を辿ったのがこの本です。その内容は本書第3章および第10章の議論とも大きく重なっています。

V　フランス哲学の最前線

パリのパンテオンの丘に位置するユルム通りにある高等師範学校。高等教育機関での教員や研究者の養成を目標とするグランゼコール。多くの哲学者はここで学んだ。(PHILIPPE LISSAC / GODONG)

ここまで本書はいくつかのテーマを設定して現代フランスの流れを紹介してきました。ただ、今さらなのですが、フランスの哲学者の特徴は個々の領域にとどまらない幅広い活動をしているところにあります。フーコーならば、医学、心理学、法学、歴史学、政治学、宗教学、ジェンダーといったさまざまな領域にまたがっていますし、フーコーのようなビッグネームでなくてもきわめて多岐にわたる著作を出している人は多くいます。

第V部ではまず、いわゆるオーソドックスな哲学研究という観点から、現在どのような哲学者がいるのかを見ていきます。その後に、「多様な哲学的考察」というかたちで、さまざまなテーマをめぐる哲学者の考察を紹介していきます。

ジョルジュ・カンギレムは、「哲学とは、どんな異質な素材も適切なものとなるような省察である」という言葉を残しています。「哲学」というと、自由とか、認識とか、死とかといった「ザ・哲学」的な概念を扱っている印象がありますが、実際はそればかりではない。一見すると哲学者が取り扱わないように見える「異質」なテーマでも十分に哲学の対象になるというのです。実際、現代フランスの哲学者は、ドローンから植物を経てトライアスロンにいたるまで、「え？ これについても哲学できるの？」というような、幅広いテーマを扱っています。むしろこうした具体的なテーマから入ることで、哲学が馴染みやすくなることもあるのではないでしょうか。

第11章

哲学研究の継承と刷新

†哲学史

フランスの哲学史研究はかなりの厚みがありますが、その多くの著作は専門家向けであることから、基本的にあまり日本語には訳されません。

とはいえ、いささか遡ってみると、歴代の著名な哲学史家の著作がそれなりに日本に紹介されてきたことには驚かされます。プロティノスやストア派研究で知られる**エミール・ブレイエ**（一八七六〜一九五二）の『哲学の歴史』、新トマス主義の哲学者**ジャック・マリタン**（一八八二〜一九七三）の諸著作、**エティエンヌ・ジルソン**（一八八四〜一九七八）の中世哲学・キリスト教神学に関する著作などは、一九八〇年代くらいまで盛んに訳されていました。もう少し新しい世代の**フランソワ・シャトレ**（一九二五〜一九八五）による『西洋哲学の知』はギリシアから二〇世紀にいたるまでの西洋哲学の通史の教科書で、邦訳にして全八巻ある大著です。フランスで西洋哲学史がどのように語られているかを知る手がかりになるでしょう。

ちなみにシャトレはギリシア哲学を専門とする哲学史家ですが、書斎に閉じこもり現実の社会的・政治的問題から距離をとるのではなく、アルジェリアの反植民地主義運動、〈六八年五月〉など二〇世紀のさまざまな激動に関わっています。パリ大学ヴァンセンヌ校の設立メンバーで、デリダらと国際哲学コレージュの立ち上げにも関わった人でもあります。

個別の時代ごとに、現代フランス哲学の枠内に入りうる哲学者・哲学研究者を概観しておきましょう（ここでも邦訳のあるものに限ります）。

古代ギリシアに関しては、文庫クセジュ『プラトンの哲学』（二〇〇五年）の著者**ジャン＝フランソワ・マテイ**（一九四一〜二〇一四）は、長らくニース大学で教鞭をとっており、プラトンやピタゴラスといった古代ギリシア哲学はもちろん、ハイデガーやカミュについての著作もあります。

また『ノスタルジー』（二〇一三年）と題された著作で、古代ギリシアの英雄オデュッセウスやアエネアスからハンナ・アーレントまで「我が家にいるとはどういうことか」についての精神史を描きだした**バルバラ・カッサン**（一九四七〜）は、専門としてはパルメニデスやソフィストなどの古代ギリシア研究です。彼女の編んだ『ヨーロッパの哲学語彙――翻訳しがたいものの辞書』（二〇〇四年）は英訳もされ高く評価されています（序文のみ邦訳があります）。

中世哲学研究もフランスでは盛んですが、日本語で読めるオーソドックスなものとしては**アラン・ド・リベラ**（一九四八〜）の『中世哲学史』や『理性と信仰』くらいかもしれません。

近代に入ると、デカルトについては、専門的なものも含めてかなり邦訳が進んでいる印象があります。とりわけ日本独自編集の『現代デカルト論集1――フランス編』（一九九六年）では、アンリ・グイエやマルシャル・ゲルーといった超大御所からジャン＝リュック・マリオンまでフランスの錚々《そうそう》たるデカルト研究者の論考が読めます。また、同論集にも参加している**ジュヌヴィエーヴ・ロディス＝ルイス**が文庫クセジュのために書いた『デカルトと合理主義』（一九六六年）は古典的な入門書です。マリオン以降のフランスでのデカルト研究を主導するのは**ドゥニ・カンブシュネル**ですが、彼の『デカルトはそんなこと言ってない』（二〇一五年）は、一般的な通念を専門家が解体していく妙技が見られます。

スピノザに関しては、文庫クセジュ『スピノザ入門』（二〇一九年）の著者**ピエール＝フランソワ・モロー**をはじめ、いわゆる哲学史的な研究もフランスでは鋭意行なわれていますが、ドゥルーズの著作を筆頭に、多種多様な読まれ方がされています。

ただし、**ピエール・マシュレ**『ヘーゲルかスピノザか』（一九七九年）やバリバールなど、かつてアルチュセールの薫陶を受けた思想家が総じてスピノザに関心を抱いているのは特徴的です。あるいは、**バリバール**の『スピノザと政治』（一九八五年）もそうですが、先述の**フレデリ**

ック・ロルドンも含め、スピノザの政治哲学的な側面に焦点を当てているものが多いのもその特徴と言えるでしょう（ここにはイタリアのアントニオ・ネグリのスピノザ論も加える必要があるでしょう）。かつての思想のパラダイムを形成したヘーゲル／マルクスに対するオルタナティブとしてスピノザが挙げられるという側面があるかもしれません。

そのほか、スピノザについては多彩な読解が邦訳されています。ドゥルーズの影響を大きく受けた哲学者**ジャン＝クレ・マルタン**は、画家フェルメールとスピノザの関係性に迫る『フェルメールとスピノザ』（二〇〇九年）を著しています。また、哲学や宗教に通じた編集者・作家としていくつかの本がベストセラーにもなっている**フレデリック・ルノワール**の『スピノザ——よく生きるための哲学』（二〇一七年）は入門書としても役立つでしょう。

ライプニッツについては、**ドゥルーズ**の『襞——ライプニッツとバロック』や**セール**の『ライプニッツのシステム』（一九六八年）などの重要な著作に加えて、いわゆるフランスのライプニッツ研究の中心にいた**イヴォン・ベラヴァル**『ライプニッツのデカルト批判』（一九六〇年）のほかは、入門書として文庫クセジュで**ルネ・ブーヴレス**（後述のジャック・ブーヴレスのいとこでカール・ポパーなどを専門にしています）による『ライプニッツ』（一九九四年）が出ているくらいです。

カントはもちろん現代フランス哲学のなかでさまざまなかたちで言及されています。**フーコ**

ーの博士論文は『狂気の歴史』ですが、実はフーコーはその副論文にカント人間学の仏訳および序文を書いていました。長らく草稿状態にとどまっていたフーコーのカント論も『カントの人間学』として二〇〇八年にようやく公刊されました。

ただ、現代フランス哲学におけるカント読解の傾向と言えば、やはり『判断力批判』が大きいでしょうか。とりわけ**リオタール**はこれを重視しており、晩年には集中的な関心を寄せています。その考察は『崇高の分析論——カント『判断力批判』についての講義録』としてまとめられています。また、詩人**ミシェル・ドゥギー**の編んだ論集『崇高とは何か』にはナンシー、ラクー＝ラバルト、リオタールのほか、ジャコブ・ロゴザンスキーら現代フランス哲学の最前線の研究者らが集っていますが、そこでもカントは大きな参照項になっています。

ヘーゲルに関しては、**ジャン・イポリット**の『精神現象学』の仏訳に加えて、一九三〇年代の**アレクサンドル・コジェーヴ**の『精神現象学』講義（『ヘーゲル読解入門』）は、二〇世紀の多くの哲学者や思想家に大きな影響を与えました。ただし、構造主義以降、ヘーゲルの近代主義的、進歩主義的な思想は格好の批判の対象となり、正面から論じにくかったかもしれません。もちろん、文庫クセジュ『ドイツ古典哲学』（一九九五年）の著者**ベルナール・ブルジョワ**をはじめ、フランスの哲学研究においてはヘーゲル研究は脈々と続いています。この点では、**デリダ**が『弔鐘』（一九七四年）でジュネ論と並べて展開したヘーゲル論や、**ジャン＝リュック・ナ**

ンシーの『ヘーゲル――否定的なものの不安』(一九九七年)などは貴重な例外かもしれません。

こうした気運を一掃するかのようなヘーゲル解釈を提示したのは**カトリーヌ・マラブー**の『ヘーゲルの未来』(一九九四年)でしょう。マラブーは、ハイデガーやデリダをもとにヘーゲルを読み直して、「可塑性《かそせい》」という概念を提示します。可塑性とは、形態の生成を解体を同時に含むもので、彼女の鍵概念となっています。また、先述の**ジャン=クレ・マルタン**も『哲学の犯罪計画――ヘーゲル『精神現象学』を読む』において、ヘーゲルの主著に見られる主体の生成のドラマを一つの犯罪計画として読み直すという興味深い試みをしています。

また、こうした個々の著者のヘーゲル論というより、フランス現代思想全体におけるヘーゲルの影響としては、**ジュディス・バトラー**の『欲望の主体――ヘーゲルと二〇世紀フランスにおけるポスト・ヘーゲル主義』(一九八七年)が、サルトルから、ラカン、フーコー、デリダ、ドゥルーズにいたる系譜を克明に辿っています。

ベルクソンについては、邦訳がいくつもの版で刊行され、またドゥルーズやジャンケレヴィッチによるベルクソン論なども邦訳されていますが、そのほかフランスの研究者によるベルクソン論の邦訳は思いのほか少ない印象があります。ジャン=ルイ・ヴィエイヤール=バロン『ベルクソン』(文庫クセジュ)、マリー・カリウの『ベルクソンとバシュラール』、ジャン=リュック・ジリボンの『不気味な笑い――フロイトとベルクソン』などがあります。

とはいえ、近年は日本とフランスのベルクソン研究者の共同研究が非常に盛んで、そのためフランスにおけるベルクソン読解についてもかなり風通しがよくなっています。共同研究をまとめた『ベルクソン『物質と記憶』を解剖する』『ベルクソン『物質と記憶』を診断する』『ベルクソン『物質と記憶』を再起動する』という三部作では、高等師範学校で教鞭をとるフレデリック・ヴォルムス、トゥールーズ大学教授でとりわけ生物学との関連からベルクソン研究を主導するポール＝アントワーヌ・ミケル、パリ西大学准教授で相対性理論など物理学の観点からベルクソン研究を行なうエリー・デューリングら、フランスでのベルクソン研究をリードする研究者らの論考を読むことができます。

コラム

文庫クセジュ

もし読者のなかで、日本の研究者による解説ではなく、フランスで哲学がどのように教えられているのかに関心をもつ方がいらしたら、前掲のシャトレ『西洋哲学の知』に加えて、白水社から公刊されている文庫クセジュをお勧めします。「クセジュ」とはフランス語で Que sais-je?、モンテーニュの言葉として知られる「私は何を知っているか」という意味です。

白水社の文庫クセジュは、フランスの学術系出版の老舗であるフランス大学出版局によって一九四一年から刊行されている一般向けの入門書シリーズを翻訳したものです。フランス版岩波新書と言えるでしょう。フランスではすでに四〇〇〇タイトル以上が刊行されていますが、そのうち一〇〇〇タイトル以上が日本語で読めるのです。

ジャンルとしても、哲学はもとより、歴史や政治などの社会科学から自然科学、さらには芸術までさまざまなものがあります。

それぞれのテーマについて、その分野の大御所や一流の研究者が執筆していることが多く、フランスでの議論の広がりを直接知ることができます。

他方で、フランス語版のほうは一冊一二八ページを厳守しており、できるだけ一般の読者にも届くような工夫がされています。

本書で登場した哲学者で言えば、リオタール『現象学』、ドミニック・ルクール『科学哲学』、セルジュ・ラトゥーシュ『脱成長』などが特筆すべきでしょう。

†フランス現象学のその後①

フランス現象学はサルトル、メルロ＝ポンティ、レヴィナス、アンリにとどまりません。先に紹介したような「神学的転回」と呼びうる傾向は確かにありましたが、それはけっして全体を覆い尽くしたものではありません。以降も、多くの研究者がさまざまな観点から現象学研究を発展させています。

もとより、現象学の創始者エトムント・フッサールの遺稿はナチスの迫害から逃れるためにベルギーのルーヴァン大学に保管されましたが、パリの高等師範学校にも遺稿のコピーを閲覧できるフッサール・アーカイヴが置かれ、フランスは現象学研究の中心の一つとなっています。アカデミックな哲学研究の領域としては、哲学史、分析哲学を凌《しの》いで、今もなおもっとも活発な研究がなされている分野とも言ってもよいかもしれません。

八〇年代以降のフランス現象学研究を支えたのは、いずれも四〇年代に生まれた、ジャン＝リュック・マリオン（一九四六〜）、ジャン＝フランソワ・クルティーヌ（一九四四〜）、ディディエ・フランク（一九四七〜）、フランソワーズ・ダステュール（一九四二〜）らでしょう。ただし、こうした研究はきわめて専門性が高く、日本語にはあまり紹介されていません。ここでは邦訳書が出ている人に限るという本書の方針に反してしまいますが、全体的な流れを見ていきましょう。

大きな特徴としては、英語圏の現象学が心理学や認知科学、行動科学など実践的関心を強めるのに対し、フランスの現象学は、哲学史との関連を意識する傾向があります。とりわけ、邦訳のある論集『現象学と形而上学』（一九八四年）には、**ジャン＝リュック・マリオン**を筆頭に、この分野の第一人者たちが揃って論考を寄せています。

この論集にも寄稿しているソルボンヌ大学哲学科の**ジャン＝フランソワ・クルティーヌ**は、マリオンとともに、八〇年代以降のフランスでの哲学研究・哲学教育の中心的な位置にいた人です。ハイデガー研究を軸としつつ、スアレス論、シェリング論、レヴィナス論など多くの著作がありますが、いずれも未邦訳です。デカルト、ドイツ観念論といった先行する哲学史と現象学との関連を意識するところに特徴があるでしょう。

ディディエ・フランクは、パリ第一〇大学（ナンテール校）で長らく教鞭をとった現象学研究者です。とくにフッサールやハイデガーにおける「身体」「物体」「空間」という主題を論じたことでも知られています。この方面でのフッサール論『身体と物体』（一九八一年）やハイデガー論『ハイデガーと空間の問題』（一九八六年）は未邦訳ですが、両者にさらにレヴィナスをも組み込んだフランクの現象学思想の概要は『現象学を超えて』（二〇〇一年）で見ることができます。レヴィナス論としてはさらに『他者のための一者――レヴィナスと意義』（二〇〇八年）も訳されています。他方で、ニーチェやキリスト教思想にも通じており、ハイデガーのニーチェ解釈に異議を唱えるかたちでの『ハイデッガーとキリスト教』（二〇〇四年）という著作もあります。

フランソワーズ・ダステュールは、ニース大学で長らく教鞭をとりました。とりわけハイデガーを専門とし多くの著作があります。フッサールの『現象学的心理学』の仏訳や、さらにメダルト・ボスの『精神分析と現存在分析論』の仏訳など、現象学的な観点からの心理学や精神病理学をフランスに導入することにも貢献しました。子ども向けに書かれた哲学書『死ってなんだろう』のみ邦訳があります。

その他、フランスのハイデガー研究としては、『『存在と時間』註解』(二〇〇二年)の邦訳がある**ジャン・グレーシュ**(一九四二〜)も重鎮の一人です。彼はパリ・カトリック学院で長らく教鞭をとり、ハイデガーや解釈学の領域で研究をリードしました。解釈学については、カナダのモンレアル(モントリオール)大学で教鞭をとる**ジャン・グロンダン**は、ハンス＝ゲオルク・ガダマー研究をはじめフランス語圏における解釈学研究の第一人者です。文庫クセジュでの入門書『ポール・リクール』『宗教哲学』『解釈学』はいずれも日本語で読めます。

また、同じフランス語圏ということでは、ルーヴァンにフッサール文庫を擁するベルギーは、現象学研究が今もなお盛んです。

なかでも、**ジャック・タミニオー**(一九二八〜二〇一九)は、ナチからフッサールの遺稿を守ったファン・ブレダ神父とともに、ルーヴァンでのフッサール文庫の管理に携わります。とりわけハイデガーに関する現象学研究を主軸としますが、関心の幅は驚異的で、古代ギリシアからカント、ヘーゲルを経てアーレントやデリダにいたるまで、しかも分野的にも哲学のみならず美学や政治まで広がる関心のもと興味深い論考をいくつも発表していました。ボストンでも教鞭をとり、英語圏でも多くの論考を発表しています。

ベルギーとの関わりでは、**アンリ・マルディネ**(一九一二〜二〇一三)も漏らすことができません。マルディネはフランス生まれですが、ベルギーでも教鞭をとりました。現象学はもとより、美学や精神病理学をまたいだ領域で多くの論考を残します。エルヴィン・シュトラウスやルートヴィヒ・ビンスヴァンガーなどの現象学的精神病理学をフランスに導入し、日本の精神科医木村敏《びん》にも度々言及をしています。

ブリュッセル自由大学にて教鞭をとっていた**マルク・リシール**(一九四三〜二〇一五)は、若かりし頃は雑誌『テクスチュール』にてルフォールやゴーシェらと親交がありましたが、その後はフィヒテをはじめとするドイツ観念論からフッサール現象学にまたがり、言語、身体、現象概念などをめぐる骨太の独自の現象学思想を展開しています。邦訳に『身体——内面性についての試論』のほか、インタビューによる『マルク・リシール現象学入門』があります。

†フランス現象学のその後②

以上の哲学者たちがおおむね八〇年代以降のフランス現象学研究を先導したのに対し、後続世代は現象学を基盤としつつ、その関心をいっそう広げていきます。

ジャコブ・ロゴザンスキー（一九五三〜）は、とりわけフッサールからメルロ＝ポンティを経てミシェル・アンリにいたる「身体／肉」の現象学に一貫した関心を示しつつ（『我と肉――自我分析への序論』）、他方で、メルロ＝ポンティの弟子でもあった政治哲学者ルフォールがカントローヴィッチらの仕事を継承して展開した「身体」としての政治体をめぐる思索からも大きな影響を受け、「政治的身体」をめぐる現象学と政治哲学を架橋する研究を行なっています（『政治的身体とその〈残りもの〉』）。さらに、デリダが中心になって創設した国際哲学コレージュのディレクターを長年務め、ジャン＝リュック・ナンシー、フィリップ・ラクー＝ラバルト、ジェラール・ベンスーサンらとともにストラスブール大学哲学科の一翼を占めました。『ジハード主義』など現代の社会的・政治的な問題についても多くの考察を発表しています。

ルノー・バルバラス（一九五五〜）は、九〇年代以降のフランスでのメルロ＝ポンティ研究を先導する研究者です。一九六一年に五三歳で早逝したメルロ＝ポンティはもちろんその後も影響を与え続け、日本でも、グザヴィエ・ティリエットやベルナール・シシェールをはじめフランスでのメルロ＝ポンティ研究がいくつか紹介されています。ただし、フランスにおいて学術的な研究対象としてのメルロ＝ポンティ研究を主導したのはソルボンヌで長年教鞭をとるバルバラスでしょう。その後も、エマニュエル・ド・サントベールの草稿研究やマウロ・カルボーネの芸術論など、さまざまなかたちでメルロ＝ポンティ研究が展開されています。

ナタリー・デプラス（一九六四〜）は、フッサール現象学に関する他者性や身体性の問題から出発し、フッサールやオイゲン・フィンクらのドイツ語のテクストの仏訳にも携わります。その後、オートポイエーシス論で知られるチリの認知科学者フランシスコ・バレーラに共鳴し、現象学と認知科学とを融合させた神経現象学と呼ばれる領域の研究を活発に続けています。

フランソワ＝ダヴィッド・セバー（一九六七〜）は、なかでもレヴィナスおよびデリダを主な対象とし、彼らの思想の輪郭を浮かび上がらせようとしています。その主著『限界の試練――デリダ、アンリ、レヴィナスと現象学』では、ミシェル・アンリを加えた三者の「フランス現象学」を、内在と超越、現れるものと現れないもの、贈与、亡霊といった諸問題を「限界」という角度から論じています。並行して、リオタールやマリオンなどフランス現代思想の全体的な布置を描き出そうしています。また、セバーは現在はかつてレヴィナスがいた講座を引き継ぎパリ西大学（旧パリ第一〇大学／ナンテール校）に在籍していますが、その前はベルナール・スティグレールの後任としてコンピエーニュ技術大学で教えていました。日本には紹介されていませんが、その関係で技術哲学の分野でもいくつもの考察を行なっています。

ジョスラン・ブノワ（一九六八〜）は、一九世紀から二〇世紀初期の現象学の源流とも言うべきフランツ・ブレンターノやアレクシウス・マイノングの研究から出発し、その後、現象学と分析哲学を架橋する幅広い関心のもとで旺盛に研究を進めています。日本語で読めるものとしては、今のところ、専門誌での論文翻訳のほかはマルクス・ガブリエルの『新実存主義』(二〇一八年)に論者として登場するくらいなのですが、現代のフランスにおける哲学研究・教育の両面できわめて重要な位置を占めています。

コラム　フランスで哲学者になるには

フランスで哲学者ないし哲学研究者として活動している人は、どうやってそうなったのでしょうか。もちろん例外もありますが、定番と言えるルートがあります。

フランスの大学と言えば「ソルボンヌ大学」が有名でしょう。実際、教授陣は各々の分野でトップレベルの研究者です。しかし、実は、とくに哲学に関しては、教授のほとんどはソルボンヌ大学の出身ではないのです。

フランスのいわゆる「大学」は日本のような大学ごとの選抜試験は行なっていません。入学希望者はバカロレア試験と呼ばれる全国共通の高等教育終了試験に合格すれば、基本的には自分の好きなところに登録ができます(人気のところは審査があったりするようです)。もちろんその分、単位がとれなければ次の年度に進めず放校(退学)になりますが……。

いずれにしても、こうした「大学」とは別に、エリート養成機関として「グランゼコール」という制度があります。グランゼコールは、哲学に限らず、政治・法学・工学・商学などさまざまな分野にあります。たとえばフランスの大統領や官僚の多くは国立行政学院（ENA）の卒業生ですし、大企業の経営者などは経済商科大学院（ESSEC）や高等商業学校（HEC）の卒業生が多いです。各分野で専門的な仕事をするためには、このグランゼコールに入るのが一般的なルートになっています。

哲学者を目指す人は高等師範学校（ENS）に入ります。高等師範学校は現在全国に四つありますが、もっとも有名なのはパリのパンテオンの丘にあるユルム校でしょう。

ただし、高等師範学校に入学するまでがまず大変です。高校卒業後すぐにここに入学する人は稀で、多くは高校附属の準備クラスと言われる特別クラスでいわば浪人生活をします。有名な準備クラスとしては、アンリ四世校やルイ・ルグラン校などがあり、ソルボンヌ大学の目と鼻の先にあります。

晴れて入学してもそれで終わりではありません。その後に、哲学を教えることができるためには、こちらも全国共通の教授資格試験（アグレガシオン）を受けなければなりません（これは哲学に限ったことではなく各分野にこの試験があります）。毎年テーマが発表され、古代から現代までさまざまな分野の哲学を熟知することが求められます。

高等師範学校には大学院がありませんので、大学院に関してはソルボンヌ大学などの大学設置の大学院に所属し、そこで博士論文を書くことになります。

しかし、博士論文を書いたからといってすぐに大学に就職できるわけではありません。ただでさえ狭き門ですし、ポストに空きがないこともあります。そのため、高校で哲学を教えたり、海外の大学にポストを探す人もいます。なかでも優秀な研究者は、フランス国立科学研究センター（CNRS）の有給の研究員として活動するという道もあります。

大学に准教授として採用されたとしても、日本のように自動的に同じ大学で教授になれるわけではありません（そもそもフランスには私立大学がほとんどないため一律の制度が適用されることもあります）。博士論文の後も、教授資格審査を通過するために、さらにもう一つの論文（多くの場合は一冊の研究書）を仕上げる必要があります。

本書に出てくる哲学者・哲学研究者の多くはこうした試練を乗り越えてきた人々なのです。

†ジャック・ブーヴレスとフランスの分析哲学

フランスでは、英語圏の文化への対抗意識からでしょうか、デカルト由来の自国の伝統への誇りからでしょうか、分析哲学をはじめ英語圏の哲学へのアレルギーのようなものが散見されるように思います。しかし、先述した科学認識論のなかから、**ジュール・ヴュイユマン**や**ジル＝ガストン・グランジェ**といった研究者が、科学哲学・数理哲学・分析哲学の方面での研究を進めてきました（ヴュイユマンは邦訳はありませんが、グランジェには『哲学的認識のために』および『科学の本質と多様性』の翻訳があります）。

分析哲学といえば、とりわけウィトゲンシュタインが重要ですが、その初期の著作『論理哲学論考』については、一九六一年に、なんと文学者のピエール・クロソウスキーによる仏訳がなされており、五〇年代よりいくつかの研究は出されていました。しかし、本格的な研究という面では、**ジャック・ブーヴレス**（一九四〇～二〇二一）を待たねばなりませんでした。

ブーヴレスは、パリ第一大学教授を経て、一九九五年以降、コレージュ・ド・フランスで言語と認識の哲学講座を担当しました（二〇一〇年に退職）。彼の研究以降、フランスでもウィトゲンシュタインはもとより、英語圏の分析哲学の研究は徐々に広まっています。

ブーヴレスは、ウィトゲンシュタイン研究を主軸として、フレーゲやラッセルにつながる分析哲学、さらには二〇世紀初頭のウィーン文化についても通暁しています。ただし、ブーヴレスは、『哲学の自食症候群』『合理性とシニシズム』『アナロジーの罠――フランス現代思想批判』といった著作において、いわゆる「フランス現代思想」ないし「ポスト構造主義」に対して厳しい批判を展開しており、日本では、分析哲学の研究者としてよりは、こうした「フランス現代思想」批判者として紹介されてきた側面があります。

ウィトゲンシュタイン研究に関しては、独我論や私的言語の問題を取り上げた主著『内面性の神話』(一九七六年)は未邦訳ですが、実はいくつかの著作が翻訳されています。数学の哲学を扱った『規則の力——ウィトゲンシュタインと必然性の発明』や、フロイトの精神分析と結びつけた『ウィトゲンシュタインからフロイトへ——哲学・神話・疑似科学』、さらにフレーゲの論理学なども参照し、ナンセンスとは何かに迫る『言うことと、なにも言わないこと——非論理性・不可能性・ナンセンス』があります。

ちなみに、フランスの分析哲学研究黎明期の一九六〇年前後に、しかもきわめて意外なことに、古代ギリシア哲学や新プラトン主義などの古代哲学研究の大家として知られる**ピエール・アド**(一九二二〜二〇一〇)が若かりし頃にウィトゲンシュタインについての論考をいくつか書いていたことが、近年に公刊された論集『ウィトゲンシュタインと言語の限界』(二〇〇四年)で明らかになりました。いわゆる分析哲学には進まなかった学者の視点から「言語の限界」の問いがどう考えられていたのかは興味深いものがあります。アドについては、自伝的な対話『生き方としての哲学』、ヘラクレイトスを起点に古代ギリシアの「自然」概念を辿る『イシスのヴェール——自然概念の歴史をめぐるエッセー』が翻訳されています。

†フーコー以降

以上は、学説史的に現在のフランスにおける哲学研究の状況を見てきましたが、ここでも

「フーコー、ドゥルーズ、デリダ」の影響はとても強く残っています。それぞれの影響関係などを簡単に見ておきましょう。

フーコーは、長らく教鞭をとったコレージュ・ド・フランスが一般の大学と異なり学生指導を行なわないこともあったためか、いわゆる「フーコーの弟子」に相当する人はあまりいません。とはいえ、その思想の独創性・多様性ゆえさまざまな分野で大きな影響を与えています。

たとえば、フーコーの系譜学的アプローチは歴史学の分野にも影響を及ぼします。**ミシェル・ド・セルトー**は、フランス神秘主義研究から出発した歴史家ですが、〈六八年五月〉に大きな影響を受けると同時に、フーコーに共鳴し、『日常的実践のポイエティーク』（一九八〇年）では、管理・規律から逃れる「他者」「異人」に注目した日常的実践についての歴史学的な考察を試みます。あるいは、古代ローマ史の専門家**ポール・ヴェーヌ**は、フーコーと学生時代から親しく、コレージュ・ド・フランスでも同僚であったことから、その人となりを綴る評伝『ミシェル・フーコー――その人その思想』（二〇〇八年）を残しています。

また、とりわけ『狂気の歴史』を筆頭とするフーコーの科学認識論的なスタイルはきわめて多くの追随者を輩出しています。この分野でフーコーの影響を受けていない人のほうが少ないくらいなので、ここで網羅的に挙げることはできません。そのなかでも、文庫クセジュで『ミシェル・フーコー』を書いている**フレデリック・グロ**は、フーコーの講義録や『性の歴史』第四巻の校訂編集でも知られているフーコー研究者です。彼は『フーコーと狂気』ないし『創造と狂気——精神病理学的判断の歴史』などで狂気をめぐるフーコーの研究を引き継いでいます。あるいは、先述のようにグレゴワール・シャマユーの『人体実験の哲学』は、フーコーと同様に医学の分野での知・権力・技術の結合の系譜学を追うだけでなく、フーコーの見立てに更新を迫る気鋭の書です。

他方で、統治性や生政治をめぐるフーコーの考えは哲学のみならず社会学や政治学をはじめとする幅広い影響を与えました。先述のように、一九八〇年代以降の**ジャック・ドンズロ**や**フランソワ・エヴァルド**らの研究は〈社会的なもの〉をめぐるこうした研究に拍車をかけることになりました。福祉国家についての思想史的な再検討もそうですし、先述の**クリスチャン・ラヴァル**らの新自由主義／ネオリベラリズムにおける新しい権力／統治性についての考察でも、フーコーの発想が今もなお重要な源泉となっています。

†デリダ以降

デリダもまた他方面で多大な影響を与えました。いわゆる「デリダ派」と呼ばれるデリダに近しかった哲学者・思想家は、**ジャン゠リュック・ナンシー**、**フィリップ・ラクー゠ラバルト**、**エレーヌ・シクスー**、**ベルナール・スティグレール**など多くの名前を挙げることができます。

ただ、意外に思われるかもしれませんが、フランスで「デリダ研究」というのはあまり進んでいません（現在講義録が続々と公刊されていますので、今後は変わるかもしれません）。その理由はいくつかあります。

一つは、フーコーやドゥルーズらと異なり、デリダがかなり後年まで現役で活躍していたことがあるでしょう。現役の哲学者については論じにくいという傾向は確かにあったと思います。また、デリダが教鞭をとった社会科学高等研究院は、哲学科のある伝統的な「大学」とは異なる組織であり、いわゆる学問的な「弟子」のような人はあまりいませんでした。

デリダ研究に関しては、デリダが頻繁にアメリカに赴き講義やセミナーを開催していたこともあり、むしろ英語圏に多くの蓄積があります。批評理論の**ポール・ド・マン**、ポストコロニアリズムの**ガヤトリ・スピヴァク**、脱構築神学の**マーク・C・テイラー**、脱構築法学の**ドゥルシラ・コーネル**など独自の思想の展開が見られます。

他方で、それでは現代フランスではデリダがいわば等閑視されていたのかというと、そんなことはまったくありません。むしろ、現代フランス哲学をリードしてきた人々はみなデリダを直接・間接に知っており、マリオン、ダステュール、タミニオー、ロゴザンスキー等々、本章で紹介した多くの哲学者・哲学研究者もそれぞれデリダ論を執筆していますが、それがその人の「専門」にはなっていないということです。

あるいは、デリダが中心となって設立した国際哲学コレージュには、デリダの思想に近しい人々が集っていますが、そこでもデリダを特権化することなく、各自でさまざまな議論を展開している点に特徴があります。いわば、デリダは、権威となるよりも、多くの友人にさまざまな「場」を開いてきたと言っていいかもしれません。

そのなかでもデリダを引き継いだ哲学者としては、先述の**フランソワ＝ダヴィッド・セバー**に加えて、**カトリーヌ・マラブー**を挙げる必要があるでしょう。これまで幾度も言及してきた哲学者ですが、論集『デリダと肯定の思考』では、アガンベン、ブランショ、リオタール、ナンシーなど多くの現代フランスの哲学者のデリダ論を取りまとめています。すでに紹介したフェミニズムやヘーゲル論のほか、脳科学や精神病理学の方面でも精力的に活躍しています。

また、没後にはデリダを追悼する催しがいくつも開かれましたが、ロンドンで開かれた連続講演『来たるべきデリダ』には、バディウ、ランシエール、バリバールらが文章を寄せています。

近年は、晩年のデリダの関心の一つである動物性の問題について関心が集まっています。**パトリック・ロレッド**『ジャック・デリダ——動物性の政治と倫理』のほか、イタリアの哲学研究者**オリエッタ・オンブロージ**もこの問題について多くの論を展開しています。

さらに、デリダにおける宗教の問題の回帰については先に述べましたが、二〇〇〇年にデリダをめぐる国際シンポジウム「ユダヤ性」を主催した**ジョゼフ・コーエン**と**ラファエル・ザグリ＝オルリ**の二人は、ユダヤ思想との関連で精力的に考察を続けています。

このシンポジウムでのデリダの講演は自分自身のユダヤ性をめぐるもので『最後のユダヤ人』に収められていますが、最晩年の二〇〇三年にパリのアラブ世界研究所で行なわれた公開対談では、デリダの出自であるアルジェリアが主題となりました。対談相手の**ムスタファ・シェリフ**はアルジェリアの哲学者で、このデリダとの出会いを『イスラームと西洋――ジャック・デリダとの出会い、対話』（二〇〇四年）という観点から問い直しています。

†ドゥルーズ＋ガタリ以降

フーコー、デリダに比して、パリ第八大学で長らく教鞭をとったドゥルーズの周りには、ドゥルーズ派と称すべき多くの後継者がいるように思います。何より彼らがそれぞれ独特の多岐にわたる関心を示す点で、ドゥルーズ派の広がりは興味深いものがあります。

まず、**ルネ・シェレール**（一九二二〜二〇二三）は、当初はフッサール研究から出発しましたが、その後フランスにおけるシャルル・フーリエ研究を主導するほか、『歓待のユートピア』（一九九三年）、『ノマドのユートピア』（一九九八年）といった著作で歓待やユートピア概念をめぐる独創的な思索を展開した思想家です。映画監督エリック・ロメールの弟であり、私生活ではギィー・オッカンガムのパートナーでもありました。ヴァンセンヌ校からパリ第八大学に移り、ドゥルーズ＋ガタリからはノマド概念をはじめ大きな影響を受け、ドゥルーズに捧げた著作『ドゥルーズへのまなざし』もあります。

エリック・アリエズ（一九五七〜）は、ドゥルーズのもとで博士論文を書いた哲学者ですが、ガタリやイタリアの政治思想家アントニオ・ネグリらと行動をともにします。ネグリとは雑誌『ムルティチュード』の創刊に立ち会う一方、国際哲学コレージュのディレクターも務めます。未邦訳ですが、主著に、ドゥルーズが序文を寄せた『資本時間』（全二巻、一九九一、九九年）があります。また、ドゥルーズ的な観点からフランスの社会学者ガブリエル・タルドの再興を担う一人でもあります。日本語で読めるものとしては、現象学以降のフランス哲学の潮流をまとめた『現代フランス哲学――フーコー、ドゥルーズ、デリダを継ぐ活成層　ブックマップ』は一九九五年公刊ですが、今なお有益な見取り図を提供しています。

また、アリエズに近い立場にイタリア生まれの社会学者・思想家に**マウリツィオ・ラッツァラート**（一九五五〜）がいます。彼はドゥルーズ＋ガタリの「出来事」の概念に着目しつつ（『出来事のポリティクス』）、何より彼らの資本主義批判を今日の新自由主義社会にアップデートさせることを試みています。「記号」「機械」や「負債」といったキーワードを提示しつつ、資本主義への隷属様式を明らかにしつつ、それに抵抗する方途を探っています（この方面では、『記号と機械――反資本主義新論』、『〈借金人間〉製造工場――〝負債〟の政治経済学』があります)。
以上はどちらかというと政治思想的な色彩が強いですが、とりわけドゥルーズの思想は、すでに哲学研究の対象にもなっています。**ピエール・モンテベロ**(一九五六〜)は、トゥールーズ大学で教鞭をとる研究者で、一方ではニーチェ、他方ではメーヌ・ド・ビランからベルクソンにいたるフランス・スピリチュアリズムの系譜の双方を研究対象にしつつ、ドゥルーズについても多くの著作を書いています。ドゥルーズの映画論や美学論についても書いていますが、日本語で読める『ドゥルーズ 思考のパッション』(二〇〇八年)では、哲学史を横断しながら、「内在」「一義性」「共立性」「自然」「器官なき身体」「美学」といったそれぞれのテーマに「パラドックス」を見出すことでドゥルーズ思想の意義を指摘しています。
ジャン=クレ・マルタン(一九五八〜)は、アルザス地方に在住する哲学研究者で、むしろジャン=リュック・ナンシーと親しい間柄にあった人ですが、哲学的な関心はドゥルーズに向けられており、『ドゥルーズ――経験不可能の経験』(二〇一二年)や『ドゥルーズ/変奏♪』(一九九三年)といった著作があります。とりわけドゥルーズの「多様体」という概念を重視しています。そのほか、すでに言及したスピノザ論やヘーゲル論のほか、美学・芸術論にも造詣が深く『フェルメールとスピノザ』のほか『物のまなざし――ファン・ゴッホ論』もあります。
なお、ドゥルーズにおける美学というテーマに関してはベルギーの哲学研究者**ミレイユ・ビ**

ユイダン（一九六三〜）による『サハラ――ジル・ドゥルーズの美学』（一九九〇年）があります。ちなみにビュイダンは哲学博士号のみならず法学博士号も持っており、現在ではむしろ、知財法や情報メディア法の分野を専門とする弁護士・法学研究者として活躍しています。

ダヴィッド・ラプジャード（一九六四〜）は、パリ第一大学で教鞭をとる哲学研究者で、アメリカのプラグマティズムの哲学者ウィリアム・ジェイムズを一つの専門としつつ、晩年のドゥルーズとも親交があり、没後に公刊されたドゥルーズの論集『無人島』『狂人の二つの体制』の編者としても知られています。そのドゥルーズ論の主著『ドゥルーズ――常軌を逸脱する運動』（二〇一四年）では、まさしく「常軌を逸脱する運動」という観点からドゥルーズの思想全体が縦横に読み解かれます。

他方で、ドゥルーズの盟友であったガタリについても、近年はその継承が目立っています。かつてはバディウやジジェクらによってドゥルーズとの共同作業におけるその役割が過小評価される傾向がありましたが、近年はむしろその再評価が進んでいます。ステファン・ナドーが編んだ『アンチ・オイディプス草稿』（二〇〇四年）ではガタリの役割がむしろ主導的であったことが示され、またフランソワ・ドスによる伝記『ドゥルーズとガタリ――交差的評伝』（二〇〇七年）でもその貢献が評価されています。『人はなぜ記号に従属するのか』『エコゾフィーとは何か』等の論集の公刊もこうした傾向に拍車をかけています。

†アラン・バディウと数学的存在論

アラン・バディウ（一九三七〜）は一九三七年生まれなので、この章で登場させるにはいささか年齢が上なのですが、とはいえ彼こそは、ここまで論じてきた現代フランス哲学のさまざまな潮流を収斂させるかたちで一つの哲学を完成させた人物だということができるかもしれません。一言で言えば、デリダやドゥルーズらの思想に距離をとりつつもたえず対話し、ハイデガー存在論、科学認識論の源流にある数理哲学、精神分析、そしてマルクス主義的な政治的実践はもとより、倫理や芸術にいたるまで、すべて取り込むかたちで独自の存在論哲学を構築したのです（さらには、小説や戯曲まで書いています……）。

経歴をまず確認すると、最初はサルトルの影響を受けますが、その後アルチュセールの研究グループに参加し、またさらにラカンの精神分析の影響も強く受けます。〈六八年五月〉では毛沢東主義グループに属し活動家としても活発に活動しますが、その直後、フーコーの招きで先述のパリ大学ヴァンセンヌ校に着任します。政治活動家としてのバディウは当初ドゥルーズに対してきわめて批判的でしたが、その後思想的に共鳴するようになり、『ドゥルーズ――存在の喧騒』という本も書くことになります。

バディウ自身の哲学的な主張は数学的存在論にあると言ってもよいかもしれません。いささか複雑ですが、これはプラトンからハイデガーにいたるまで西洋哲学が問題にしてきた「存在」とは何かという問いに、数学（もっといえば集合論）によって答えようとするものです。「存在」って「そこにあるもの」でしょ？　と思われるかもしれませんが、そういうとき、人は「存在」ではなく「存在者」のことを考えている。「存在者」がありうるための「存在」そのものとは何か、「存在者」を生じさせる原理は何か、これを問題とするのです。

プラトンはこれに「善のイデア」と答えました。ハイデガーは「生起（Ereignis）」という複雑な用語で説明しようとします。これに対しバディウは、カントールからゲーデルにいたる集合論に依拠し、まさしく集合論のいう「空集合」にこそ存在者を現前化させるような「存在」の役割を見出したわけです。

バディウはこうした現代フランス哲学のほかの哲学者たちとは逆に、あえてこうした抽象的なかたちで「体系」としての哲学を構築しようと試みていますが、けっして孤立しているわけではありません。たとえばバディウは以上のような「存在」からは漏れ出てしまうものを「出来事」と呼ぶのですが、このような視座はまさしくデリダやドゥルーズが問題としていたものにも接近していくでしょう。

また、政治的な問題についても一貫して発言し続けており、『人民とはなにか？』や『民主主義は、いま？』といった論集にも参加しているほか、『コミュニズムの仮説』などを通じて現代における「共産主義」の可能性も探っています。

†カンタン・メイヤスーと思弁的実在論

二〇〇〇年代以降のフランス現代哲学のなかで、国際的にも大きなインパクトを与えたのが、ドゥルーズおよびバディウを引き継ぐ**カンタン・メイヤスー**（一九六七〜）でしょう。

一九六七年生まれのメイヤスーはその主著『有限性の後で』（二〇〇六年）において、西洋哲学の歴史全体の捉え方を転覆せんとする大胆な主張を展開します。この主張は、とりわけすぐさま英語圏の哲学者たちに注目され、「思弁的実在論」という旗印のもとに、「ポスト・ポスト構造主義」の哲学者として世界的に名が知られるにいたります。

メイヤスーは、カント以降の西洋哲学は、ハイデガーのような現象学的存在論であれ、ウィトゲンシュタインのような分析哲学であれ、「相関主義」だと喝破します。相関主義というのは、人間が認識できるのは人間に相関するものに限られる、ということです。ご存じの方も多いと思いますが、カントは「物自体」という概念を考案しました。私たちが認識していると思っているものはあくまでも私たちの感性や概念のフィルターを通したものでしかなく、「物自体」はけっして認識できない、というものです。メイヤスーによれば、それ以降の哲学も、手を替え品を替え、結局は、人間の手の届く範囲を超えた次元については語りえないとしてしまっていると言います。

この相関主義は何が問題なのでしょう。それは、われわれに「相関」しないものを捉えられないことです。相関主義の立場に立てば、今日現代物理学などが明らかにしている「原化石」など、地球上の生命の誕生に先立つ出来事（「祖先以前性」と呼ばれます）について、哲学は何も言うことができなくなります。われわれが直接認識することはできないが科学的には思考可能なもの、新たな哲学はこれを考慮に入れることができなければならないというわけです。

　メイヤスーの議論のもう一つの焦点は、思弁的実在論によって、この世界を統《す》べているはずの必然的な「自然法則」すらも問いの俎上に載せられることです。これまでの哲学は、もちろん個々の事物には偶然的なものもあるでしょうが、それらを支えている条件としての「世界」そのものはけっして偶然的ではないと考えてきました。それを「神」と名づけるにせよしないにせよ、この「世界（universe）」においては、個々の偶然的な事物の背後には必然的な自然法則が隠れていることが大前提でした。

　しかし、私たちの世界がかくあるのも、そしてそこを普遍的な法則が統べているはずであるのも、けっして必然的なことではないはずだ、とまでメイヤスーは言うのです。世界がかくあるのは偶然的な「事実」にすぎず、因果関係を逆に辿れば根源的な原因が見出せるのではない。無論そこにはなんらかの法則は存在するでしょうが、しかし、ヒュームが述べたように、その法則が一瞬先にも通用する保証はどこにもない。こう言ってメイヤスーは、唯一必然的であるのは世界そのものが理由を欠いていること、偶然的であることだと論証してみせるのです。

SF染みた話だ……そう思われる方もいるかもしれません。ただ、メイヤスーの論集『亡霊のジレンマ』に収められたSF論によれば、SFが虚構《フィクション》とはいえ科学《サイエンス》を前提としているのに対し、問題なのは、そうした科学《サイエンス》の法則性が通用しない可能性をも含んだ世界だとされます。こうした考えは、単なる思弁や空想ではありません。たとえば、現代宇宙物理学における「マルチバース（multiverse）」、つまり、私たちのいるこの世界のほかにも複数の世界・宇宙が併存するのは理論的に可能だという説にも通じるものでしょう。

いずれにしても、メイヤスーの考えは、きわめて難解であるにもかかわらず、従来の西洋哲学が離れられなかった人間中心的な思考の枠組みをラディカルに問い直すことができるポスト・ヒューマン時代の哲学として、多くの注目を集めました。

主にイギリスの若手の哲学者を中心に思弁的実在論は一つのブームとなり、哲学のみならず、人類学、エコロジー、科学技術論、建築、美学等々の領域に今もなお影響を与えています。

ブックガイド

米虫正巳編『フランス現象学の現在』（法政大学出版局、二〇一六年）……現在フランス現象学が何を問題にしているのかが、日仏の現役の現象学研究者によって示されます。内容はかなり専門的です。

相澤伸依ほか『狂い咲く、フーコー』(読書人新書、二〇二一年)……日本のフーコー研究者らが完成させた大著『フーコー研究』(岩波書店、二〇二一年)をめぐって開催されたシンポジウムの記録。日本の各分野のフーコー研究者が一堂に介したため、フーコー研究の広がりと最前線が一冊でわかります。

齋藤元紀ほか編『終わりなきデリダ――ハイデガー、サルトル、レヴィナスとの対話』(法政大学出版局、二〇一六年)……動物性の問題を中心に、デリダ思想が残した問題や論じられずに残された問題を、ハイデガー、サルトル、レヴィナスらと交差するかたちで検討する論集です。

檜垣立哉ほか編『ドゥルーズの21世紀』(河出書房新社、二〇一九年)……二一世紀にドゥルーズをいかに読むべきか、こちらも第一線のドゥルーズ研究者たちが結集してドゥルーズ思想の現代的な意義を多角的に示します。

グレアム・ハーマン『思弁的実在論入門』(上尾真道、森元斎訳、人文書院、二〇二〇年)……メイヤスーを起爆剤として世界的な広がりを見せた「思弁的実在論」の主張を、そのコアメンバーの一人でもあるハーマンが縦横に語ります。

第12章　フランス哲学の射程

†戦争の哲学

「戦争」は、哲学にとってそれほど「異質」であったわけではありません。哲学の歴史は、プラトンからカントを経て現代にいたるまでつねに戦争とともにあったと言うことすらできます。二〇世紀においても、第一次世界大戦の総力戦の経験、第二次世界大戦における強制収容所や原子爆弾、その後の植民地戦争や核抑止による冷戦などは、それぞれ哲学者たちの考察の的となってきました。

ヒロシマとナガサキの原子爆弾については、サルトルもカミュもジョルジュ・バタイユも即座に反応していますし、全体主義や「アウシュヴィッツ」については先述のようにいくつもの考察があります。アルジェリア戦争については、これもまたサルトルが序文を書いてその存在を知らしめた**フランツ・ファノン**（一九二五～一九六一）のことを忘れるわけにはいきません（それに比べて、旧植民地が独立して以降のアフリカにおける内戦などの状況に対して、フランスの哲学者たちがほとんど関心を示していないのは残念ではあります)。

そのなかでも冷戦の崩壊以降に生じたさまざまな「戦争」に関しては、多くの観点からの考察があります。とりわけ、一九九一年の湾岸戦争以降、科学技術の使用による戦争形態の変容には注目が集まります。

すでに『透きとおった悪』(一九九〇年)において、九〇年代の社会でヴァーチャル化が引き起こすさまざまな変容を克明に綴っていた**ジャン・ボードリヤール**は、湾岸戦争において戦争があたかもテレビショーと化したかのような事態に接し、『湾岸戦争は起こらなかった』(一九九一年)という逆説的なタイトルで、戦争それ自体のヴァーチャル化を論じます。

こうした科学技術の進展による戦争の変容はその後も多くの哲学者の関心をひいています。なかでも、**ポール・ヴィリリオ**は、『幻滅への戦略』(二〇〇〇年)などを通じて、二〇世紀末のコソヴォ紛争をはじめとする戦争に関し、NATOの介入による主権国家の枠組みを逸脱した警察化の試みが、GPSによる監視といった科学技術の適用を通じ、いっそうグローバルな情報支配を強めていくことに警鐘を鳴らします。

二〇〇一年の〈九・一一〉以降には、さらに「テロに対する戦争」というかたちで、グローバルな戦争形態が新たな局面を迎えます。これに対しては、多くのフランスの哲学者が考察を加えました。
ボードリヤールは『パワー・インフェルノ――グローバル・パワーとテロリズム』(二〇〇二年)などの著作で、〈九・一一〉によって、新たなテロリズムが、アメリカを中心とするグローバル化の敵対者としてではなく、その「状況の転移」として出現していることを論じます。
晩年の**ジャック・デリダ**もまた、『ならず者たち』(二〇〇二年)や、ハーバーマスとの共著『テロルの時代と哲学の使命』(二〇〇二年)においてこうした情勢に応答し、民主主義がその敵対者を排斥するのでも統合するのでもなく、その二項対立ないしダブル・バインドを直視した「自己免疫的民主主義」という考えを示すことになります。
マルク・クレポンは、デリダやスティグレールに近く、近現代ドイツ哲学を専門とし、とりわけ言語や共同体の問題に関心を寄せていた人ですが、彼の唯一の邦訳書である『文明の衝突という欺瞞』(二〇〇二年)では、〈九・一一〉以降に再出した「文明の衝突」という言説に対し、カント、ベンヤミン、ヤスパースらに寄りつつ、根底的な批判を行ないます。
エティエンヌ・バリバールのほうは、『ヨーロッパ、アメリカ、戦争』(二〇〇三年)において、アメリカにおける「テロとの戦い」にヨーロッパがどのように関わるかという点をめぐって、よくあるフランス哲学者のアメリカ批判という図式から一歩引いて、理念と現実、ローカルとグローバル、そしてヨーロッパとアメリカのあいだとの対話の可能性を探っています。

他方で**ブリュノ・ラトゥール**は『諸世界の戦争』（二〇〇二年）のなかで、「テロとの戦い」と言いつつ、西側諸国がけっして「戦争」と認めない状態を批判し、むしろ逆に西洋の近代はつねに「戦争」を仕掛けていたではないかと指摘します。つまり、近代化とは西洋化にほかならず、それはつねにそれ以外の世界に対する「戦争」として機能していたのではないかというわけです。そしてこの認識こそが、ラトゥールが「共通世界」と呼ぶ新たな平和を考えるための前提となると言うのです。

以上のような戦争それ自体についての考察とは別に、戦争に用いられる手段や技術に関する考察がいくつもあるのもフランス思想の特徴でしょう。**ミシェル・テレスチェンコ**の『拷問をめぐる正義論——民主国家とテロリズム』は、「テロに対する戦争」という名目のもとで、「テロリスト」に対する拷問がどのように正当化されてきたかについて、正義論の観点から批判的に検討しています。

あるいは、二〇〇〇年代以降は、ICTやAIの飛躍的な発展のもとで、「テロに対する戦争」はさらなる深化を見せますが、なかでも戦争における無人戦闘機（ドローン）の活用が加速化しました。**グレゴワール・シャマユー**『ドローンの哲学』（二〇一三年）では、戦争における無人戦闘機の使用をめぐって、技術（遠隔、ヴァーチャル、監視、ビッグデータ）、心理、倫理、法、政治とさまざまな面から哲学的な考察を展開しています。遠隔技術により武器をもつ手と敵を見る目が極端に離れていくとき、それを操作する人の心理はどう変容するか、またそれを操作するのは兵士とみなすべきなのかオペレータとみなすべきか。さらに、こうした（少なくとも自陣側に）被害の出ない殺害手法が「人道的」ないし「倫理的」とされるとき、どのような概念の変容がなされているのか。こうした問いをめぐる分析はまさしく「異質なものについての哲学」のお手本と言うべきでしょう。

こうした観点からの戦争論とはまったく別の角度から「戦争」を論じるものとしては、先に触れた**エリック・アリエズ**と**マウリツィオ・ラッツァラート**の『戦争と資本』があります。彼らはフーコーの生権力論およびドゥルーズ＋ガタリの戦争概念をもとに、個々の具体的な「戦争」に注目するのではなく、むしろ現代社会そのものが、新自由主義を骨子とするグローバル資本主義が民衆に仕掛けている「内戦」状態にあるとみなしています。その後、ラッツァラートは『戦争と資本』の続編『資本はすべての人間を嫌悪する』（二〇一九年）において、フーコーの生政治概念では、今日の新自由主義世界において資本が仕掛ける新たなかたちの「戦争」を理解するのに不十分だとし、とりわけガタリの「戦争機械」という概念に注目しています。

ほかにも多くの議論がありますが、以上のように、一口に「戦争」といっても、何を「戦争」とみなすのか、またそのどこに注目するのか、かなり多様な議論がなされています。

コラム シャルリー・エブド事件をめぐって

二〇一五年一月、政治や宗教に対する辛辣な記事で有名な風刺新聞『シャルリー・エブド』紙編集部をアルジェリア系フランス人の兄弟が銃撃し、そこにいた編集者たちを殺害します。同日、パリ市内のほかの場所でもマリ系フランス人が食料品店を襲い四名を殺害します。その記憶の冷めやらぬなか、同じ年の一一月には、パリの下町にあるバタクラン劇場、郊外のサッカースタジアムのスタッド・ド・フランスを同時多発テロが襲います。また、二〇一六年七月にはニースにて大勢のバカンス客が集う海辺を暴走トラックが襲いました。

アメリカのものだと思われていた「テロとの戦い」がフランスでも無縁でないことが衝撃をもって告げられたのです。これらの事件は、いずれもアフリカにある旧植民地をルーツにもち、イスラム教との関係が浅からぬ若者たちによって引き起こされたものです。そこから、「移民」の移入／統合の問題、イスラム教におけるジハード主義、さらにはテロリズムなどさまざまな問題がフランスを揺るがしました。

シャルリー・エブド事件の直後には、表現の自由を主張し、犠牲となったジャーナリストたちに連帯する大規模なデモが行なわれ、フランス共和国大統領もその先頭に立ちます。怒りよりも冷静さを取り戻すためでしょうか、一八世紀にプロテスタントへの迫害を指弾し、

「寛容」の精神を説いた**ヴォルテール**の『寛容論』が改めて読まれました。

知識人たちも次々に声明を出します。ただし、特徴的なのは、いたずらに反イスラム、反移民の排外主義を煽るのではないかたちでさまざまな論点を提示しようとしていることでしょう。ノーベル文学賞作家の**ジャン＝マリ・ル・クレジオ**は、父がモーリシャス生まれのイギリス人で、自身もフランスとモーリシャスの二重国籍をもっていますが、こうしたテロの首謀者がけっして異質な人々でなく「日常生活においてすれ違うことのできる人々」であることを強調します。哲学者の**アンドレ・コント＝スポンヴィル**は、問題となっているのはイスラム教批判でも宗教批判でもなく、「狂信主義」批判だと釘をさします。経済学者で自身がアルジェリア生まれのユダヤ系フランス人である**ジャック・アタリ**は、解決策は、「ライック（政教分離的）」で「共和主義的」モデルに基づいた教育による統合を改めて試みることにあると強調します。

日本の雑誌でもたびたび特集が組まれ、ナンシー、バリバール、バディウらのコメントも読むことができますが、特筆すべきは、自身がチュニジアに生まれフランスで精神分析家の立場から多くの出来事に対する診断を発表してきた**フェティ・ベンスラマ**によるものでしょう。ベンスラマは、イスラム世界と西洋＝キリスト教的な世界との関係を見渡し、イスラムにおける反啓蒙主義から新たな「超ムスリム」と呼ぶべき形象が生じていると論じます。

シャルリー・エブド事件もそのうちに組み込まれる、いわゆる「ジハード主義」に関しては、哲学者の**ロゴザンスキー**がずばり『ジハード主義』（二〇一七年）をタイトルとする本を出し、「犠牲」の概念を起点とした分析を試みていますが、残念ながら未邦訳です。

これに対し、政治学者でイスラム世界を専門とする**オリヴィエ・ロワ**の『ジハードと死』（二〇一六年）は、イスラム国にみられるテロリズムに加担した人々の仔細な分析を通し、イスラム教の伝統や思想など「縦」の影響関係よりも、同時代・同世代という「横」軸に共通する社会的・心理的な性格に焦点を当てています。

この点についてはさらに、イラン出身の社会学者**ファラッド・コスロカヴァール**が、『世界はなぜ過激化するのか』で、現代フランスにおける（とりわけ青年層の）イスラム過激主義への傾倒の社会的背景を分析しています。

†カタストロフについての思想

われわれをとりまく脅威は戦争やテロに限りません。とりわけ九・一一によって幕を切られた二〇〇〇年代以降、二〇〇二年のSARS、二〇〇四年の鳥インフルエンザから二〇二〇年のCOVID‐19などの感染症、二〇〇四年のスマトラ、二〇一〇年のハイチ、二〇一一年の日本における大地震と津波、さらには二〇〇八年のリーマンショックに始まる経済危機、二〇一〇年代の欧州難民危機、そしてこの間つねに続く気候変動の問題など、「カタストロフ」と呼んでも誇張ではないようなさまざまな大災害・大惨事が相次いで生じています。

フランスでは二〇〇〇年代から、人文系を含め多くの学術雑誌がこのカタストロフの問題に関心を寄せます。その背後には、災害が大規模化するだけでなく複合化してきて、これまでのリスクの予測をベースにした災害への対応だけでは不十分になってきたことがあるでしょう。英語圏・独語圏では、一九八〇年代以降に、ウルリッヒ・ベックやニクラス・ルーマンらを筆頭に、「リスク」をめぐる哲学的な考察が展開されてきました。フランスでもそうした考察はなくはないのですが、二〇〇〇年代以降のカタストロフへの注目にはかなり独特のものがあると思います（フランス語の「カタストロフ」が、「破局」「破滅」（英語で言えばdoom）と、「災害」「事故」（英語で言えばdisasterやaccident）の双方のニュアンスを含んでいることもその原因かもしれません）。

人新世に関する議論も、気候変動について、人類にとって生存が困難になるほどの地球環境の変容をもたらすとして、ある種の破局的状況として捉える傾向が強いように思います。

ただし、それについての評価は分かれます。一方では、**パブロ・セルヴィーニュ**らによる『崩壊学――人類が直面している脅威の実態』（二〇一五年）のように、こうした破局の到来を悲観的・悲劇的に煽り立てるような言説も存在します。他方では、カトリーヌ・ラレールを筆頭とするエコロジー思想・環境哲学においては、こうした最悪のシナリオを過度に想定しないようなオルタナティブ（脱成長もその一つです）が模索されています。

個々の思想家としては、メディオロジーで紹介した**レジス・ドブレ**の『大惨事《カタストロフィー》と終末論――「危機の預言」を超えて』が特徴的でしょう。原題では『カタストロフィの「良い使用法」について』（二〇一一年）となっていますが、中世までの宗教に見られる「世界の終わり」を告げる予言者の役割を、現代社会のなかでどのように引き受けるべきかを論じたものです。ここで検討されるのは、単に「このまま文明が進むと破滅する」と言い立てるのではなく、現代社会に特有の不安や危機のなかでどのように希望を語るのかという問題です。

これに対し、**ミカエル・フッセル**の『世界の終わりの後で――黙示録的理性批判』（二〇一三年）は、「世界の終わり」をめぐる哲学の言説を歴史的に追いつつ、破局をめぐる現代の思想に潜む「生」の問題を抉り出します。とりわけ、エコロジーやコスモポリタニズムといった現代の思想の批判的な解釈を経て、今日のような「世界の終わり」というべき状況のなかで、改めて「世界」とは何かを考える必要性が指摘されます。

他方で、とりわけ東日本大震災に関しては、フランスが原子力大国だということもあり、哲学の分野でもフランスから多くの考察がありました。

日仏会館は震災直後から数多くの講演会やセミナーを開催しますが、その記録である『震災とヒューマニズム――3・11後の破局をめぐって』（二〇一三年）には、デュピュイやオギュスタン・ベルクをはじめ多くのフランスの研究者の考察が収められています。**ジャン＝リュック・ナンシー**も即座に反応します。『フクシマの後で』では、「もはや自然災害はない」と述べ、現代の災害においては、天災か人災かという区分がもはや通用せず、自然、技術、科学、政治、産業等々のさまざまなセクターの相互依存、相互接続の状況を考えなければならないと述べました。こうした見方は、日本で〈三・一一〉以降に提示された「構造災」という見方にも通じるでしょう。

そのほかにもさまざまな議論がありますが、全体的な特徴として指摘しうるのは、カタストロフをめぐる現代のフランスの議論は、現代社会がもたらす破滅的な脅威を自覚しつつも、それを食い止めたり、遅らせたりするための、実践的な指針や思考枠組みを提示しようとする傾向をもっていることでしょう。先述の「脱成長」についての思想もこうした方向性を有しています。たとえばスイスの**ドミニク・ブール**は、フランス語圏の現代のエコロジー思想・科学技術の哲学で主導的な立場にいますが、邦訳書で読める『エコ・デモクラシー――フクシマ以後、民主主義の再生に向けて』では、「エコ・デモクラシー」という観点から、こうした時代における政治的意思決定のあり方を検討しています。

†ジャン＝ピエール・デュピュイと賢明な破局論

「カタストロフ」に関する哲学的な考察をもっとも精力的に進めたのは**ジャン＝ピエール・デュピュイ**です。デュピュイは、もともとは先に触れたCREAにおける現代生物学・情報理論・経済思想の学際的な研究グループに近しいところで、自己組織化の概念をもとにこれを政治思想、経済思想の領域に拡張するような研究を行なっていました。イリッチの経済思想、ルネ・ジラールの模倣論、ハインツ・フォン・フェルスターのサイバネティクス論の影響も強く受けています。『秩序と無秩序』（一九八二年）や『犠牲と羨望』（一九九二年）といった初期の著作にはこうした複合的な視座がよく見てとることができます。

もともと理数系の素養をもち、他の現代フランスの哲学者たちのように高等師範学校やパリ大学ではなく、理工科学校という理系の官僚・技師養成学校にいたこともあり、経歴的にも異彩を放っています。

さらに、現代の科学技術、経済主義についての仔細な分析を行なうとともに、特筆すべきことに、フランス放射線防護原子力安全研究所倫理委員会の委員長を務めます。とはいえ、いわゆる「御用学者」になるのではなく、とりわけチェルノブイリ原発事故に関しては、原子力行政に対する厳しい批判を行なっています。

こうした経歴に基づいて、デュピュイは二〇〇〇年代以降、「カタストロフ」の概念をめぐってまとまった考察を行なうようになります。『ありえないことが現実になるとき』(二〇〇二年)や『ツナミの小形而上学』(二〇〇五年)において、デュピュイは、原子爆弾や原子力発電所事故から気候変動にいたるまで、大災害とされるものをめぐるこれまでの思考はリスク概念による「予防」という観点を大前提としていたと言います。しかし、今日のように、さまざまな災害が複雑に混じり合う時代においては、「これを防ぐにはこうすべき」という単線的な因果関係に基づく考えは十分に機能しません。

これに対し、デュピュイは、かつては宗教が主張していたような、「世界の終わり」のような大破局が必ずやってくるという予言者の立場をあえて重視しつつ、しかし脅威を煽り立てて恐怖心に訴えるのではなく、あくまで合理的にこうした大破局について考えるために、「賢明な破局論」という考えを示します。

それは、これまでのリスク論につきものであった単線的な因果関係の思考に依拠することをやめ、このままなにもしなければ必然的に破局的事態にいたることを仮説的に認めつつ、そこから再帰的な視点をとり、現在の認識や行動のあり方に変容を促すことです。

これは一見すると、破局が運命づけられているはずの未来を変える、という矛盾した主張に見えます。ただ、それほど突飛な考えでもありません。実際、社会学や心理学では予言の自己成就という考え方があります。「こうなるはず」と思って行動すると、そのことが実際に成就するというケースです（たとえば「トイレットペーパーが品薄になる」と予言すると、実際に人々が買い占めに走るようなケースがそれです）。この場合、「未来はこうなる」という予言を信じた行動が、実際にそうした未来を到来させます。デュピュイはこれを逆転させ、あえて「不幸の予言」に訴えかけるのです。つまり、「このままいくと世界が破局的な状態になる」という予言をすることで、そうした事態が成就することを避けるように行動を促す、ということです。

「破局論」というと「世界の終わり」を吹聴するように見えます。実際、先に触れた崩壊学をはじめとして、現代のフランスでは、経済成長による社会の崩壊を過度に強調するタイプの破局論があるにはあるのですが、デュピュイの「賢明な破局論」はそれとは一線を画しています。デュピュイ自身は、脱成長論者たちのような具体的な指針を示すことはありませんが、『聖なるものの刻印』（二〇〇九年）や『経済の未来』（二〇一二年）といった著作を通じて、合理的なかたちで「破局」を思考する視座を提示しようとしていると言えます。

†食の哲学——コリーヌ・ペリュションとドミニク・レステル

フランスにおける現象学研究で異彩を放つのは**コリーヌ・ペリュション**（一九六七〜）でしょう。もともとはレオ・シュトラウスについての政治哲学研究からスタートした人ですが、その後に応用倫理学、とくに環境倫理・生命倫理・動物倫理の方面に加え、近年はレヴィナスをはじめとする現象学にも関心を広げていきます。

とくにその主著である『糧――政治的身体の哲学』(二〇一五年)では、レヴィナスが『全体性と無限』で提示した「糧」という概念を起点に、「食べること」をめぐって、現象学・倫理学・政治哲学の複合的な考察を展開します。レヴィナスにおいて「糧」は食べ物に限られず、人間が享受する環境の全体に関わっています。ペリュションはこの「糧」概念の射程をいっそう拡張します。

たとえば、どこで食べるか、どのように(どのような作法で)食べるかなど、つねに「糧」は環境との関わりのなかにあります(この観点から、ペリュションは岡倉天心『茶の本』や和辻哲郎『風土』にすら言及しています)。それればかりではありません。「糧」の問題は、動物など食べる対象に関わるのはもちろん、拒食症や過食症などそれを受け取る側の拒絶や過剰な摂取にも関わります。さらにペリュションは、こうしたある種の環境現象学的考察にとどまらず、「糧」の供給や配分をめぐる諸問題(動物の虐待から食糧へのアプローチの公正性等)に関する環境倫理的・政治哲学的な考察にまでその射程を広げ、「糧」を起点に壮大な哲学を展開しています。

これに対して、**ドミニク・レステル**(一九六一〜)の『肉食の哲学』(二〇一一年)はいっそう食をめぐる倫理的な考察を展開しています。レステルは人間と動物との関わりを一貫して追求してきた哲学者で、人間と動物、さらには機械との友情を対象にした『あなたと動物と機械と』(二〇〇七年)などの著作があります。『肉食の哲学』では、肉食をしないことを倫理的に正当化しようとするベジタリアンを論敵とするかたちで、肉食の意義を正当化することを試みています。食を通じて、人間と動物との関係、植物との関係がさらに問い直されます。

英語圏ではこうした食についての倫理学は多く見られ、日本でもいくつも紹介されていますが、レステルの同書はフランスらしく前菜からデザートまで美味しく味わうことを目指したもので異彩を放っています。

ペリュションとレステルの二つの本は、「糧」ないし「食」をめぐる現象学的アプローチと倫理学的なアプローチとの違いを際立たせてくれますので、併せて読むことで、こうした哲学的なアプローチの違いも理解が深まるのではないでしょうか。

あるいは、哲学史的な観点からは、古代ギリシアから、カント、ニーチェ、フーリエを経て、サルトルにいたるまで、従来の哲学者たちが食についてどのような好き嫌いがあり、どのように論じていたかをスケッチするミシェル・オンフレ『哲学者の食卓』(一九八八年)は、読み物としても面白く、かつ「食」をどう哲学的に考えるかの糸口にもなります。

†動物の哲学

動物の問題は、肉食との関連はもちろんですが、人間と動物の共生、動物の権利といった問題はかねてより多くの議論がなされてきました。また、人間中心主義を考え直すという最近の流行の哲学的な観点からも大いに注目され、フランス語圏でも近年多くの考察が出ています。

その契機の一つに晩年のデリダの動物論があるでしょう。『動物を追う、ゆえに私は（動物で）ある』（二〇〇六年）では、デカルトの動物機械論からレヴィナスの「他者」論にいたるまで保たれてきた人間と動物との対立関係の図式に脱構築が試みられます。最晩年のセミネール『獣と主権者』でも、一方で〈九・一一〉以降に「主権」の問題が国際情勢のなかで改めて浮上するという文脈のなか、数多くの「獣」についての哲学的な考察を振り返りながら「主権」の問題が再検討されています。

それ以外にも、日本語で読める現代フランスの動物論は実はたくさんあります。

まず挙げる必要があるのは、**エリザベート・ド・フォントネ**『動物たちの沈黙――《動物性》をめぐる哲学試論』（一九九八年）でしょう。フォントネは三四年生まれで、ユダヤ性の問題から動物性、さらには傷つきやすさ（ヴァルネラヴィリティ）等を主題に多くの本を公刊しています。『動物たちの沈黙』は古代ギリシアから現代にいたるまで、西洋哲学史において「動物」がどのように語られてきたのかを一望できる事典のような様相を呈しています。また、子ども向けに書かれた『動物には心があるの？　人間と動物はどうちがうの？』（二〇〇六年）も邦訳されています。西洋哲学における動物の扱われ方については、**ロベール・マッジョーリ**『哲学者たちの動物園』も読みやすいスケッチとなっています。

他方で、動物性に関する考察を深めたものに、ナンシーらと交流のあった**ジャン=クリストフ・バイイ**の『思考する動物たち——人間と動物の共生をもとめて』（二〇〇七年）があります。この本は、現代哲学のさまざまな動物論から着想を得たエッセイ風のものですが、とりわけリルケの『ドゥイノの悲歌』における「生き物はすべての眼で開かれた世界を見ている」に基づき、動物を対象として見るのではなく、動物による思考、動物によるまなざしに迫ることで、人間中心主義からの脱却を試みるものとして、示唆に富みます。

また、日本では姉妹編として邦訳が出ている**マルク・アリザール**の『犬たち』（二〇一八年）と**フロランス・ビュルガ**の『猫たち』（二〇一六年）も注目に値します。アリザールは情報科学やポップカルチャーについても論じる若手の哲学者ですが、『犬たち』では、古代の宗教や神話からキリスト教絵画や現代芸術論を経て、ドゥルーズやダナ・ハラウェイにいたるまで、従来の「犬」論を総ざらいし、人間と犬との新たな関係が検討されます。ビュルガの『猫たち』は、動物行動学、現象学、精神分析を横断しつつ、「猫」とのコミュニケーションや友愛の可能性が検討されます。

ビュルガは動物のほかにも植物についても哲学的な考察をしています。ビュルガ自身は菜食主義者なのですが、『そもそも植物とは何か』(二〇二〇年)では、その立場からレステルのような肉食肯定派の主張に対し反論がなされます。動物の苦痛を問題視する菜食主義者に対し、よく「ニンジンは苦しまないのか?」「植物は?」といった批判がなされることがありますが、ビュルガはこうした問いはポイントを外していると言います(実際、そういう批判をする人は植物の苦しみや生について真剣に考えているわけではないことが多いでしょう)。

こうした批判に対しビュルガは単に菜食主義批判に再反論を企てることを目指すわけではありません。その代わりに、古代から現在にいたる哲学者の植物についての言及を網羅するのみならず、近代の博物学者や現代の植物学者や生物学者の見解にも目を配り、植物が「生きている」と言うときと人間や動物が「生きている」というのは、どのような共通点をもっており、どのような意味で異なっているのかを掘り下げて問うわけです。

人間主義を告発する植物主義の立場が、植物にも共通する「生命」の全体性を重視するあまりに、人間や動物の「個体性」や「生存」という営為を看過しているのではないかというビュルガの分析は、「植物的な生」をめぐる論点を明確にするのに役立つでしょう。

これに対し、むしろ「植物的な生」に重きを置く哲学者に**エマヌエーレ・コッチャ**（一九七六〜）がいます。イタリア生まれで農業高校を卒業後に中世哲学研究に取り組んだという興味深い経歴のコッチャは、人間中心主義を批判して動物に配慮したとしても、それは結局人間主義の拡張ではないかといって、むしろ植物そのものに注目すべきだといいます。植物の「葉」「根」「おしべ」や「めしべ」から、生命や自然、さらには性のあり方についてまで根源的な思想を展開する『植物の生の哲学』（二〇一六年）は、まさしく「植物」の哲学にふさわしいものと言えるでしょう。

コッチャに関しては、「生」の多様な変容をめぐって新たなエコロジー思想を打ち出した『メタモルフォーゼの哲学』（二〇二〇年）も重要です。

†COVID-19をめぐって

フランスは、他国に比較して、カタストロフィと呼びうる出来事に対する哲学的な考察が多い印象がありますが、二〇二〇年以降に猛威を振るったコロナ禍も例外ではありませんでした。哲学・思想界からの分析としては、イタリアの哲学者**ジョルジョ・アガンベン**や、スロヴェニア出身の哲学者**スラヴォイ・ジジェク**はすぐさま日本に紹介されました。

フランスでの議論も、いくつも日本に紹介されています。まず注目すべきは、**フレデリッ**

ク・ケック（一九七四〜）のものでしょう。ケックは人類学者でレヴィ＝ストロースやデスコラの影響を受けつつ、香港にて鳥インフルエンザによるパンデミックをめぐる人類学的な研究を行なってきました。彼の著作『流感世界――パンデミックは神話か？』（二〇一〇年）は、時期的にはコロナ禍に先立つものなのですが、そこで示されるような、人間と動物などの人間ならざるものとのネットワーク的な関係が感染症というかたちで巨大な「危機」を引き起こすことについての人類学的な考察は、コロナ禍を考える際にいまなお重要な視座を提供しています。

現代フランスの哲学者でコロナ禍に直接応答したのは、やはり**ジャン＝リュック・ナンシー**です。『あまりに人間的なウイルス』（二〇二〇年）に収録された考察でナンシーは、今回のパンデミックが単に外部から到来した感染症ではなく、現代社会における政治、経済、技術等々が相互に接続しあうグローバル化の産物であるとしつつ、こうした状況を乗り越えるための人々の信に賭けています。アガンベンのコロナ論が、各国の感染症対策を生権力概念を用いて激しく批判するものであったのに対し、ナンシーのそれはもう少し穏当なものと言えるでしょう。

ただし、こうした感染症対策により、人々の直接的な交流や接触が失われたことに対する批判はさまざまなかたちで見られます。**ジャコブ・ロゴザンスキー**は現象学および政治哲学の分野で「身体」概念をめぐる研究で知られていますが（『政治的身体とその〈残りもの〉』）、ＣＯＶＩＤ-

19に関しても「我に触れるな」という「接触の禁止」という観点からの分析を提示しています。フランスに限らずパンデミックに関する思想的なアプローチの場合、フーコーのいう生政治／生権力の概念を用いた、保健行政の批判という姿勢がどうしても強くなります。これに対し、**ジャン＝ピエール・デュピュイ**は、『カタストロフか生か――コロナ懐疑主義批判』（二〇二一年）において、こうした生政治批判はもとより、一部の知識人による保健行政批判の論理が、哲学的な観点からするとかなり曖昧なものであり、結果としてややもするとパンデミックの脅威を矮小化することにつながるとして、哲学者における「コロナ懐疑主義」に対する批判を提起しています。

†スポーツの哲学

フランス哲学はスポーツもまた対象にしています。なかでもまず取り上げたいのは、共著ですがジャン＝ノエル・ミサとパスカル・ヌーヴェルの共編著『ドーピングの哲学――タブー視からの脱却』（二〇一一年）です。ドーピングといえば、その倫理的な是非が話題になりそうなものですが、本書は、「カンギレム・センター」が主催したシンポジウムをもとにしているだけあって、科学認識論的なアプローチ、つまり医学・医療の観点も考慮に入れつつ、ドーピングの問題を「健康」という規範から検討する点で興味深いものです。ここでのドーピングとは、不正を働こうとしてこっそりと筋肉などを増強させるような手段ではありません。「ドーピングとは、最近のトップレベルのスポーツの発展の、内在的にして正常な部分なのだ」というカンギレムの発想をもとにドーピングという現象についての哲学的な考察を展開しています。

実際、現代のスポーツにおける「健康」とは、かつて体育が目指していた国民全体の体力の増進などではなく、アスリートが決められた試合や決められた時間だけのためにその潜在的なパフォーマンスを驚異的に増強させる手段になっています。こうした観点から、幾人もの研究者たちが科学哲学、医学、生命倫理等の領域を横断して多角的な考察を進めています。

ドーピングばかりでなく、トライアスロンも哲学的考察の対象となります。ラファエル・ヴェルシェール（一九八二〜）は、若手の哲学研究者で、とりわけスポーツ哲学を専門としています。自身の経験に基づき、トライアスロンについて「哲学」を試みたのが『トライアスロンの哲学——鉄人たちの考えごと』（二〇二〇年）です（副題は邦訳で付加されたものです）。

トライアスロン競技の「歴史」はもちろん、「形而上学」「認識論」「心理学」「政治学」「社会学」という多角的な観点からトライアスロンが検討されます。

たとえば、「形而上学」については、古代ギリシアの水・空気・地・火という「四元素」が、それぞれ水泳・サイクリング・ランニング・競技者のエネルギーにそれぞれ対応するものとして検討されます。この点ではトライアスロンは自然の諸要素が人間の身体と一致するわけです。

あるいは「認識論」では、今日における科学技術を利用したデータ管理による身体の活用が問題になります。

先に触れたシャマユーの『ドローンの哲学』やペリュションの『糧』もそうですが、一つのテーマを立て、それについて「それはそもそも何なのか」を多角的・立体的に問う点に今日の哲学的な問いの醍醐味があるでしょう。

コラム　社会における哲学

フランスでは、哲学が高校の最終学年で文系理系を問わず必修科目に入り、「バカロレア」という大学入学資格試験にも哲学が出題されます。フランスの高校生はみな哲学を勉強し、日本の共通テストに相当する全国試験で哲学の問題に取り組まなければならないのです！

また、社会でも哲学カフェと言われるカフェなどで一般の人々が哲学的な問いについて対話する試みも活発に行なわれています。日本でも近年哲学カフェや哲学対話の実践が広まっていますが、フランスの哲学カフェはその源流の一つです。

このように哲学が社会に受け入れられているのはかなりフランスならではの特徴でしょう。

哲学者のなかでも、大学や研究機関の外部で、一般向けにわかりやすく伝えることを試みている人が何名かいます。

まず、**アンドレ・コント＝スポンヴィル**（一九五二〜）は、モンテーニュ、パスカルといったフランス・モラリズムの伝統を重視した哲学者ですが、近年では新聞雑誌やテレビに頻繁に登場し、哲学や倫理学の話題を一般向けに嚙み砕いて説明することで有名です。邦訳も多く、なかでも「勇気」「正義」「優しさ」「愛」といったさまざまな「徳」概念について、具体例をまじえつつわかりやすく論じた『ささやかながら、徳について』（一九九五年）や、「死」「神」「自由」「時間」といった主題についての哲学的思索を指南する『哲学はこんなふうに』（二〇〇二年）などは、フランスでもベストセラーになっています。

また、**ミシェル・オンフレ**（一九五九〜）は、フランスでは一般的にもとても著名だけれども日本ではあまり知られていない哲学者だと言えるでしょう。オンフレは、長年実業高校で哲学を教えてきましたが、二〇〇二年からはノルマンディのカーンに「市民大学」を設立し、誰でも自由に無償で哲学の授業を受けられるという試みをしています。一般向けのわかりやすい哲学エッセーで知られ、フランスの高校の哲学の科目でも使われる『〈反〉哲学教科書――君はどこまでサルか』（二〇〇一年）があります。「君たちは携帯なしでやっていける？」「校内規則なんかゴミ箱に捨ててしまっていい？」といった問いを真剣に考えつつ、参考にすべき哲学者のテクストの抜粋を紹介する本書は、日本の読者にも役立つでしょう。

ブックガイド

西谷修『〈テロル〉との戦争――9・11以後の世界』（以文社、二〇〇六年）……〈九・一一〉以降の戦争を哲学的にどのように考えるかに関しては、西谷氏の戦争論がかなり見通しをよくしてくれます。

渡名喜庸哲・森元庸介編著『カタストロフからの哲学――ジャン＝ピエール・デュピュイをめぐって』（以文社、二〇一五年）……「カタストロフ」と呼ばれる事態が哲学的な考察の対象になるのはどうしてか、またそれについてのデュピュイの思想の意義がどこにあるかをまとめた論集です。

西山雄二編著『いま言葉で息をするために――ウイルス時代の人文知』（勁草書房、二〇二一年）……ナンシー、マラブー、コッチャ、ケックら本書でも紹介したフランスの哲学者をはじめ、多くの欧米の思想家らのコロナ禍論をまとめた貴重な論集です。

坂本尚志『バカロレアの哲学――「思考の型」で自ら考え、書く』（日本実業出版社、二〇二二年）……フランスではなぜ哲学が必修なのか。それが大学入試にあたる試験で問われるときにどういう問題が出されるのか。バカロレアを通じて「哲学する」ことそのものの意義が示されます。

おわりに

本書は、「フーコー、ドゥルーズ、デリダ」に代表されるいわゆる「フランス現代思想」の後の時代、とりわけ〈六八年五月〉という出来事を一つの契機とし、それ以降（とくに一九八〇年代以降）にフランスで展開していったさまざまな哲学的な議論の潮流を概観してきました。

ご覧のとおり、現代フランス哲学は、政治や宗教から、科学・技術、ジェンダー、エコロジー、労働、さらには戦争や動物・植物、スポーツにいたるまできわめて多様な主題を対象にしています。もちろん、現象学、分析哲学、存在論、実在論といった王道の分野についての堅固な考察も一貫して続いています。

本書は、できるかぎりこれらの考察が生まれた背景や思想の流れを重視しつつ、各々のジャンルで比較的有名な（少なくとも邦訳が出ている）著作を中心に取り上げて解説を試みてきました。

本書の各章で見てきたように、各々の領域ではさまざまな思想の格闘がありました。フェミニズムでいえば普遍主義と差異主義、科学哲学でいえば科学認識論とネットワーク論、技術哲学でも技術決定論から社会構成主義へ、エコロジーにおいても人間の主体的な参画を重視する傾向からむしろ人間と自然の二元論を克服する方向へ等々、思想のダイナミズムが多種多様に生み出されてきたのが見えてくると思います。

こうしたダイナミズムが生まれる背景には、コラムで触れたようなさまざまな事件や出来事がありました。そのなかでも一九八〇年代以降に社会全体を巻き込んで肥大化している新自由主義の流れはきわめて重要でしょう。ドゥルーズ＋ガタリが「リゾーム」として特徴づけたもの、フーコーが「生政治」と呼んで予兆的に浮かび上がらせたものが、社会のあちこちで、従来の枠組みを解体するかたちで、人間・社会・環境等々の新たなあり方を示すようになってきている。多かれ少なかれ、こうした時代の流れに敏感に、そして批判的に、さまざまな思想が形成されていったという面は確かにあるでしょう。

こうした新自由主義的な流れは、現在の日本においてもむしろ勢いを強めていまなお拡大しているように見えます。「新自由主義」という括りが妥当かどうかをも含め、今日の私たちが置かれているさまざまな状況を考える際に、本書で紹介した現代フランス哲学の論者たちの見解やアプローチがなんらかの役に立つのではないか、と筆者としては期待しています。

＊

この現代フランス哲学の論者たちの見解やアプローチに関して、改めて本書全体を振り返ってみると、フーコー、ドゥルーズ、デリダにとどまらない、さまざまな思想が繰り広げられていたことがわかると思います。

ただ、本書を執筆しながら、私自身が気づいたことがあります。それは、フーコー、ドゥルーズ、デリダは、それ以降にもきわめて大きな影響を与えたばかりでなく、いまもなお思考の型のようなものを提示していることです。最後にそれを簡単にまとめておきましょう（いずれも、実際の影響関係ではなく、あくまで思考の進め方、アプローチの仕方の類型です）。

デリダ型

デリダ型の思考の型は、なんと言っても二項対立の脱構築にあるでしょう。資本主義／共産主義、東／西といった経済的・政治的な二項対立もそうですが、男性／女性、異性愛／同性愛、シス／トランス、セックス／ジェンダーといったジェンダーの領域における二項対立、さらに、人間／自然、人間／技術、技術／自然といった二項対立はエコロジーや技術哲学にも関わっています。近年では、人間／人間ならざるものという二項対立が重視されてきていますが、人間ならざるもののなかでも、動物／植物、肉食／草食……とさまざまな二項対立の連鎖・差延が問題になります。

このように、それぞれの領域において新たな差異が生じては、そこにさらなる差異が読み込まれ、考察が深まっていく。このように、哲学者たちの議論の全体を通じて、脱構築という試みがなされていると言うこともできるかもしれません。

日本では、脱構築は、一時には「ポストモダン」の代表として、あらゆる価値を相対化し、建設的な議論を茶化していくようなニヒリズムとして捉えられることもありました。近年では逆に、脱構築が「他者への倫理」と結びつけられることによって、尊重すべき他者を無限に探し続けるような神経質的な態度と捉えられることもあるようです。むしろデリダの思想に馴染んだ読者から「他者」疲れ、「倫理」疲れのようなフレーズもたまに聞こえてきます。

ただ、現代フランス哲学を見渡してみると、そうした側面とは別の姿が浮かび上がってきます。むしろ、脱構築的な試みは、既存の二項対立を乗り越えてさらに問いを先鋭化させようという積極的かつ批判的な態度に結びついているような気がします。

フーコー型

フーコー型は二つに分ける必要があるでしょう。

一つは、「知の考古学」型ないし科学認識論型とも言えるものです。『狂気の歴史』などで顕著に示されたように、「正常」とは何か、「狂気」とは何か、といった問いに対し、有名な哲学者の論説を手がかりに検討するというよりは、そうした「知」が生成された時期に実際にどのような議論があったのかを問い、有名無名にかかわらず、医学者や法学者、行政文書などさまざまな文書を参照することで、そうした「知」が形成された経緯を辿り直すことです。このような作業は歴史学研究のような素地が必要になるので、一般の読者が行なうのはかなり難しいですが、現在も多くの研究者が哲学研究のアプローチとして採用しています。

もう一つは、生権力/統治性論です。権力とか統治と聞くと厳しい為政者を思い浮かべるかもしれませんが、フーコーが切り開いた生権力論が念頭に置いているのは、むしろ人々が一見するとみな自由ないし自律的に活動するように見える、社会に働いている力学です。

フーコーが捉えたこの生権力は、本書がとりわけ対象としている一九八〇年代以降の世界のなかで、社会のいたるところに浸透してきているように思います。新自由主義もその一つですが、現代の権力のあり方を考えるために今日もなお一定の説得力をもっているように思います（たとえばCOVID-19対策に関しても、生権力概念をもちいた考察がさまざまになされました）。本書では、フーコーに依拠しているかどうかはともかく、新自由主義的な社会のあり方を批判的に捉える哲学者の考えをいくらか紹介してきましたが、こうした議論を理解する上でも、フーコーの生権力概念はその基本的かつ重要な枠組みとなるでしょう。

ドゥルーズ型

ドゥルーズについては、「フランス現代思想」の特徴としての反人間主義、反主体主義をもっともはっきりと示したと言えるでしょう。

ドゥルーズは、普通われわれが考えるような人間を思考の中心には置きません。「私」という個人＝個体も、よく見てみるといくつもの分子やさまざまな関係性で構成されているように、「個」とみなされている「主体」も、多様なものの差異のネットワークから構成されています。このような主体を基盤とするのではなく、むしろそれを構成する流動的で多層的なネットワークのほうを基盤とする考え方が重要です。

「リゾーム」というイメージはこれを説明するのにふさわしいでしょう。どこかに中心があるのではなく、むしろ多様な結びつきこそが新たなものを生み出していくというイメージです。こうしたネットワーク型／リゾーム型の様態は、YouTubeやSNSはもとより現代のビジネス形態においても、あるいは自然とのエコロジー的な関わりにおいても見てとれるでしょう。

このような、ドゥルーズのリゾーム型の発想が、いっそう幅広い領域に転用ないし適用されるきっかけとなったのが、科学哲学者のミシェル・セールやアンリ・アトランらが口火を切り、ブリュノ・ラトゥールが展開したアクターネットワーク論にあるでしょう。

こうしたネットワーク型の思想は、これまで主体としてシステムの中心に君臨していた人間の位置に異論を唱え、人間という個体それ自体が多様な差異化のプロセスから構成されていること、そして人間も「他者」という他の人間たちだけではなく、動物や植物も含むさまざまな「人間ならざるもの」との関係を構築している点を重視します。この点では、こうした脱人間主義的なネットワーク型の思考は、フーコー、ドゥルーズ、デリダ以降で顕著に開花した新たなアプローチの型と言えるでしょう。現代でもデスコラの人類学やコッチャの植物の哲学などにその影響を見てとることができます。

現象学型

もう一つ、全体を貫く横串の一つとして、現象学的な思考の型を紹介しておきましょう。サルトル、メルロ＝ポンティによって開かれ、レヴィナス、アンリといった人々によって開拓されていったフランス現象学は、主に一九八〇年代以降を対象とする本書ではあまり中心的に取り上げることはできませんでしたが、その影響はやはり随所に見られます。

現象学とは、私たちが、自らが身を置く世界のなかでどのように存在しているか、どのように生きているかに焦点を当て、私たち自身の体験や存在の仕方を反省的に考察するものです。ですから、制度全体を問題にするような社会学的・政治学的な視線とは異なりますし、逆に、「私」という主体性・個体性を解体させようとするネットワーク型の思考とも異なります。また、思弁的実在論は、現象学を「相関主義」と呼び、それに対し世界を経験する主体の位置を根本から覆そうとする点で、かなり対立しています。ダゴニェの「地学的まなざし」も同様に現象学とは対立するものでしょう。とはいえ、物の見方という観点では、問う主体自身としての私たちを起点とする現象学的な態度は一定の有効性をもっているでしょうし、それぞれの哲学者のアプローチを整理する上でも重要でしょう。

本書全体を振り返ると、ジェンダー／フェミニズムにおいては、普遍主義のような社会制度を重視する傾向が一般的ですが、それに対し、ボーヴォワールのように女性としての「経験」を重視するような姿勢には現象学的なアプローチが見てとれるでしょう。労働に関しても、労働制度を俯瞰的に見るのではなく、労働する人間それ自体の行動を重視するゴルツのような姿勢には、サルトルの現象学の影響が見てとれるかもしれません。科学哲学でも、たとえばクレール・マランの病理思想は、カンギレムの科学認識論に基づきつつも、自身の疾病経験に基づいてそれを理論化している点に現象学的な視線を見ることができるかもしれません。

あるいは、動物／植物、食を問題にするときでも、ペリュションのように動物や植物を「私が食べる」という「私」自身の経験を重視するところに明白に現象学的な型が見られます。これは、レステルにおけるさまざまな主張や価値判断を相対的に吟味する倫理学的なアプローチとはかなり異なりますし、またコッチャのように、むしろ人間ならざるものに留意するネットワーク型のアプローチとはある意味で対立しています。

以上はあくまで代表的な類型を述べたにすぎません。それぞれの著者が、またそれぞれの著作で独特な、あるいは複合的なアプローチを採用していることも多くあります。読者のみなさんご自身が思考を進めたり、テクストを読む際の理解の手がかりにしていただければと思います。

最後に、本書ではできるだけ幅広い領域をカヴァーすることを試みましたが、筆者の関心の狭さや力量不足もあって、ほとんど言及できなかった領域もあります。とくに、人類学、社会学、精神分析、美学・芸術論についてはほとんど言及することができませんでした。また、邦訳書が出ているものに絞ったせいで、未邦訳の重要なものについてもほとんど言及できませんでした。なかでも、フランス語で書かれたアフリカの哲学についてはまったく触れられなかったのは心残りです。これらについては、適任の方がぜひまとめていただければと思っています。

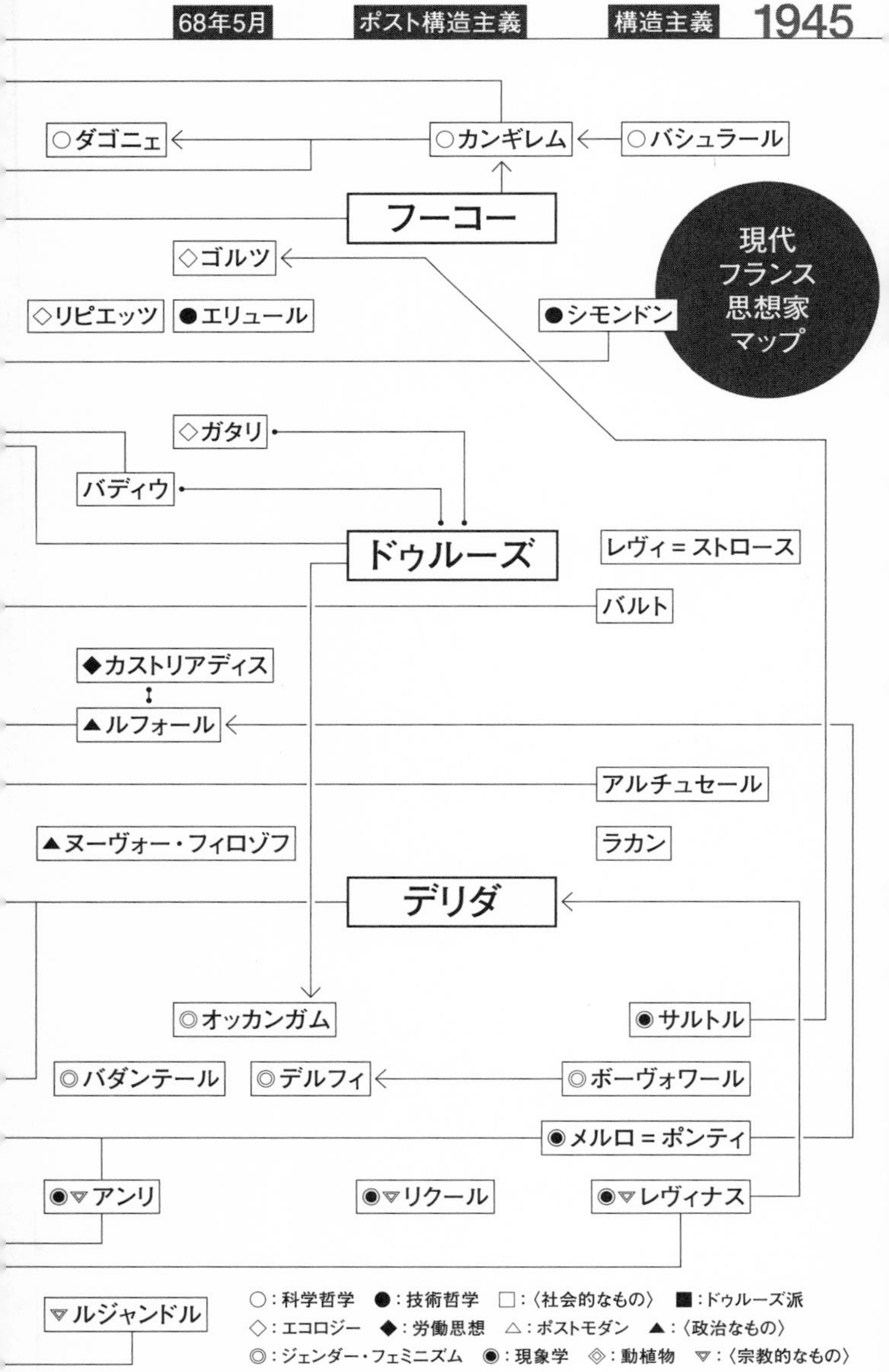
68年5月
ポスト構造主義
構造主義
1945
現代フランス思想家マップ
○ダゴニェ
○カンギレム
○バシュラール
フーコー
◇ゴルツ
◇リピエッツ
●エリュール
●シモンドン
◇ガタリ
バディウ
ドゥルーズ
レヴィ＝ストロース
バルト
◆カストリアディス
▲ルフォール
アルチュセール
▲ヌーヴォー・フィロゾフ
ラカン
デリダ
◎オッカンガム
◉サルトル
◎バダンテール
◎デルフィ
◎ボーヴォワール
◉メルロ＝ポンティ
◉▽アンリ
◉▽リクール
◉▽レヴィナス
▽ルジャンドル
○：科学哲学　●：技術哲学　□：〈社会的なもの〉　■：ドゥルーズ派
◇：エコロジー　◆：労働思想　△：ポストモダン　▲：〈政治なもの〉
◎：ジェンダー・フェミニズム　◉：現象学　◈：動植物　▽：〈宗教的なもの〉

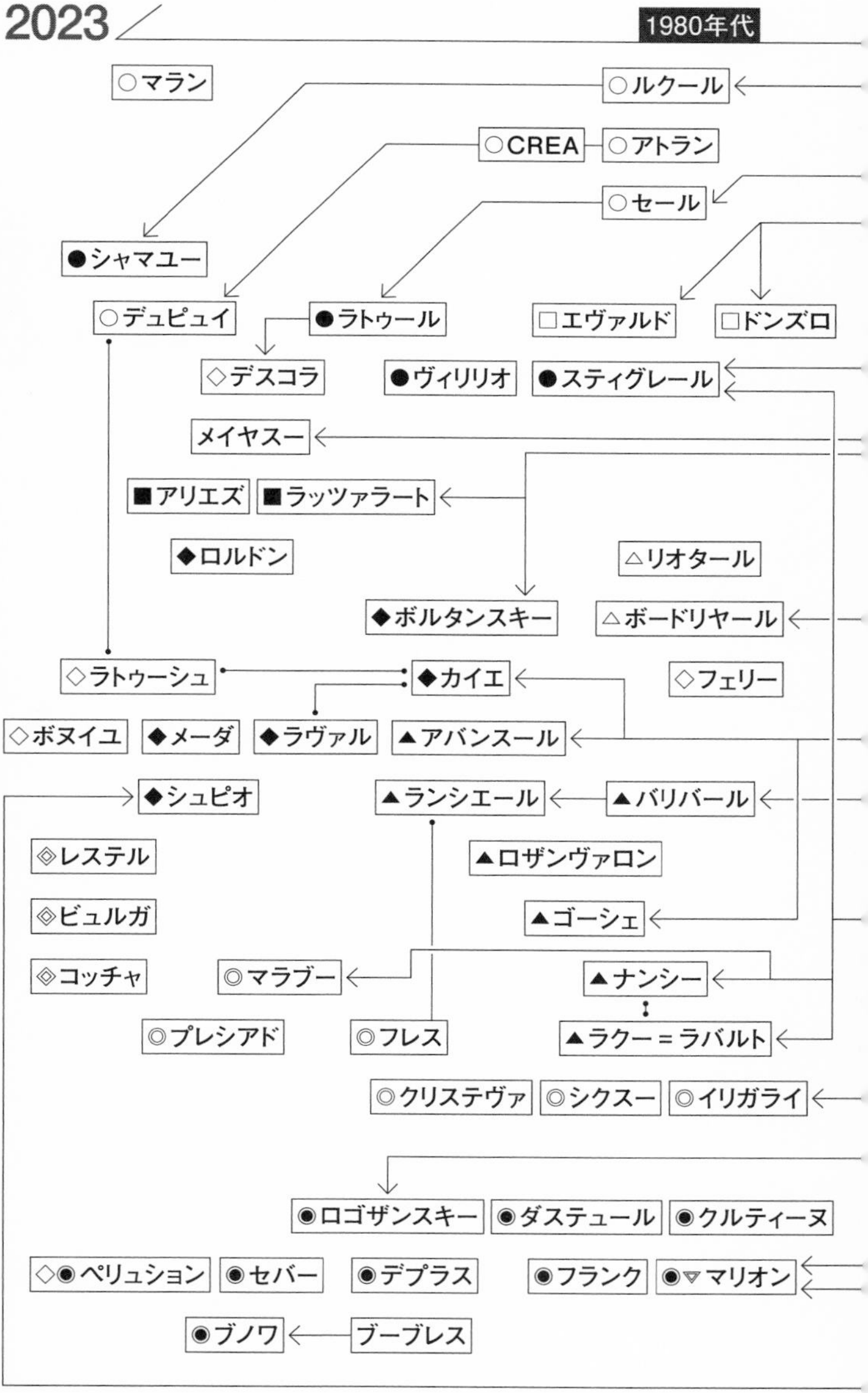

2023
1980年代
○マラン
○ルクール
○CREA
○アトラン
○セール
●シャマユー
○デュピュイ
●ラトゥール
□エヴァルド
□ドンズロ
◇デスコラ
●ヴィリリオ
●スティグレール
メイヤスー
■アリエズ
■ラッツァラート
◆ロルドン
△リオタール
◆ボルタンスキー
△ボードリヤール
◇ラトゥーシュ
◆カイエ
◇フェリー
◇ボヌイユ
◆メーダ
◆ラヴァル
▲アバンスール
◆シュピオ
▲ランシエール
▲バリバール
◈レステル
▲ロザンヴァロン
◈ビュルガ
▲ゴーシェ
◈コッチャ
◎マラブー
▲ナンシー
◎プレシアド
◎フレス
▲ラクー＝ラバルト
◎クリステヴァ
◎シクスー
◎イリガライ
◉ロゴザンスキー
◉ダステュール
◉クルティーヌ
◇◉ペリュション
◉セバー
◉デプラス
◉フランク
◉▽マリオン
◉ブノワ
ブーブレス

あとがき

本書はもともと筑摩書房編集部の加藤峻さんにお声がけをいただき誕生したものです。ちょうど声をかけていただいたタイミングが二〇二二年度の授業のシラバスの提出期間に重なっていました。これはチャンスとばかりに、私が立教大学で担当することになっていた二〇二二年度秋学期の「哲学講義1」のテーマとして、現代フランス哲学を総ざらいすることにしました。すべてではないですが、本書の大部分はこの講義と重複しています。毎回出席学生の方々にはコメントをいただきましたが、私の拙い話をむしろより適切なかたちで理解をしてまとめてくださったもの、思いもよらない考えを示してくださったもの、ここがわかりにくいと指摘してくださったもの、どれも貴重な声となりました。履修者の方々には、この場を借りてお礼申し上げます。

ただ、加藤さんからいただいた企画に私が飛びついたのには私自身の体験も関わっています。もともと哲学にまったく関心のなかった私は、大学に入り現代フランス哲学の存在を知り、こんなに面白いものがあるのかと驚愕した経験があります。「哲学」といえば、堅苦しく晦渋な概念を用い、現実社会から遊離した高尚な理論を展開しているイメージがあったのです。そこに、現代フランスの哲学者たちが学生や労働者とともにデモに参加し、既存の体制を厳しく批判すると同時に、哲学史の深い知識と厳密な読解に基づいた刺激的な理論を組み立てているのを知り、胸を躍らせたものです。もちろん学部生のころには何を言っているか十分に理解できていませんでしたが（今も心許ないですが）、それでも貪るように読みました。

しかし、大学院の修士一年目の夏休みに初めてフランスに渡り、哲学関係の専門書店に入ったときにはさらなる衝撃を受けました。私が知っていたフーコー、ドゥルーズ、デリダなどの著作はもちろんあるにはあるのですが、それらは「現代思想」の括りでまとめられているわけではなく、おびただしい数の哲学者・哲学著作のなかの一つでしかなかったのです。ドゥルーズ、デリダならDの棚、フーコーならFの棚という具合にです。そのときに、日本で言われる「フランス現代思想」と、フランスにおける現代思想との違いを遅ればせながら初めて意識しました。

大学院の博士課程に進み、フランスに留学し、実際にフランスで哲学を研究する人々と触れ合うことになります。もちろん学友たちはみなそれぞれの関心からいわゆる構造主義やポスト構造主義の思想家のテクストは読んでいるものの、それを研究主題とするより、それらの哲学的な概念枠組みを当然踏まえた上で、それぞれ独創的な主題について考えようとしている。哲学を専門としない学生も、基本的な知識は共有していて、それをもとに堂々と自分の考えを説明し、議論に参加する。そのように哲学が今も息づいている国で（ただし、フランスも他国に負けずに社会的には哲学を含む人文科学は劣勢に立たされています）、今もなお、多くの哲学研究者や哲学者が続々と生まれ、刺激的でスリリングな哲学が展開されていることを体感しました。留学から帰ってからも、たびたび渡仏すると、書店を訪ねては新しく出る本に感服しています。

そうしてさまざまな本を手にとって読み、私が理解したかぎりでの「現代フランス哲学」の流れをまとめたものが本書です。誤解や理解が不十分な点が多々あると思いますが、読者の方々の叱正を乞う次第です。

ただ、本書は私一人の力でできあがったものではありません。とりわけ、本書で言及したすべての邦訳書の翻訳者の方々には格別の敬意を捧げたいと思います。そうした翻訳者のお仕事や解説のもとに本書が成り立っていると言っても過言ではないからです。私自身も若干の経験はありますが、翻訳作業は、時間と労力ばかりかかり、実入りはきわめて少ない作業です。自分の論文ならわからないことは素通りできるのですが、人の文章であればわからないものを割愛するわけにはいかず、とことんまで付き合わなければなりません。それでいて、業績として正当な評価を受けることもあまりありませんし、専門書の場合、もともと発行部数が少ないので、下品な話ですが、いわゆる印税もあまり期待できません……。

それにもかかわらず、翻訳の作業に携わってきた先達たちのおかげで、多くの本が読めるようになっています。ただ、翻訳というのは、一つの文章や一冊の本を、一つの言語からもう一つの言語に横に移し替えるだけの作業ではないように思います。翻訳書は、言ってみれば扉のようなものかもしれません。一冊の本の後ろには、さまざまな知の枠組み、知のネットワークがある。一冊の翻訳書とは、そうした背後のさまざまな知のありかを示し、まさにその戸口でここにはこういう知があるということを示すものではないかと思います。その本が別の文化圏に翻訳され紹介されることによって、それを通って、いままで知られていなかった知の枠組みが、異なる言語圏にどっと押し寄せてくることになる。この意味で、翻訳とは、一冊の本を訳すことで、そうした戸口をいくつも設ける行為なのではないかと思っています。

多くの翻訳者にお世話になりましたが、あえて名前を挙げるとすれば、西谷修氏、若森章孝氏、杉村昌昭氏、澤田直氏、西山雄二氏らのお仕事は特筆すべきものがあります。諸氏のお仕事は本書の複数の部に横断するかたちで登場します。しかも、彼らの仕事の功績は単に領域横断的であることにだけあるのではありません。彼らがいなければ紹介されることのなかったような扉や戸口の場所が示されたことにあると思います。

なかでも西谷修氏の功績は繰り返し述べておくべきでしょう。エマニュエル・レヴィナス、ジャン＝リュック・ナンシー、フェティ・ベンスラマ、ジョルジョ・アガンベン、ピエール・ルジャンドル、アラン・カイエ、アラン・シュピオといった、本書でも名前を挙げた哲学者を最初に日本に紹介したのはすべて西谷氏です。彼の仕事や助言がなければ私自身も哲学研究や翻訳作業を続けてこなかったように思います。

「哲学研究」を行なうには、主に蔵書や読書・議論にあてる時間の関係で、大学ないし大学院以外ではやや難しいかもしれません。しかし「哲学する」ことは、カフェや居酒屋はもとより、家庭でもSNSでも可能なはずです。「実存」について考えるのはもとより、「食」でも「スポーツ」でも立派な哲学的な考察の対象になります。本書で紹介したフランス哲学の考えが、読者のみなさんの考察の後押しになればと願っています。

二〇二三年六月

渡名喜庸哲

人名索引

あ行

か行

さ行

た行

な行

は行

ま行

や行

ら行

参考文献

人物と主要文献

アーレント，ハンナ（Hannah Arendt, 1906-1975）

『全体主義の起原（1〜3）』大久保和郎ほか訳、みすず書房、2017年。

アガサンスキー，シルヴィアンヌ（Sylviane Agacinski, 1945-）

『性の政治学』丸岡高弘訳、産業図書、2008年。

アガンベン，ジョルジョ（Giorgio Agamben, 1942-）

アラン・バディウ、ジャン＝リュック・ナンシー、ジャック・ランシエールらと共著『民主主義は、いま？──不可能な問いへの8つの思想的介入』河村一郎ほか訳、以文社、2011年。

アタリ，ジャック（Jacques Attali, 1943-）

『情報とエネルギーの人間科学──言葉と道具』平田清明、斉藤日出治訳、日本評論社、1983年。

『ノイズ──音楽／貨幣／雑音』金塚貞文訳、みすず書房、2006年。

アド，ピエール（Pierre Hadot, 1992-2010）

『イシスのヴェール──自然概念の歴史をめぐるエッセー』小黒和子訳、法政大学出版局、2020年。

『生き方としての哲学──J. カルリエ，A. I. デイヴィッドソンとの対話』小黒和子訳、法政大学出版局、2021年。

『ウィトゲンシュタインと言語の限界』合田正人訳、講談社選書メチエ、2022年。

アトラン，アンリ（Henri Atlan, 1931-）

『結晶と煙のあいだ──生物体の組織化について』阪上脩訳、法政大学出版局、1992年。

『正も否も縦横に──科学と神話の相互批判』寺田光徳訳、法政大学出版局、1996年。

カトリーヌ・ブーケと共著『生命科学と生命──知識と世論のはざま』仲澤紀雄訳、国文社、1996年。

マルク・オジェらと共著『ヒト・クローン──未来への対話』工藤妙子訳、青土社、2001年。

アバンスール，ミゲル（Miguel Abensour, 1939-2017）

『国家に抗するデモクラシー──マルクスとマキァヴェリアン・モーメント』松葉類、山下雄大訳、法政大学出版局、2019年。

アリエズ，エリック（Éric Alliez, 1957-）

『資本時間（*Les Temps capitaux*）（1・2）』未邦訳、1991-1999年。

『現代フランス哲学──フーコー、ドゥルーズ、デリダを継ぐ活成層　ブックマップ』毬藻充訳、松籟社、1999年。

マウリツィオ・ラッツァラートと共著『戦争と資本──統合された世界資本主義とグローバルな内戦』杉村昌昭、信友建志訳、作品社、2019年。

アリザール，マルク（Mark Alizart, 1975-）

『犬たち』西山雄二、八木悠允訳、法政大学出版局、2019年。

アルチュセール，ルイ（Louis Althusser, 1918-1990）

『マルクスのために』河野健二ほか訳、平凡社ライブラリー、1994年。
ジャック・ランシエール、ピエール・マシュレー、エティエンヌ・バリバールらと共著『資本論を読む（上・中・下）』（共著）今村仁司訳、ちくま学芸文庫、1996-1997年。
アンスパック，マルク・R（Mark R. Anspach, 1959-）
『悪循環と好循環――互酬性の形／相手も同じことをするという条件で』杉山光信訳、新評論、2012年。
アンリ，ミシェル（Michel Henry, 1922-2002）
『精神分析の系譜――失われた始源』山形頼洋ほか訳、法政大学出版局、1993年。
『我こそは真理なり（*C'est moi la verité*）』未邦訳、1996年。
『現出の本質』北村晋、阿部文彦訳、法政大学出版局、2005年。
『受肉――〈肉〉の哲学』中敬夫訳、法政大学出版局、2007年。
イーグルストン，ロバート（Robert Eaglestone, 1968-）
『ホロコーストとポストモダン――歴史・文学・哲学はどう応答したか』田尻芳樹、太田晋訳、みすず書房、2013年。
イポリット，ジャン（Jean Hyppolite, 1907-1968）
『ヘーゲル精神現象学の生成と構造（上・下）』市倉宏祐訳、岩波書店、1972、1973年。
イリガライ，リュス（Luce Irigaray, 1930-）
『性的差異のエチカ』浜名優美訳、産業図書、1986年。
『ひとつではない女の性』棚沢直子ほか訳、勁草書房、1987年。
ヴィエイヤール=バロン，ジャン=ルイ（Jean-Louis Vieillard-Baron, 1944-）
『ベルクソン』上村博訳、白水社文庫クセジュ、1993年。
ウィティッグ，モニック（Monique Wittig, 1935-2003）
『女ゲリラたち』小佐井伸二訳、白水社、1973年。
ヴィリリオ，ポール（Paul Virilio, 1932-2018）
『戦争と映画――知覚の兵站術』石井直志、千葉文夫訳、平凡社ライブラリー、1999年。
『幻滅への戦略――グローバル情報支配と警察化する戦争』河村一郎訳、青土社、2000年。
『速度と政治――地政学から時政学へ』市田良彦訳、平凡社ライブラリー、2001年。
『ネガティヴ・ホライズン――速度と知覚の変容』丸岡高弘訳、産業図書、2003年。
ヴェーヌ，ポール（Paul-Marie Veyne, 1930-2022）
『フーコー――その人その思想』慎改康之訳、筑摩書房、2010年。
ヴェルシェール，ラファエル（Raphaël Verchère, 1982-）
『トライアスロンの哲学――鉄人たちの考えごと』加藤洋介訳、ナカニシヤ出版、2022年。
エヴァルド，フランソワ（François Ewald, 1946-）
『福祉国家（L'Etat providence）』未邦訳、1986年（渡名喜庸哲ほか訳、勁草書房、近刊予定）。
エリチエ，フランソワーズ（Françoise Héritier, 1933-2017）
『男性的なもの／女性的なもの（Ⅰ・Ⅱ）』井上たか子ほか訳、明石書店、2016、

2017年。
エリュール，ジャック（Jacques Ellul, 1912-1994）
『技術社会（上・下）』島尾永康ほか訳、すぐ書房、1975、1976年。
『現代人は何を信ずべきか――「技術環境」時代と信仰』伊藤晃訳、春秋社、1989年。
エル・ブガ，ナディア（Nadia El Bouga, 生年不詳）
ヴィクトリア・ゲランとの共著『私はイスラム教徒でフェミニスト』中村富美子訳、白水社、2021年。
オッカンガム，ギィー（Guy Hocquenghem, 1946-1988）
『ホモセクシュアルな欲望』関修訳、学陽書房、1993年。
オンフレ，ミシェル（Michel Onfray, 1959-）
『哲学者の食卓――栄養学的理性批判』幸田礼雅訳、新評論、1998年。
『〈反〉哲学教科書――君はどこまでサルか？』嶋崎正樹訳、NTT出版、2004年。
カイエ，アラン（Alain Caillé, 1944-）
『功利的理性批判――民主主義・贈与・共同体』藤岡俊博訳、以文社、2011年。
カストリアディス，コルネリュウス（Cornelius Castoriadis, 1922-1997）
ダニエル・コーン＝ベンディットらとの共著『エコロジーから自治へ』江口幹訳、緑風出版、1983年。
江口幹との共著『東欧の変革、私たちの変革』江口幹訳、径書房、1990年。
ガタリ，フェリックス（Félix Guattari, 1930-1992）
『分子革命――欲望社会のミクロ分析』杉村昌昭訳、法政大学出版局、1988年。
『三つのエコロジー』杉村昌昭訳、平凡社ライブラリー、2008年。
ステファン・ナドー編『アンチ・オイディプス草稿』國分功一郎、千葉雅也訳、みすず書房、2010年。
『人はなぜ記号に従属するのか――新たな世界の可能性を求めて』杉村昌昭訳、青土社、2014年。
『エコゾフィーとは何か――ガタリが遺したもの』杉村昌昭訳、青土社、2015年。
『精神分析と横断性――制度分析の試み』杉村昌昭、毬藻充訳、法政大学出版局、2021年。
カッサン，バルバラ（Barbara Cassin, 1947-）
「『ヨーロッパの哲学語彙、翻訳しがたいものの辞書』序文」『日仏文化』第86号、67-74頁、2017年。
『ノスタルジー――我が家にいるとはどういうことか？　オデュッセウス、アエネアス、アーレント』馬場智一訳、花伝社、2020年。
ガブリエル，マルクス（Markus Gabriel, 1980-）
『新実存主義』廣瀬覚訳、岩波新書、2020年。
カリウ，マリー（Marie Cariou, 生年不詳）
『ベルクソンとバシュラール』永野拓也訳、法政大学出版局、2005年。
カンギレム，ジョルジュ（Georges Canguilhem, 1904-1995）
『正常と病理』滝沢武久訳、法政大学出版局、2017年。
カンブシュネル，ドゥニ（Denis Kambouchner, 1953-）
『デカルトはそんなこと言ってない』津崎良典訳、晶文社、2021年。
クラストル，ピエール（Pierre Clastres, 1934-1977）
『国家に抗する社会――政治人類学研究』渡辺公三訳、書肆風の薔薇、1987年。

『国家をもたぬよう社会は努めてきた──クラストルは語る』酒井隆史訳、洛北出版、2021年。
グランジェ，ジル＝ガストン（Gilles-Gaston Granger, 1920-2016）
『哲学的認識のために』植木哲也訳、法政大学出版局、1996年。
『科学の本質と多様性』松田克進ほか訳、白水社文庫クセジュ、2017年。
クリステヴァ，ジュリア（Julia Kristeva, 1941-）
『ボーヴォワール』栗脇永翔、中村彩訳、法政大学出版局、2018年。
グリュックスマン，アンドレ（André Glucksmann, 1937-2015）
『現代ヨーロッパの崩壊』田村俶訳、新潮社、1981年。
グレーシュ，ジャン（Jean Greisch, 1942-）
『『存在と時間』講義──統合的解釈の試み』杉村靖彦ほか訳、法政大学出版局、2007年。
クレポン，マルク（Marc Crépon, 1962-）
『文明の衝突という欺瞞──暴力の連鎖を断ち切る永久平和論への回路』白石嘉治編訳、新評論、2004年。
グロ，フレデリック（Frédéric Gros, 1965-）
『ミシェル・フーコー』露崎俊和訳、白水社文庫クセジュ、1998年。
『フーコーと狂気』菊地昌実訳、法政大学出版局、2002年。
『創造と狂気──精神病理学的判断の歴史』澤田直、黒川学訳、法政大学出版局、2014年。
グロンダン，ジャン（Jean Grondin, 1955-）
『ポール・リクール』杉村靖彦訳、白水社文庫クセジュ、2014年。
『宗教哲学』越後圭一訳、白水社文庫クセジュ、2015年。
『解釈学』末松壽、佐藤正年訳、白水社文庫クセジュ、2018年。
ケック，フレデリック（Frédéric Keck, 1974-）
『流感世界──パンデミックは神話か？』小林徹訳、水声社、2017年。
ゴーシェ，マルセル（Marcel Gauchet, 1946-）
『世界の脱魔術化（*Le Désenchantement du monde*）』未邦訳、1985年。
『代表制の政治哲学』富永茂樹ほか訳、みすず書房、2000年。
『民主主義と宗教』伊達聖伸、藤田尚志訳、トランスビュー、2010年。
コジェーヴ，アレクサンドル（Alexandre Kojève, 1902-1968）
『ヘーゲル読解入門──『精神現象学』を読む』上妻精、今野雅方訳、国文社、1987年。
コスロカヴァール，ファラッド（Farhad Khosrokhavar, 1948-）
『世界はなぜ過激化（ラディカリザシオン）するのか？──歴史・現在・未来』池村俊郎、山田寛訳、藤原書店、2016年。
コッチャ，エマヌエーレ（Emanuele Coccia, 1976-）
『植物の生の哲学──混合の形而上学』嶋崎正樹訳、勁草書房、2019年。
『メタモルフォーゼの哲学』松葉類、宇佐美達朗訳、勁草書房、2022年。
ゴルツ，アンドレ（André Gorz, 1923-2007）
『裏切者』権寧訳、紀伊國屋書店、1971年。
『エコロジスト宣言』高橋武智訳、緑風出版、1983年。
『労働のメタモルフォーズ　働くことの意味を求めて──経済的理性批判』真下俊樹訳、緑風出版、1997年。

コント＝スポンヴィル，アンドレ（André Comte-Sponville, 1952-）
『ささやかながら、徳について』中村昇ほか訳、紀伊國屋書店、1999年。
『哲学はこんなふうに』木田元ほか訳、河出文庫、2022年。
サルトル，ジャン＝ポール（Jean-Paul Sartre, 1905-1980）
『自我の超越――情動論粗描』竹内芳郎訳、人文書院、2000年。
『嘔吐［新訳］』鈴木道彦訳、人文書院、2010年。
『存在と無――現象学的存在論の試み（Ⅰ～Ⅲ）』松浪信三郎訳、ちくま学芸文庫、2007-2008年。
『実存主義とは何か』伊吹武彦ほか訳、人文書院、1996年。
ベニイ・レヴィとの共著『いまこそ、希望を』海老坂武訳、光文社古典新訳文庫、2019年。
シェリフ，ムスタファ（Mustapha Cherif, 1950-）
『イスラームと西洋――ジャック・デリダとの出会い、対話』小幡谷友二訳、駿河台出版社、2007年。
シェレール，ルネ（René Schérer, 1922-2023）
『歓待のユートピア――歓待神（ゼウス）礼讃』安川慶治訳、現代企画室、1996年。
『ノマドのユートピア――2002年を待ちながら』杉村昌昭訳、松籟社、1998年。
『ドゥルーズへのまなざし』篠原洋治訳、筑摩書房、2003年。
シクスー，エレーヌ（Hélène Cixous, 1937-）
『メデューサの笑い』松本伊瑳子ほか編訳、紀伊國屋書店、1993年。
シモンドン，ジルベール（Gilbert Simondon, 1924-1989）
『技術的対象の存在様態について（*Du mode d'existence des objets techniques*）』未邦訳、1958年。
『個体化の哲学――形相と情報の概念を手がかりに』藤井千佳世監訳、近藤和敬ほか訳、法政大学出版局、2023年。
シャトレ，フランソワ（François Châtelet, 1925-1985）
編著『西洋哲学の知（1～8）――ギリシア哲学』白水社、1998年。
ジャニコー，ドミニク（Dominique Janicaud, 1937-2002）
『現代フランス現象学――その神学的転回』北村晋ほか訳、文化書房博文社、1994年。
シャマユー，グレゴワール（Grégoire Chamayou, 1976-）
『人体実験の哲学――「卑しい体」がつくる医学、技術、権力の歴史』加納由起子訳、明石書店、2018年。
『ドローンの哲学――遠隔テクノロジーと〈無人化〉する戦争』渡名喜庸哲訳、明石書店、2018年。
『統治不能社会――権威主義的ネオリベラル主義の系譜学』信友建志訳、明石書店、2022年。
シュナペール，ドミニク（Dominique Schnapper, 1934-）
『市民権とは何か』富沢克、長谷川一年訳、風行社、2012年。
『市民の共同体――国民という近代的概念について』中嶋洋平訳、法政大学出版局、2015年。
シュピオ，アラン（Alain Supiot, 1949-）
『法的人間 ホモ・ジュリディクス――法の人類学的機能』橋本一径、嵩さやか

訳、勁草書房、2018 年。

『フィラデルフィアの精神 —— グローバル市場に立ち向かう社会正義』橋本一径訳、嵩さやか監修、勁草書房、2019 年。

『労働法批判』宇城輝人訳、ナカニシヤ出版、2022 年。

ジリボン，ジャン＝リュック（Jean-Luc Giribone, 1951-）

『不気味な笑い —— フロイトとベルクソン』原章二訳、平凡社、2010 年。

スタンジェール，イザベル（Isabelle Stengers, 1949-）

『カタストロフの時に（*Au temps des catastrophes*）』未邦訳、2009 年。

スティグレール，ベルナール（Bernard Stiegler, 1952-2020）

『偶有（アクシデント）からの哲学 —— 技術と記憶と意識の話』浅井幸夫訳、新評論、2009 年。

『技術と時間（1〜3）』石田英敬監修、西兼志訳、法政大学出版局、2009-2013 年。

セール，ミシェル（Michel Serres, 1930-2019）

『生成 —— 概念をこえる試み』及川馥訳、法政大学出版局、1983 年。

『ライプニッツのシステム』竹内信夫ほか訳、朝日出版社、1985 年。

『ヘルメス（1〜5）』豊田彰ほか訳、法政大学出版局、1985-1991 年。

『自然契約』及川馥、米山親能訳、法政大学出版局、1994 年。

『パラジット —— 寄食者の論理』及川馥、米山親能訳、法政大学出版局、2021 年。

セバー，フランソワ＝ダヴィッド（François-David Sebbah, 1967-）

『限界の試練 —— デリダ、アンリ、レヴィナスと現象学』合田正人訳、法政大学出版局、2013 年。

セルヴィーニュ，パブロ（Pablo Servigne, 1978-）

ラファエル・スティーヴンスと共著『崩壊学 —— 人類が直面している脅威の実態』鳥取絹子訳、草思社文庫、2022 年。

セルトー，ミシェル・ド（Michel de Certeau, 1925-1986）

『日常的実践のポイエティーク』山田登世子訳、ちくま学芸文庫、2021 年。

ソルジェニーツィン，アレクサンドル（Alexandre Soljenitsyne, 1918-2008）

『イワン・デニーソヴィチの一日』木村浩訳、新潮文庫、2005 年。

『収容所群島（1〜6）』木村浩訳、ブッキング、2006-2007 年。

ダゴニェ，フランソワ（François Dagognet, 1924-2015）

『具象空間の認識論 —— 反・解釈学』金森修訳、法政大学出版局、1987 年。

『面・表面・界面 —— 一般表層論』金森修、今野喜和人訳、法政大学出版局、1990 年。

『バイオエシックス —— 生体の統御をめぐる考察』金森修、松浦俊輔訳、法政大学出版局、1992 年。

『イメージの哲学』水野浩二訳、法政大学出版局、1996 年。

『病気の哲学のために［明日への対話］』フィリップ・プティ［インタビュアー］、金森修訳、産業図書、1998 年。

『ネオ唯物論』大小田重夫訳、法政大学出版局、2010 年。

『理性と薬剤（*La raison et les remèdes*）』未邦訳、1964 年。

ダステュール，フランソワーズ（Françoise Dastur, 1942-）

『死ってなんだろう。死はすべての終わりなの？』伏見操訳、岩崎書店、2016 年。

ディディ＝ユベルマン，ジョルジュ（Georges Didi-Huberman, 1953-）

『イメージ、それでもなお —— アウシュヴィッツからもぎ取られた四枚の写真』橋本一径訳、平凡社、2006 年。

デスコラ，フィリップ（Philippe Descola, 1949-）

『自然と文化を越えて』小林徹訳、水声社、2020 年。

デュピュイ，ジャン＝ピエール（Jean-Pierre Dupuy, 1941-）

『秩序と無秩序 —— 新しいパラダイムの探求』古田幸男訳、法政大学出版局、1987 年。

『犠牲と羨望 —— 自由主義社会における正義の問題』米山親能、泉谷安規訳、法政大学出版局、2003 年。

『ツナミの小形而上学』嶋崎正樹訳、岩波書店、2011 年。

『経済の未来 —— 世界をその幻惑から解くために』森元庸介訳、以文社、2013 年。

『聖なるものの刻印 —— 科学的合理性はなぜ盲目なのか』西谷修ほか訳、以文社、2014 年。

『ありえないことが現実になるとき —— 賢明な破局論にむけて』桑田光平、本田貴久訳、ちくま学芸文庫、2020 年。

『カタストロフか生か —— コロナ懐疑主義批判』渡名喜庸哲監訳、明石書店、2023 年。

デリダ，ジャック（Jacques Derrida, 1930-2004）

『根源の彼方に —— グラマトロジーについて（上・下）』足立和浩訳、現代思潮社、1972 年。

ユルゲン・ハーバーマス、ジョヴァンナ・ボッラドリと共著『テロルの時代と哲学の使命』藤本一勇、澤里岳史訳、岩波書店、2004 年。

『声と現象』林好雄訳、ちくま学芸文庫、2005 年。

『ならず者たち』鵜飼哲、高橋哲哉訳、みすず書房、2009 年。

『精神について —— ハイデッガーと問い』港道隆訳、平凡社ライブラリー、2010 年。

マリ＝ルイーズ・マレ編『動物を追う、ゆえに私は（動物で）ある』鵜飼哲訳、筑摩書房、2014 年。

『信と知 —— たんなる理性の限界における「宗教」の二源泉』湯浅博雄、大西雅一郎訳、未來社、2016 年。

『最後のユダヤ人』渡名喜庸哲訳、未來社、2016 年。

『エクリチュールと差異』谷口博史訳、法政大学出版局、2022 年。

デルフィ，クリスティーヌ（Christine Delphy, 1941-）

『なにが女性の主要な敵なのか —— ラディカル・唯物論的分析』井上たか子ほか訳、勁草書房、1996 年。

テレスチェンコ，ミシェル（Michel Terestchenko, 1956-）

『拷問をめぐる正義論 —— 民主国家とテロリズム』林昌宏訳、吉田書店、2018 年。

ドゥギー，ミシェル（Michel Deguy、1930-2022）

共著『崇高とは何か』梅木達郎訳、法政大学出版局、2011 年。

ドゥルーズ，ジル（Gilles Deleuze, 1925-1995）

『経験論と主体性 —— ヒュームにおける人間的自然についての試論』木田元、財津理訳、河出書房新社、2000 年。

『無人島 1953-1968』前田英樹監修、宇野邦一ほか訳、河出書房新社、2003年。

『無人島 1969-1974』小泉義之監修、稲村真実ほか訳、河出書房新社、2003年。

『狂人の二つの体制 1975-1982』宇野邦一監修、宇野邦一ほか訳、河出書房新社、2004年。

『狂人の二つの体制 1983-1995』宇野邦一監修、宇野邦一ほか訳、河出書房新社、2004年。

フェリックス・ガタリと共著『アンチ・オイディプス ── 資本主義と分裂症（上・下）』宇野邦一訳、河出文庫、2006年。

『差異と反復（上・下）』財津理訳、河出文庫、2007年。

『意味の論理学（上・下）』小泉義之訳、河出文庫、2007年。

『シネマ1＊運動イメージ』財津理、齋藤範訳、法政大学出版局、2008年。

『シネマ2＊時間イメージ』宇野邦一ほか訳、法政大学出版局、2006年。

『ニーチェと哲学』江川隆男訳、河出文庫、2008年。

フェリックス・ガタリと共著『千のプラトー ── 資本主義と分裂症（上・中・下）』宇野邦一ほか訳、河出文庫、2010年。

『スピノザと表現の問題』工藤喜作、小林卓也訳、法政大学出版局、2014年。

『襞 ── ライプニッツとバロック』宇野邦一訳、河出書房新社、2015年。

『ベルクソニズム［新訳］』檜垣立哉、小林卓也訳、法政大学出版局、2017年。

『ザッヘル＝マゾッホ紹介 ── 冷淡なものと残酷なもの』堀千晶訳、河出文庫、2018年。

『プルーストとシーニュ［新訳］』宇野邦一訳、法政大学出版局、2021年。

ドス，フランソワ（François Dosse, 1950-）

『ドゥルーズとガタリ ── 交差的評伝』杉村昌昭訳、河出書房新社、2009年。

ドブレ，レジス（Régis Debray, 1940-）

『一般メディオロジー講義』西垣通監修、嶋崎正樹訳、NTT出版、2001年。

『大惨事（カタストロフィー）と終末論 ── 「危機の預言」を超えて』西兼志訳、明石書店、2014年。

ドンズロ，ジャック（Jacques Donzelot, 1943-）

『家族に介入する社会 ── 近代家族と国家の管理装置』宇波彰訳、新曜社、1991年。

『社会的なものの発明 ── 政治的熱情の凋落をめぐる試論』真島一郎訳、インスクリプト、2020年。

ナンシー，ジャン＝リュック（Jean-Luc Nancy, 1940-2021）

フィリップ・ラクー＝ラバルトと共編『政治的なものを賭け直す（*Rejouer le politique*）』未邦訳、1981年。

フィリップ・ラクー＝ラバルトと共編『政治的なものの退引（*Le retrait du politique*）』未邦訳、1983年。

『エゴ・スム ── 主体と変装』庄田常勝、三浦要訳、朝日出版社、1986年。

編著『主体の後に誰が来るのか？』港道隆ほか訳、現代企画室、1996年。

フィリップ・ラクー＝ラバルトと共著『ナチ神話』守中高明訳、松籟社、2002年。

『ヘーゲル ── 否定的なものの不安』大河内泰樹ほか訳、現代企画室、2003年。

『声の分割（パルタージュ）』加藤恵介訳、松籟社、1999年。

『無為の共同体 ── 哲学を問い直す分有の思考』西谷修、安原伸一郎訳、以文社、2001年。

『フクシマの後で —— 破局・技術・民主主義』渡名喜庸哲訳、以文社、2012 年。

『あまりに人間的なウイルス —— COVID-19 の哲学』伊藤潤一郎訳、勁草書房、2021 年。

ノラ，ピエール（Pierre Nora, 1931-）

編著『記憶の場 —— フランス国民意識の文化＝社会史（1〜3）』谷川稔監訳、岩波書店、2002-2003 年。

ノワリエル，ジェラール（Gérard Noiriel, 1950-）

『フランスという坩堝 —— 一九世紀から二〇世紀の移民史』大中一彌ほか訳、法政大学出版局、2015 年。

バイイ，ジャン＝クリストフ（Jean-Christophe Bailly, 1949-）

『思考する動物たち —— 人間と動物の共生をもとめて』石田和男、山口俊洋訳、出版館ブック・クラブ、2013 年。

バシュラール，ガストン（Gaston Bachelard, 1884-1962）

『新しい科学的精神』関根克彦訳、ちくま学芸文庫、2002 年。

バダンテール，エリザベート（Élisabeth Badinter, 1944-）

『母性という神話』鈴木晶訳、ちくま学芸文庫、1998 年。

『迷走フェミニズム —— これでいいのか女と男』夏目幸子訳、新曜社、2006 年。

バディウ，アラン（Alain Badiou, 1937-）

『ドゥルーズ —— 存在の喧騒』鈴木創士訳、河出書房新社、1998 年。

『コミュニズムの仮説』市川崇訳、水声社、2013 年。

ピエール・ブルデュー、ジャック・ランシエールらと共著『人民とはなにか？』市川崇訳、以文社、2015 年。

ジャック・ランシエール、エティエンヌ・バリバール、ジャン＝リュック・ナンシーらと共著『来たるべきデリダ —— 連続講演「追悼デリダ」の記録』藤本一勇監訳、明石書店、2007 年。

バトラー，ジュディス（Judith Butler, 1956-）

『欲望の主体 —— ヘーゲルと二〇世紀フランスにおけるポスト・ヘーゲル主義』大河内泰樹ほか訳、堀之内出版、2019 年。

バリバール，エティエンヌ（Étienne Balibar, 1942-）

『マルクスの哲学』杉山吉弘訳、法政大学出版局、1995 年。

イマニュエル・ウォーラーステインと共著『人種・国民・階級 —— 揺らぐアイデンティティ』若森章孝ほか訳、大村書店、1997 年。

『市民権の哲学 —— 民主主義における文化と政治』松葉祥一訳、青土社、2000 年。

『ヨーロッパ、アメリカ、戦争 —— ヨーロッパの媒介について』大中一彌訳、平凡社、2006 年。

『ヨーロッパ市民とは誰か —— 境界・国家・民衆』松葉祥一、亀井大輔訳、平凡社、2007 年。

『スピノザと政治』水嶋一憲訳、水声社、2011 年。

バルト，ロラン（Roland Barthes, 1915-1980）

『モードの体系 —— その言語表現による記号学的分析』佐藤信夫訳、みすず書房、1972 年。

『物語の構造分析』花輪光訳、みすず書房、1979 年。

『表徴の帝国』宗左近訳、ちくま学芸文庫、1996 年。

『記号学の冒険』花輪光訳、みすず書房、1999 年。

『零度のエクリチュール』石川美子訳、みすず書房、2008年。

ピケティ，トマ（Thomas Piketty, 1971-）

『21世紀の資本』山形浩生ほか訳、みすず書房、2014年。

ビダール，アブデヌール（Abdennour Bidar, 1971-）

伊達聖伸編『世俗の彼方のスピリチュアリティ――フランスのムスリム哲学者との対話』東京大学出版会、2021年。

ビュイダン，ミレイユ（Mireille Buydens, 1963-）

『サハラ――ジル・ドゥルーズの美学』阿部宏慈訳、法政大学出版局、2001年。

ビュルガ，フロランス（Florence Burgat, 1962-）

『猫たち』西山雄二、松葉類訳、法政大学出版局、2019年。

『そもそも植物とは何か』田中裕子訳、河出書房新社、2021年。

ファリアス，ヴィクトル（Víctor Farías, 1940-）

『ハイデガーとナチズム』山本尤訳、名古屋大学出版会、1990年。

フィンケルクロート，アラン（Alain Finkielkraut, 1949-）

『思考の敗北あるいは文化のパラドクス』西谷修訳、河出書房新社、1988年。

『二〇世紀は人類の役に立ったのか――大量殺戮と人間性』川竹英克訳、凱風社、1999年。

『愛の知恵』磯本輝子、中嶋公子訳、法政大学出版局、1995年。

『想像的ユダヤ人（*Le Juif imaginaire*）』未邦訳、1981年。

ブーヴレス，ジャック（Jacques Bouveresse, 1940-2021）

『哲学の自食症候群』大平具彦訳、法政大学出版局、1991年。

『合理性とシニシズム――現代理性批判の迷宮』岡部英男、本郷均訳、法政大学出版局、2004年。

『アナロジーの罠――フランス現代思想批判』宮代康丈訳、新書館、2003年。

『規則の力――ウィトゲンシュタインと必然性の発明』中川大、村上友一訳、法政大学出版局、2014年。

『ウィトゲンシュタインからフロイトへ――哲学・神話・疑似科学』中川雄一訳、国文社、1997年。

『言うことと、なにも言わないこと――非論理性・不可能性・ナンセンス』中川雄一訳、国文社、2000年。

『内面性の神話（*Le mythe de l'intériorité*）』未邦訳、1976年。

ブーヴレス，ルネ（Renée Bouveresse, 生没年不詳）

『ライプニッツ』橋本由美子訳、白水社文庫クセジュ、1996年。

フーコー，ミシェル（Michel Foucault, 1926-1984）

『性の歴史Ⅰ　知への意志』渡辺守章訳、新潮社、1986年。

『性の歴史Ⅱ　快楽の活用』田村俶訳、新潮社、1986年。

『性の歴史Ⅲ　自己への配慮』田村俶訳、新潮社、1987年。

『精神疾患とパーソナリティ』中山元訳、ちくま学芸文庫、1997年。

『ミシェル・フーコー講義集成（Ⅰ～XIII）』筑摩書房、2002年～。

『フーコー・コレクション（1～7）』小林康夫ほか編、ちくま学芸文庫、2006年。

『カントの人間学』王寺賢太訳、新潮社、2010年。

『知の考古学』慎改康之訳、河出文庫、2012年。

『狂気の歴史――古典主義時代における』田村俶訳、新潮社、2020年。

『精神疾患と心理学』神谷美恵子訳、みすず書房、2020年。

『臨床医学の誕生』神谷美恵子訳、みすず書房、2020年。
『言葉と物——人文科学の考古学』渡辺一民、佐々木明訳、新潮社、2020年。
『監獄の誕生——監視と処罰』田村俶訳、新潮社、2020年。
フレデリック・グロ編『性の歴史Ⅳ　肉の告白』慎改康之訳、新潮社、2020年。
ブーニュー，ダニエル（Daniel Bougnoux, 1943-）
『コミュニケーション学講義——メディオロジーから情報社会へ』西兼志訳、書籍工房早山、2010年。
ブール，ドミニク（Dominique Bourg, 1953-）
ケリー・ホワイトサイドと共著『エコ・デモクラシー——フクシマ以後、民主主義の再生に向けて』松尾日出子訳、中原毅志監訳、明石書店、2012年。
ブーレッツ，ピエール（Pierre Bouretz, 1958-）
『20世紀ユダヤ思想家——来るべきものの証人たち（1〜3）』合田正人ほか訳、みすず書房、2011-2013年。
フェリー，リュック（Luc Ferry, 1951-）
『エコロジーの新秩序——樹木、動物、人間』加藤宏幸訳、法政大学出版局、1994年。
アラン・ルノーと共著『反ニーチェ——なぜわれわれはニーチェ主義者ではないのか』遠藤文彦訳、法政大学出版局、1995年。
アラン・ルノーと共著『68年の思想——現代の反-人間主義への批判』小野潮訳、法政大学出版局、1998年。
フォントネ，エリザベート・ド（Élisabeth de Fontenay, 1934-）
『動物たちの沈黙——《動物性》をめぐる哲学試論』石田和男ほか訳、彩流社、2008年。
『動物には心があるの？　人間と動物はどうちがうの？』伏見操訳、岩崎書店、2011年。
フッセル，ミカエル（Michaël Fœssel, 1974-）
『世界の終わりの後で——黙示録的理性批判』西山雄二ほか訳、法政大学出版局、2020年。
フランク，ディディエ（Didier Franck, 1947-）
『現象学を超えて』本郷均ほか訳、萌書房、2003年。
『ハイデッガーとキリスト教——黙せる対決』中敬夫訳、萌書房、2007年。
『他者のための一者——レヴィナスと意義』米虫正巳、服部敬弘訳、法政大学出版局、2015年。
『ハイデガーと空間の問題（*Heidegger et le problème de l'espace*）』未邦訳、1986年。
米虫正巳編『フランス現象学の現在』法政大学出版局、2016年。
ブルジョワ，ベルナール（Bernard Bourgeois, 1929-）
『ドイツ古典哲学』樋口善郎、松田克進訳、白水社文庫クセジュ、1998年。
ブルデュー，ピエール（Pierre Bourdieu, 1930-2002）
『ハイデガーの政治的存在論』桑田禮彰訳、藤原書店、2000年。
『男性支配』坂本さやか、坂本浩也訳、藤原書店、2017年。
ブレイエ，エミール（Émile Bréhier, 1876-1952）
『哲学の歴史（1〜3）』渡辺義雄訳、筑摩書房、1985-1986年。
プレシアド，ポール・B（Paul B. Preciado, 1970-）

『カウンターセックス宣言』藤本一勇訳、法政大学出版局、2022 年。
『あなたがたに話す私はモンスター —— 精神分析アカデミーへの報告』藤本一勇訳、法政大学出版局、2022 年。
フレス，ジュヌヴィエーヴ（Geneviève Fraisse, 1948-）
『性の差異』小野ゆり子訳、現代企画室、2000 年。
『同意 —— 女性解放の思想の系譜をたどって』石田久仁子訳、明石書店、2022 年。
ベラヴァル，イヴォン（Yvon Belaval, 1908-1988）
『ライプニッツのデカルト批判（上・下）』岡部英男、伊豆藏好美訳、法政大学出版局、2011、2015 年。
ペリュション，コリーヌ（Corine Pelluchon, 1967-）
『糧 —— 政治的身体の哲学』服部敬弘ほか訳、萌書房、2019 年。
ベルク，オギュスタン（Augustin Berque, 1942-）
『風土学序説 —— 文化をふたたび自然に、自然をふたたび文化に』中山元訳、筑摩書房、2002 年。
ベンスーサン，ジェラール（Gérard Bensussan, 1948-）
『メシア的時間 —— 歴史の時間と生きられた時間』渡名喜庸哲、藤岡俊博訳、法政大学出版局、2018 年。
ベンスラマ，フェティ（Fethi Benslama, 1951-）
『物騒なフィクション —— 起源の分有をめぐって』西谷修訳、筑摩書房、1994 年。
ボーヴォワール，シモーヌ・ド（Simone de Beauvoir, 1908-1986）
『決定版 第二の性Ⅰ —— 事実と神話』『第二の性』を原文で読み直す会訳、河出文庫、2023 年。
『決定版 第二の性Ⅱ —— 体験』『第二の性』を原文で読み直す会訳、河出文庫、2023 年。
ボードリヤール，ジャン（Jean Baudrillard, 1929-2007）
『透きとおった悪』塚原史訳、紀伊國屋書店、1991 年。
『象徴交換と死』今村仁司、塚原史訳、ちくま学芸文庫、1992 年。
『湾岸戦争は起こらなかった』塚原史訳、紀伊國屋書店、2000 年。
『パワー・インフェルノ —— グローバル・パワーとテロリズム』塚原史訳、NTT 出版、2003 年。
『シミュラークルとシミュレーション』竹原あき子訳、法政大学出版局、2008 年。
『物の体系 —— 記号の消費』宇波彰訳、法政大学出版局、2008 年。
『消費社会の神話と構造』今村仁司、塚原史訳、紀伊國屋書店、2015 年。
ボヌイユ，クリストフ（Christophe Bonneuil, 1968-）＋フレソズ，ジャン＝バティスト（Jean-Baptiste Fressoz, 1977-）
『人新世とは何か ——〈地球と人類の時代〉の思想史』野坂しおり訳、青土社、2018 年。
ボルタンスキー，リュック（Luc Boltanski, 1949-）
ローラン・テヴノーとの共著『正当化の理論 —— 偉大さのエコノミー』三浦直希訳、新曜社、2007 年。
エヴ・シャペロとの共著『資本主義の新たな精神（上・下）』三浦直希ほか訳、ナカニシヤ出版、2013 年。
マシュレ，ピエール（Pierre Macherey, 1938-）
『ヘーゲルかスピノザか』鈴木一策、桑田禮彰訳、新評論、1998 年。

マッジョーリ，ロベール（Robert Maggiori, 1947-）
『哲学者たちの動物園』國分俊宏訳、白水社、2007年。
マテイ，ジャン＝フランソワ（Jean-François Mattéi, 1941-2014）
『プラトンの哲学──神話とロゴスの饗宴』三浦要訳、白水社文庫クセジュ、2012年。
マラブー，カトリーヌ（Catherine Malabou, 1959-）
『デリダと肯定の思考』高橋哲哉ほか監訳、未來社、2001年。
『わたしたちの脳をどうするか──ニューロサイエンスとグローバル資本主義』桑田光平、増田文一朗訳、春秋社、2005年。
『ヘーゲルの未来──可塑性・時間性・弁証法』西山雄二訳、未來社、2005年。
『新たなる傷つきし者──フロイトから神経学へ　現代の心的外傷を考える』平野徹訳、河出書房新社、2016年。
『抹消された快楽──クリトリスと思考』西山雄二、横田祐美子訳、法政大学出版局、2021年。
マラン，クレール（Claire Marin, 1974-）
『熱のない人間──治癒せざるものの治療のために』鈴木智之訳、法政大学出版局、2016年。
『病い、内なる破局』鈴木智之訳、法政大学出版局、2021年。
マリオン，ジャン＝リュック（Jean-Luc Marion, 1946-）
『還元と贈与──フッサール・ハイデガー現象学論攷』芦田宏直ほか訳、行路社、1994年。
『存在なき神』永井晋、中島盛夫訳、法政大学出版局、2010年。
ギイ・プランティ＝ボンジュールと共編『現象学と形而上学』三上真司ほか訳、法政大学出版局、1994年。
マルタン，ジャン＝クレ（Jean-Clet Martin, 1958-）
『フェルメールとスピノザ──「永遠」の公式』杉村昌昭訳、以文社、2011年。
『ドゥルーズ──経験不可能の経験』合田正人訳、河出文庫、2013年。
『ドゥルーズ／変奏♪』毬藻充ほか訳、松籟社、1997年。
『物のまなざし──ファン・ゴッホ論』杉村昌昭、村沢真保呂訳、大村書店、2001年。
『哲学の犯罪計画──ヘーゲル『精神現象学』を読む』信友建志訳、法政大学出版局、2013年。
ミサ，ジャン＝ノエル（Jean-Noël Missa, 1960-）
パスカル・ヌーヴェルと共編『ドーピングの哲学──タブー視からの脱却』橋本一径訳、新曜社、2017年。
メイヤスー，カンタン（Quentin Meillassoux, 1967-）
『有限性の後で──偶然性の必然性についての試論』千葉雅也ほか訳、人文書院、2016年。
『亡霊のジレンマ──思弁的唯物論の展開』岡嶋隆佑ほか訳、青土社、2018年。
メーダ，ドミニク（Dominique Méda, 1962-）
『労働社会の終焉──経済学に挑む政治哲学』若森章孝、若森文子訳、法政大学出版局、2000年。
メサウーディ，ハーリダ（Khalida Messaoudi, 1958-）
『アルジェリアの闘うフェミニスト』エリザベート・シェムラ［聞き手］、中島

和子訳、水声社、2015年。
モーゼス，ステファヌ（Stéphane Mosès, 1931-2007）
『歴史の天使――ローゼンツヴァイク、ベンヤミン、ショーレム』合田正人訳、法政大学出版局、2003年。
モノー，ジャック（Jacques Monod, 1910-1976）
『偶然と必然――現代生物学の思想的な問いかけ』渡辺格、村上光彦訳、みすず書房、1972年。
モラン，エドガール（Edgar Morin, 1921-）
『方法（1〜5）』大津真作訳、法政大学出版局、1984-2006年。
モロー，ピエール＝フランソワ（Pierre-François Moreau, 1948-）
『スピノザ入門［改訂新版］』松田克進ほか訳、白水社文庫クセジュ、2021年。
モンテベロ，ピエール（Pierre Montebello, 1956-）
『ドゥルーズ　思考のパッション』大山載吉、原一樹訳、河出書房新社、2018年。
ラヴァル，クリスチャン（Christian Laval, 1953-）
『経済人間――ネオリベラリズムの根底』菊地昌実訳、新評論、2015年。
ラカン，ジャック（Jacques Lacan, 1901-1981）
『エクリⅠ』宮本忠雄ほか訳、弘文堂、1972年。
『エクリⅡ』佐々木孝次ほか訳、弘文堂、1977年。
ラクー＝ラバルト，フィリップ（Philippe Lacoue-Labarthe, 1940-2007）
『政治という虚構――ハイデガー　芸術そして政治』浅利誠、大谷尚文訳、藤原書店、1992年。
ラッツァラート，マウリツィオ（Maurizio Lazzarato, 1955-）
『出来事のポリティクス――知-政治と新たな協働』村澤真保呂、中倉智徳訳、洛北出版、2008年。
『記号と機械――反資本主義新論』杉村昌昭、松田正貴訳、共和国、2016年。
『〈借金人間〉製造工場――“負債”の政治経済学』杉村昌昭訳、作品社、2012年。
『資本はすべての人間を嫌悪する――ファシズムか革命か』杉村昌昭訳、法政大学出版局、2021年。
ラトゥーシュ，セルジュ（Serge Latouche, 1940-）
『脱成長』中野佳裕訳、白水社文庫クセジュ、2020年。
ラトゥール，ブリュノ（ブルーノ）（Bruno Latour, 1947-2022）
『科学論の実在――パンドラの希望』川崎勝、平川秀幸訳、産業図書、2007年。
『社会的なものを組み直す――アクターネットワーク理論入門』伊藤嘉高訳、法政大学出版局、2019年。
『地球に降り立つ――新気候体制を生き抜くための政治』川村久美子訳、新評論、2019年。
『諸世界の戦争――平和はいかが？』工藤晋訳、以文社、2020年。
ラプジャード，ダヴィッド（David Lapoujade, 1964-）
『ドゥルーズ　常軌を逸脱する運動』堀千晶訳、河出書房新社、2015年。
ランシエール，ジャック（Jacques Rancière, 1940-）
『不和あるいは了解なき了解――政治の哲学は可能か』松葉祥一ほか訳、インスクリプト、2005年。
『感性的なもののパルタージュ――美学と政治』梶田裕訳、法政大学出版局、2009年。

『イメージの運命』堀潤之訳、平凡社、2010 年。

『言葉の肉 —— エクリチュールの政治』芳川泰久監訳、堀千晶ほか訳、せりか書房、2013 年。

『マラルメ —— セイレーンの政治学』坂巻康司、森本淳生訳、水声社、2014 年。

『解放された観客』梶田裕訳、法政大学出版局、2018 年。

『哲学者とその貧者たち —— 政治/哲学ができるのは誰か』松葉祥一ほか訳、航思社、2019 年。

『無知な教師 —— 知性の解放について』梶田裕、堀容子訳、法政大学出版局、2019 年。

『プロレタリアの夜(*La nuit des prolétaires*)』未邦訳、1981 年。

リオジエ, ラファエル(Raphaël Liogier, 1967-)

『男性性の探究』伊達聖伸訳、講談社、2021 年。

リオタール, ジャン=フランソワ(Jean-François Lyotard, 1924-1998)

『現象学』高橋允昭訳、白水社文庫クセジュ、1971 年。

『ポストモダンの条件 —— 知・社会・言語ゲーム』小林康夫訳、書肆風の薔薇、1986 年。

『文の抗争』陸井四郎ほか訳、法政大学出版局、1989 年。

『ハイデガーと「ユダヤ人」』本間邦雄訳、藤原書店、1992 年。

『崇高の分析論 —— カント『判断力批判』についての講義録』星野太訳、法政大学出版局、2020 年。

リクール, ポール(Paul Ricoeur, 1913-2005)

『リクール　聖書解釈学』久米博、佐々木啓訳、ヨルダン社、1995 年。

『時間と物語』久米博訳、新曜社、2004 年。

『記憶・歴史・忘却(上・下)』久米博訳、新曜社、2004、2005 年。

『フロイトを読む —— 解釈学試論』久米博訳、新曜社、2005 年。

『レクチュール —— 政治的なものをめぐって』合田正人訳、みすず書房、2009 年。

『他者のような自己自身』久米博訳、法政大学出版局、2010 年。

リシール, マルク(Marc Richir, 1943-2015)

『身体 —— 内面性についての試論』和田渡ほか訳、ナカニシヤ出版、2001 年。

サシャ・カールソンと共著『マルク・リシール現象学入門 —— サシャ・カールソンとの対話から』澤田哲生監訳、ナカニシヤ出版、2020 年。

リピエッツ, アラン(Alain Lipietz, 1947-)

『勇気ある選択 —— ポストフォーディズム・民主主義・エコロジー』若森章孝訳、藤原書店、1990 年。

リベラ, アラン・ド(Alain de Libera, 1948-)

『中世哲学史』阿部一智ほか訳、新評論、1999 年。

『理性と信仰 —— 法王庁のもうひとつの抜け穴』阿部一智訳、新評論、2013 年。

ルクール, ドミニック(Dominique Lecourt, 1944-2022)

『ポパーとウィトゲンシュタイン —— ウィーン学団・論理実証主義再考』野崎次郎訳、国文社、1992 年。

『科学哲学』沢崎壮宏ほか訳、白水社文庫クセジュ、2005 年。

『カンギレム —— 生を問う哲学者の全貌』沢崎壮宏ほか訳、白水社文庫クセジュ、2011 年。

ルゴフ, ジャン=ピエール(Jean-Pierre Le Goff, 1949-)

『ポスト全体主義時代の民主主義』渡名喜庸哲、中村督訳、2011年。
ルジャンドル，ピエール（Pierre Legendre, 1930-2023）
『西洋が西洋について見ないでいること──法・言語・イメージ：日本講演集』森元庸介訳、以文社、2004年。
ルノワール，フレデリック（Frédéric Lenoir, 1962-）
『スピノザ──よく生きるための哲学』田島葉子訳、ポプラ社、2019年。
ルフォール，クロード（Claude Lefort, 1924-2010）
『民主主義の発明──全体主義の限界』渡名喜庸哲ほか訳、勁草書房、2017年。
ルブラン，ギヨーム（Guillaume le Blanc, 1966-）
『生命と規範の哲学──カンギレム『正常と病理』を読む』坂本尚志訳、以文社、2023年。
レイ，オリヴィエ（Oliver Rey, 1964-）
『統計の歴史』原俊彦監修、池畑奈央子監訳、柴田叔子ほか訳、原書房、2020年。
レヴィ，ピエール（Pierre Lévy, 1956-）
『ヴァーチャルとは何か？──デジタル時代におけるリアリティ』米山優監訳、昭和堂、2006年。
レヴィ，ベルナール＝アンリ（Bernard-Henri Lévi, 1948-）
『人間の顔をした野蛮』西永良成訳、早川書房、1985年。
レヴィ＝ストロース，クロード（Claude Lévy-Strauss, 1908-2009）
『野生の思考』大橋保夫訳、みすず書房、1976年。
『親族の基本構造』福井和美訳、青弓社、2000年。
『悲しき熱帯（Ⅰ・Ⅱ）』川田順造訳、中公クラシックス、2001年。
『構造人類学』荒川幾男ほか訳、みすず書房、2023年。
レヴィナス，エマニュエル（Emmanuel Levinas, 1906-1995）
『フッサール現象学の直観理論』佐藤真理人、桑野耕三訳、法政大学出版局、2022年。
『実存の発見──フッサールとハイデッガーと共に』佐藤真理人ほか訳、法政大学出版局、1996年。
『全体性と無限』藤岡俊博訳、講談社学術文庫、2020年。
『存在の彼方へ』合田正人訳、講談社学術文庫、1999年。
『困難な自由──増補版　定本全訳』合田正人監訳、三浦直希訳、法政大学出版局、2022年。
『タルムード四講話』内田樹訳、人文書院、2015年。
『タルムード新五講話──神聖から聖潔へ』内田樹訳、人文書院、2015年。
レステル，ドミニク（Dominique Lestel, 1961-）
『肉食の哲学』大辻都訳、左右社、2020年。
『あなたと動物と機械と──新たな共同体のために』渡辺茂、鷲見洋一監訳、若林美雪訳、ナカニシヤ出版、2022年。
ロゴザンスキー，ジャコブ（Jacob Rogozinski, 1953-）
『我と肉──自我分析への序論』松葉祥一ほか訳、月曜社、2017年。
『政治的身体とその〈残りもの〉』松葉祥一編訳、本間義啓訳、法政大学出版局、2022年。
『ジハード主義（*Djihadisme*）』未邦訳、2017年。
ロザンヴァロン，ピエール（Pierre Rosanvallon, 1948-）

『自主管理の時代』新田俊三、田中光雄訳、新地書房、1982 年。

『ユートピア的資本主義 —— 市場思想から見た近代』長谷俊雄訳、国文社、1990 年。

『連帯の新たなる哲学 —— 福祉国家再考』北垣徹訳、勁草書房、2006 年。

『カウンター・デモクラシー —— 不信の時代の政治』嶋崎正樹訳、岩波書店、2017 年。

『良き統治 —— 大統領制化する民主主義』古城毅ほか訳、みすず書房、2020 年。

『市民の聖別（*Le Sacre du citoyen*）』未邦訳、1992 年。

『どこにもいない人民（*Le Peuple introuvable*）』未邦訳、1998 年。

『未完の民主主義（*La Démocratie inachevée*）』未邦訳、2000 年。

ロディス＝ルイス，ジュヌヴィエーヴ（Geneviève Rodis-Lewis, 1918–2004）

『デカルトと合理主義』福居純訳、白水社文庫クセジュ、1975 年。

ロトマン，アルベール（Albert Lautman, 1908–1944）

『数理哲学論集 —— イデア・実在・弁証法』近藤和敬ほか訳、月曜社、2021 年。

ロルドン，フレデリック（Frédéric Lordon, 1962-）

『なぜ私たちは、喜んで“資本主義の奴隷”になるのか？ —— 新自由主義社会における欲望と隷属』杉村昌昭訳、作品社、2012 年。

『私たちの“感情”と“欲望”は、いかに資本主義に偽造されてるか？ —— 新自由主義社会における〈感情の構造〉』杉村昌昭訳、作品社、2016 年。

ロレッド，パトリック（Patrick Llored, 生年不詳）

『ジャック・デリダ —— 動物性の政治と倫理』西山雄二、桐谷慧訳、勁草書房、2017 年。

ロワ，オリヴィエ（Olivier Roy, 1949-）

『ジハードと死』辻由美訳、新評論、2019 年。

その他
ヴォルテール『寛容論』斉藤悦則訳、光文社古典新訳文庫、2016 年。

デカルト研究会編『現代デカルト論集Ⅰ　フランス篇』勁草書房、1996 年
日仏会館、フランス国立日本研究センター編、クリスチーヌ・レヴィ、ティエリー・リボー監修『震災とヒューマニズム —— 3・11 後の破局をめぐって』岩澤雅利、園山千晶訳、明石書店、2013 年。

バーチェル，グラハムほか編『フーコー効果 —— 統治性研究（*The Foucault Effect: Studies in Governmentality*）』未邦訳、1991 年。

平井靖史ほか編、ポール＝アントワーヌ・ミケルほか著『ベルクソン『物質と記憶』を解剖する —— 現代知覚理論・時間論・心の哲学との接続』書肆心水、2016 年。

平井靖史ほか編、バリー・デイトンほか著『ベルクソン『物質と記憶』を診断する —— 時間経験の哲学・意識の科学・美学・倫理学への展開』書肆心水、2017 年。

平井靖史ほか編、フレデリック・ヴォルムスほか著『ベルクソン『物質と記憶』を再起動する —— 拡張ベルクソン主義の諸展望』書肆心水、2018 年。

ブラン，オリヴィエ『女の人権宣言 —— フランス革命とオランプ・ドゥ・グージュの生涯』辻村みよ子訳、岩波書店、1995 年。

ちくま新書
1749

現代《げんだい》フランス哲学《てつがく》

二〇二三年九月一〇日　第一刷発行

著者　渡名喜庸哲（となき・ようてつ）

発行者　喜入冬子
発行所　株式会社 筑摩書房
東京都台東区蔵前二−五−三　郵便番号一一一−八七五五
電話番号〇三−五六八七−二六〇一（代表）
装幀者　間村俊一
印刷・製本　株式会社 精興社

ISBN978-4-480-07574-1 C0210

ちくま新書

200 レヴィナス入門 熊野純彦

フッサールとハイデガーに学びながらも、ユダヤの伝統を継承し独自の哲学を展開したレヴィナス。収容所体験から紡ぎだされた強靭で繊細な思考をたどる初の入門書。

776 ドゥルーズ入門 檜垣立哉

没後十年以上を経てますます注視されるドゥルーズ。哲学史的な文脈と思想的変遷を踏まえ、その豊かなイマージュと論理を読む。来るべき思想の羅針盤となる一冊。

922 ミシェル・フーコー ――近代を裏から読む 重田園江

社会の隅々にまで浸透した「権力」の成り立ちを問い、常識的なものの見方に根底から揺さぶりをかけるフーコー。その思想の魅力と強靭さをとらえる革命的入門書!

1637 ホモ・エコノミクス ――「利己的人間」の思想史 重田園江

経済学が前提とする「利己的で合理的な主体」はどこで生まれ、どんな役割を果たしてきたのか。私たちの価値観を規定するこの人間像の謎を思想史的に解き明かす。

482 哲学マップ 貫成人

難解かつ広大な「哲学」の世界に踏み込むにはどうしても地図が必要だ。各思想のエッセンスと思想間のつながりを押さえて古今東西の思索を鮮やかに一望する。

1119 近代政治哲学 ――自然・主権・行政 國分功一郎

今日の政治体制は、近代政治哲学が構想したものだ。ならば、その基本概念を検討することで、いまの民主主義体制が抱える欠点も把握できるはず! 渾身の書き下し。

1467 世界哲学史8 ――現代 グローバル時代の知 [責任編集] 伊藤邦武/山内志朗 中島隆博/納富信留

西洋現代哲学、ポストモダン思想から、イスラーム、中国、日本、アフリカなど世界各地の現代哲学までを渉猟し、現代文明の危機を打開する哲学の可能性を探る。